plurall

CB134659

Parabéns!
Agora você faz parte do **Plurall**, a plataforma digital do seu livro didático! Acesse e conheça todos os recursos e funcionalidades disponíveis para as suas aulas digitais.

Baixe o aplicativo do **Plurall** para Android e IOS ou acesse **www.plurall.net** e cadastre-se utilizando o seu código de acesso exclusivo:

AASHFSBGP

Este é o seu código de acesso Plurall. Cadastre-se e ative-o para ter acesso aos conteúdos relacionados a esta obra.

@plurallnet

@plurallnetoficial

SOMOS EDUCAÇÃO

WILLIAM ROBERTO CEREJA

Professor graduado em Português e Linguística e licenciado em Português pela Universidade de São Paulo (USP)

Mestre em Teoria Literária pela Universidade de São Paulo (USP)

Doutor em Linguística Aplicada e Análise do Discurso pela Pontifícia Universidade Católica (PUC-SP)

Professor da rede particular de ensino em São Paulo, capital

CAROLINA DIAS VIANNA

Professora graduada e licenciada em Português pela Universidade Estadual de Campinas (Unicamp-SP)

Mestra em Linguística Aplicada pela Universidade Estadual de Campinas (Unicamp-SP)

Doutora em Linguística Aplicada pela Universidade Estadual de Campinas (Unicamp-SP)

Professora das redes pública e particular de ensino nos Estados de São Paulo e Minas Gerais

PAULA BARACAT DE GRANDE

Professora graduada e licenciada em Letras pela Universidade Estadual de Campinas (Unicamp-SP)

Mestra em Linguística Aplicada pela Universidade Estadual de Campinas (Unicamp-SP)

Doutora em Linguística Aplicada pela Universidade Estadual de Campinas (Unicamp-SP)

Professora da educação básica e do ensino superior nos Estados de São Paulo e Paraná

Todos os Textos

Uma proposta de produção textual a partir de gêneros e projetos

7ª edição

Atual Editora

Atual Editora

Presidência: Guilherme Alves Melega

Vice-presidência de educação digital: Camila Montero Vaz Cardoso

Direção editorial: Lidiane Vivaldini Olo

Gerência de conteúdo e design educacional: Julio Cesar Augustus de Paula Santos

Gestão e coordenação de área: Renato Luiz Tresolavy

Edição: Paula Junqueira e Ingrid Favoretto Falcão

Aprendizagem digital: Renata Galdino (ger.),
Beatriz de Almeida Pinto Rodrigues da Costa (coord. Experiência de Aprendizagem),
Carla Isabel Ferreira Reis (coord. Produção Multimídia),
Daniella dos Santos Di Nubila (coord. Produção Digital),
Rogerio Fabio Alves (coord. Publicação)

Planejamento e controle de produção: Flávio Matuguma (ger.),
Juliana Batista (coord.), Renata Caroline de Oliveira Mendes (analista) e Jayne Ruas (analista)

Revisão: Letícia Pieroni (coord.), Aline Cristina Vieira, Anna Clara Razvickas, Carla Bertinato, Daniela Lima, Danielle Modesto, Diego Carbone, Elane Vicente, Kátia S. Lopes Godoi, Lilian M. Kumai, Luíza de Almeida T. Gonçalves, Malvina Tomáz, Marília H. Lima, Paula Freire, Paula Rubia Baltazar, Paula Teixeira, Raquel A. Taveira, Ricardo Miyake, Shirley Figueiredo Ayres, Tayra Alfonso e Thaise Rodrigues

Arte: Fernanda Costa da Silva (ger.), Kleber de Messas (líder de projeto) e
Anna Júlia Medeiros Martins (edição de arte)

Diagramação: Arte4 Produção Editorial

Iconografia e tratamento de imagem: Roberta Bento (ger.),
Iron Mantovanello Oliveira, Thaisi Albarracin Lima, Mariana de Souza Valeiro e
Cristina Akisino (pesquisa iconográfica), Fernanda Crevin (tratamento de imagens)

Licenciamento de conteúdos de terceiros: Roberta Bento (ger.),
Jenis Oh (coord.), Liliane Rodrigues, Raísa Maris Reina,
Sueli Ferreira e Cristina Akisino (analistas de licenciamento)

Ilustrações: Biry Sarkis, Filipe Rocha e Jean Galvão

Design: Erik Taketa (coord.) e Gustavo Vanini (proj. gráfico e capa)

Foto de capa: Freepik

Avenida Paulista, 901, 6º andar – Bela Vista
São Paulo – SP – CEP 01310-200
http://www.somoseducacao.com.br

Dados Internacionais de Catalogação na Publicação (CIP)

Cereja, William Roberto
Todos os textos 8 : uma proposta de produção textual a partir de gêneros e projetos : ensino fundamental : anos finais / William Cereja, Carolina Dias Vianna, Paula Baracat. -- 7. ed. -- São Paulo : SOMOS Sistemas de Ensino, 2024.

Bibliografia
ISBN 978-65-5945-121-0 (aluno)
ISBN 978-65-5945-125-8 (professor)

1. Lingua portuguesa (Ensino Fundamental) 2. Lingua portuguesa - Composição e exercícios (Ensino Fundamental) I. Título II. Vianna, Carolina Assis Dias III. Grande, Paula Baracat de

23-1475 CDD 372.61

Angélica Ilacqua – Bibliotecária – CRB-8/7057

Dados Internacionais de Catalogação na Publicação (CIP)

Cereja, William Roberto
Todos os textos 8 [livro eletrônico] : uma proposta de produção textual a partir de gêneros e projetos : ensino fundamental : anos finais / William Cereja, Carolina Dias Vianna, Paula Baracat. -- 7. ed. -- São Paulo : SOMOS Sistemas de Ensino, 2024.
PDF

Bibliografia
ISBN 978-65-5945-139-5 (aluno)
ISBN 978-65-5945-143-2 (professor)

1. Lingua portuguesa (Ensino Fundamental) 2. Lingua portuguesa - Composição e exercícios (Ensino Fundamental) I. Título II. Vianna, Carolina Assis Dias III. Grande, Paula Baracat de

23-1479 CDD 372.61

Angélica Ilacqua – Bibliotecária – CRB-8/7057

2024

2024
CAE: 820949 (aluno)
CAE: 820953 (professor)
ISBN: 978-65-5945-121-0 (aluno)
ISBN: 978-65-5945-125-8 (professor)
7ª edição
1ª impressão
De acordo com a BNCC.

Impressão e acabamento: Bercrom Gráfica e Editora

Uma publicação SOMOS EDUCAÇÃO

Apresentação

Caro estudante,

Cada um de nós tem muitos meios para se expressar: o gesto, o olhar, a palavra... Ah, as palavras...

Pontes de comunicação com o mundo e de interação entre as pessoas, as palavras chegam até nós pela fala e pela escrita. Elas vêm de viva voz ou registradas em livros, jornais, revistas. Vêm por telefone, pelo correio, pelas redes sociais, por *e-mail*, pelos aplicativos de mensagens, etc. Vêm a todo momento: em histórias de nosso povo ou de países distantes; em quadrinhos que nos divertem; em poemas que nos fazem pensar e sentir emoções talvez nunca experimentadas; em propagandas, cartões, cartas e notícias.

Assim como vêm, as palavras também vão: nas exposições orais que fazemos, nas histórias que contamos, nas opiniões que damos sobre as coisas simples e complexas que nos cercam. Vão nos textos em que convidamos, informamos, protestamos, reivindicamos...

Este livro traz algumas ferramentas que vão ajudá-lo a lidar com as palavras e os textos — orais, escritos e também aqueles em que linguagens são combinadas — nas mais diferentes situações.

Para se apropriar das palavras, basta que você tenha o desejo de explorar os múltiplos caminhos da linguagem e a disposição para realizar projetos, como varal de poesia e livro de histórias, declamar poemas, fazer pesquisas e entrevistas, apresentar um seminário, participar de debates, entre outros.

Esperamos que, por meio de seus textos, você possa agir e interagir com outras pessoas, argumentar e persuadir, reivindicar e protestar, informar sobre o mundo que o cerca ou relatar suas vivências e sensações particulares, transmitir conhecimentos e narrar histórias, fazer seu interlocutor ler por prazer, imaginar, sonhar, se divertir, se emocionar.

Um abraço,
Os Autores.

SUMÁRIO

UNIDADE 1

Realidade ou ficção?

Esta unidade de ensino contempla:

13 habilidades da BNCC

Habilidades do campo artístico-literário e jornalístico-midiático, com foco na criação de crônicas e de roteiros de vídeo.

2 gêneros textuais

Crônica; roteiro de vídeo e de cinema.

2 recursos: Para escrever com técnica e Para falar com expressividade

Discurso direto e o presente histórico; anedotas.

55 atividades: compreensão, interpretação, oralidade e escrita

Diversas atividades individuais e em grupo; propostas de criação de crônicas, contação de anedotas; criação de roteiros e produção de curtas-metragens.

Projeto: Oficina de Criação

Participar com os colegas do lançamento de um livro de crônicas e do festival de cinema, com a exibição de filmes de curtas-metragens.

"[A crônica] Foi o primeiro gênero com o qual me deparei depois das revistas em quadrinhos. Costumo dizer que conheci o Drummond cronista antes de conhecer o poeta. Foi um encontro muito prazeroso, libertador. Os cronistas mineiros, Drummond, Fernando Sabino e Paulo Mendes Campos foram minhas primeiras referências. Como escritora persigo os textos curtos, a concisão. Intento dizer muito ou o tudo que quero em poucas palavras. Dialogo muito com as crônicas que são assim.

[...]

O papel que atribuo a mim [como cronista], e não o estendo a outros profissionais da crônica, é o de ler e narrar o tempo em que vivo de maneira crítica, sagaz, amorosa, humorada, sempre destacando o que me interessa e recriando aquilo que a criação me move a fazer."

Cidinha da Silva, escritora. (Disponível em: https://www.nonada.com.br/2017/08/a-cronica-sobre-o-peso-dos-dias/.)

Biry Sarkis/Acervo

FIQUE LIGADO! *Pesquise!*

Para você aprofundar seus conhecimentos sobre crônicas, escrita e jovens escritores, sugerimos:

A livraria, de Isabel Coixet; *A sociedade literária e a torta de casca de batata*, de Mike Newell; *A menina que roubava livros*, de Brian Percival; *Vida de menina*, de Helena Solberg; *Adoráveis mulheres*, de Gillian Armstrong; *De volta para casa*, de Peter Faiman; *Sociedade dos poetas mortos*, de Peter Weir; *O homem nu*, de Hugo Carvana; *O carteiro e o poeta*, de Michael Radford.

Ysanne Slide/Alamy/Fotoarena

Cena do filme *A livraria*, de Isabel Coixet.

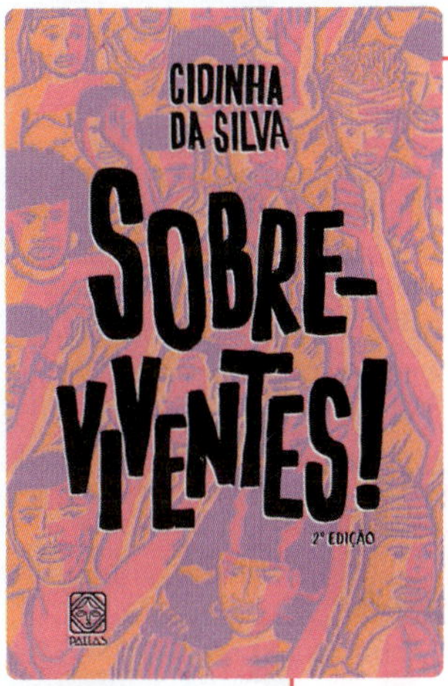

Reprodução/Editora Pallas

Sobre-viventes!, de Cidinha da Silva (Pallas); *Crônicas de São Paulo*: um olhar indígena, de Daniel Munduruku (Callis); *Todas as crônicas*, de Clarice Lispector (Rocco); *Crônicas para ler em qualquer lugar*, de Gregorio Duvivier, Maria Ribeiro e Xico Sá (Todavia); *Crônicas para jovens*, de Marina Colasanti (Global); *Por quem as panelas batem*: crônicas políticas, de Antonio Prata (Companhia das Letras); *Crônica brasileira contemporânea*, organização de Manuel da Costa Pinto (Moderna); *As 100 melhores crônicas de humor*, organização de Sandro Villar (Alta Life Books); *Cara ou coroa?*, de Fernando Sabino (Ática); *Festa de criança* (Ática), *Comédias para se ler na escola* (Objetiva) e *O melhor das comédias da vida privada* (Objetiva), de Luis Fernando Verissimo; *100 crônicas*, de Mario Prata (Cartaz Editorial); *O golpe do aniversariante e outras crônicas*, de Walcyr Carrasco (Moderna); *De notícias e não notícias faz-se a crônica*, de Carlos Drummond de Andrade (Record); *200 crônicas escolhidas*, de Rubem Braga (Record); *O dia do curinga*, de Jostein Gaarder (Companhia das Letras); *O menino no espelho*, de Fernando Sabino (Record); *Amor adolescente*, de Elias José (Atual); *Roteiro para TV, cinema e vídeo*, de Eliane Meadows (Quartet).

- https://cronicabrasileira.org.br/
- https://www.recantodasletras.com.br/cronicas/
- https://www.revistapessoa.com/
- http://curtaocurta.com.br/
- http://portacurtas.org.br/
- https://www.curtanaescola.org.br/

FIQUE LIGADO! *Escreva!*

A escritora Cidinha da Silva afirma que, para ela, seu papel como cronista "é o de ler e narrar o tempo em que vivo de maneira crítica, sagaz, amorosa, humorada, sempre destacando o que me interessa e recriando aquilo que a criação me move a fazer". Que tal narrar um pedacinho do seu cotidiano, do tempo e do espaço em que você vive, recriando o que lhe interessa? Um carinho, um gesto, uma palavra, uma pessoa, um sorriso, um animal, uma flor, um objeto qualquer, um lugar, um cantinho da sua moradia... São tantas as coisas que podem dar um sentido especial à nossa vida... Escolha um desses elementos e escreva no caderno um ou dois parágrafos apresentando sua visão a respeito dele.

Leve para a sala de aula um jornal dominical de grande circulação.

Depois, com a orientação do professor, descubra em que caderno ou página do jornal há uma crônica. Leia-a para a turma. Em seguida, troque ideias com os colegas: Os fatos a que a crônica se refere foram colhidos no noticiário jornalístico ou no cotidiano?

Após essa atividade com jornal, responda às perguntas a seguir:

- Você já leu algum livro de crônicas? Qual?
- Como esse livro é organizado?
- Como são as histórias: curtas ou longas?
- Qual é o assunto tratado nelas?
- Quem são os autores dos textos?
- Você gostou especialmente de alguma história? Por quê?

Reprodução/Editora Autêntica

Capa do livro *Os sabiás da crônica* (2021), organizado por Augusto Massi (Autêntica). Na foto aparecem Rubem Braga e Vinicius de Moraes (à frente), Paulo Mendes Campos, Carlinhos Oliveira, Stanislaw Ponte Preta e Fernando Sabino (ao fundo) em Ipanema, RJ, em 1967.

Crônica: a poesia em prosa, inspirada nos acontecimentos do dia a dia

Cassette Bleue/Shutterstock

Em um jornal impresso, encontramos notícias, reportagens, entrevistas, editoriais, cartas de leitores, críticas, anúncios, classificados. E, em meio a esses gêneros que tratam da realidade objetiva e compõem grande parte da matéria jornalística, encontramos também um texto mais livre, curto, subjetivo, bem-humorado, às vezes informal na linguagem ou até lírico: a **crônica**.

O cronista geralmente se inspira em fatos do cotidiano ou noticiados pelos jornais, mas não os apresenta em sua forma real. Ele os recria, muitas vezes inserindo elementos ficcionais na história contada, interpreta, critica e ressalta outros ângulos por meio dos quais esses fatos podem ser vistos. Seu texto ora diverte, ora provoca, fazendo o leitor refletir sobre um acontecimento.

Assim, pode-se dizer que o cronista, ao produzir um texto que se situa entre o jornalismo e a literatura, é o poeta dos acontecimentos cotidianos.

Um pouco da história da crônica

Originalmente, a crônica era um relato de acontecimentos feito em ordem cronológica. Na Idade Média, em Portugal, o historiador Fernão Lopes escrevia crônicas que relatavam os acontecimentos históricos do país e retratavam não apenas a vida dos nobres, mas a de toda a sociedade.

No século XIX, com o desenvolvimento da imprensa, a crônica tornou-se um texto jornalístico cujo objetivo era comentar, de forma crítica, os acontecimentos da semana e, assim como alguns outros gêneros jornalísticos, informar o leitor.

Esse tipo de crônica apareceu na imprensa brasileira na segunda metade do século XIX. Com o passar do tempo, a crônica foi se tornando mais literária, com o uso de uma linguagem mais leve e a presença de pitadas de poesia e fantasia.

Vários escritores brasileiros se destacam nesse gênero, entre eles: Machado de Assis, Rubem Braga, Fernando Sabino, Carlos Drummond de Andrade, Paulo Mendes Campos, Rachel de Queiroz, Luis Fernando Verissimo, Mario Prata, Lourenço Diaféria, Clarice Lispector, Cecília Meireles e Antonio Prata.

Crônica, cronista e leitor

Antes de ser publicada em livro, a crônica é geralmente veiculada em jornal e, assim como as demais matérias jornalísticas, nasce, envelhece e morre rapidamente. Nesse contexto, ela se dirige a leitores apressados, que leem entre os afazeres da vida cotidiana. A crônica pode ser lida no jornal impresso e no jornal digital, mas também pode ser ouvida quando divulgada no formato de *podcast*.

A produção de uma crônica também tem relação com pressa e rapidez. O cronista dispõe de pouco tempo para escrever seu texto, pois, muitas vezes, a periodicidade da publicação é diária e ele precisa ser rápido para acompanhar o desenrolar dos fatos cotidianos. Por isso, a linguagem da crônica geralmente é mais informal e próxima da usada em uma conversa entre amigos.

O cinema e os vídeos nas mídias digitais

Oficialmente, o cinema nasceu em 1895, em Paris, quando os irmãos Lumière apresentaram pela primeira vez ao público o cinematógrafo e projetaram o filme *Chegada de um trem à estação da Ciotat*. A projeção causou tanto impacto que vários espectadores fugiram do cinema, por medo de serem atropelados pelo trem.

Cena do filme *Chegada de um trem à estação da Ciotat*, de Auguste Lumière e Louis Lumière.

De lá para cá, o cinema teve várias fases, entre elas a do cinema mudo (com ou sem legendas), na qual se destacou Charlie Chaplin, que também criou alguns dos primeiros filmes com falas. O cinema sonorizado, com justaposição de imagem e som, surgiu apenas no final da década de 1920.

Nas décadas seguintes, o cinema começou a explorar temas variados e passou a atender a diferentes gostos do público: filmes de aventura, de guerra, histórias de amor, musicais, animações, etc. O cinema também serviu aos interesses de muitos governantes, como Adolf Hitler, na Alemanha, e Benito Mussolini, na Itália.

Nas últimas décadas do século XX, o cinema hollywoodiano investiu bastante em tecnologia em busca de efeitos especiais, marcando um novo momento da arte cinematográfica, lançando filmes como *Guerra nas estrelas*, de George Lucas, *O exterminador do futuro*, de James Cameron, *Parque dos dinossauros*, de Steven Spielberg, e *Matrix*, de Lana Wachowski e Lilly Wachowski.

As produções de vídeos de curta-metragem existem desde a década de 1920, porém estão ganhando mais espaço com os festivais que ocorrem no mundo todo. Essas produções continuaram nas mãos de cineastas e produtores especializados, incluindo as agências de publicidade, até a chegada da internet.

Com o advento de equipamentos digitais cada vez mais acessíveis, como os telefones celulares, houve uma forte demanda por vídeos, como os disponíveis no YouTube, popularizando a produção e a circulação de vídeos. Com essa demanda, tem aumentado o interesse pelo roteiro, ponto de partida para a criação de um vídeo de qualquer natureza ou de um filme.

OFICINA DE CRIAÇÃO

Projeto » Do livro à tela

Nesta unidade, você e os colegas vão participar da organização do evento **Do livro à tela**, no qual haverá o lançamento de um livro de crônicas da turma e a apresentação, em um festival de cinema, dos vídeos produzidos por vocês. Todo o material será elaborado regularmente nas aulas ao longo desta unidade.

CAPÍTULO

1 A crônica

O GÊNERO EM FOCO

Leia esta crônica de Antonio Prata:

A situação dos aeroportos

Não sei se o pesadelo recorrente começou antes ou depois dos fatos narrados a seguir. O pesadelo: estou num palco, a plateia espera por minha fala e não faço a menor ideia de que fala seja essa. O sonho acaba sempre no auge da aflição, antes de me vaiarem, jogarem tomates ou, sei lá, me lincharem.

Agora os fatos. Era 23 de dezembro de 2011 ou 2012. Uma moça muito simpática me liga, diz que adora os meus textos e me convida a participar de um programa da Globonews ao vivo, onde falaríamos sobre o meu livro mais recente, lançado naquele mês. Poxa, aparecer na televisão pra divulgar meu livro? Como não topar?

Desligo o telefone com a simpática produtora e me liga uma outra, mais afobada (e, sinto, mais inteirada do programa): "Olha, o tema de hoje é racismo nos Estados Unidos, caos nos aeroportos e a devolução da **Taça das Bolinhas** do São Paulo para o Flamengo". "Desculpa, deve tá tendo algum engano. Eu sou cronista. Me ligaram agora pra falar do meu livro. Eu não sei patavinas sobre racismo nos EUA, caos nos aeroportos e essa taça das bolinhas aí". Um silêncio, ela se despede e desliga.

Biry Sarkis/Acervo da editora

Dois minutos depois, liga a primeira produtora: "Antonio, querido!!! Teve um problema de comunicação aqui! Claaaaro que você vem falar do seu livro! É que é um programa sobre vários assuntos, vão falar de racismo, caos aéreo, futebol, mas você fica à vontade pra opinar só sobre o que quiser, beleza?!".

Diz o clichê que na hora da morte toda a vida passa na nossa consciência. Não sei. Mas sei que um tufão existencial te perpassa na hora em que te perguntam, ao vivo, diante de todo o Brasil: "Antonio Prata, neste exato momento, em São Paulo, qual é a situação dos aeroportos?".

Eu tinha três saídas. 1) A chorona: "Pô, meu! Eu falei que não sabia nada disso! A produtora viajou! Eu vim falar do meu livro! Mó sacanagem!". 2) Mentir descaradamente: "a situação em Viracopos está 78% resolvida, porque o número de decolagens foi dividido entre quatro "clusters" nos "hubs" dos "brubles" das "TNKS" das principais companhias aéreas, de modo que a volatividade decolagem/aterrissagem tá 5 pra 2". E, finalmente, a opção 3) Zoar.

Foi aí que me veio a luz. Eu estava ali por escrever crônicas. Por trabalhar com humor. Não por supostos conhecimentos aeroviários, futebolísticos ou sociológicos. Em vez da ré, engato a quinta: "Olha, aqui em São Paulo o caos é aéreo, rodoviário e só não é hídrico porque nossos rios não são navegáveis, mas se fossem, aposto que seria mais rápido percorrer as marginais de pedalinho do que de carro. Eu acho. Alguém aí sabe a velocidade de um pedalinho?".

Silêncio mortal do apresentador. Eu tremo na minha cadeira. Rezo para que me esqueçam, mas cinco minutos depois: "Antonio, a devolução da taça das bolinhas do São Paulo pro Flamengo, que história é essa?". Não tenho a mais vaga ideia de que história é essa.

"Acho válido. Acho ótimo. Acho que o São Paulo tinha mais é que devolver todas as taças, mas não pro Flamengo e, sim, pro Corinthians". Risadinhas constrangidas do apresentador, que daí em diante não me perguntará mais nada. Fiquei ali, gelado no estúdio, pensando na roubada em que tinham me metido.

Desde então, mais ou menos por esta época, o sonho volta: eu, parado num palco, a plateia me encarando, esperando um texto que não tenho a menor ideia de qual seja. (Mas que, talvez, seja exatamente este aqui.)

(*Folha de S.Paulo*, página B2, 11/12/2022.)

Biry Sarkis/Acervo da editora

Quem é Antonio Prata

Flavio Moraes/Fotoarena

O escritor e roteirista Antonio Prata nasceu em 1977, em São Paulo. Filho do também escritor Mario Prata, vem se destacando no gênero crônica, como o pai. Tem vários livros publicados, entre eles *As pernas da tia Corália*; *Inferno atrás da pia*; *Adulterado*; *Meio intelectual, meio de esquerda*; *Nu, de botas*; *Por quem as panelas batem*. Foi cronista da revista *Capricho* e do jornal *O Estado de S. Paulo*. Atualmente, publica suas crônicas no jornal *Folha de S.Paulo* e dedica-se ao cinema.

Taça das Bolinhas: troféu criado pela CBF para ser entregue ao primeiro clube brasileiro a se tornar pentacampeão nacional.

1. O texto lido é uma crônica. Antes de serem publicadas em livros, as crônicas costumam ser veiculadas em jornais e revistas.

a) Observe a fonte do texto e conclua: Em que veículo essa crônica foi publicada?

b) Que acontecimento motivou a escrita da crônica?

c) O tema da crônica é tratado de modo bem-humorado, irônico e crítico ou de modo sisudo, indignado e amargo? Justifique sua resposta com base no texto.

2. O narrador suspeita que seu pesadelo recorrente pode ter origem em um fato vivido no passado.

a) Que fato é esse?

b) Ele tem certeza sobre a origem desse pesadelo? Justifique sua resposta com um trecho do texto.

c) Quais termos ou expressões marcam, no texto, a passagem do fato mais recente ao fato anterior?

3. Uma crônica é quase sempre um texto curto, com poucos personagens, que se desenvolve a partir de um fato ou de reflexões sobre um fato principal. Por essa razão, apresenta tempo e espaço limitados. No episódio narrado:

a) Quais são os personagens envolvidos?

b) Em qual espaço e em quanto tempo ocorrem as ações desse episódio?

4. Sobre os telefonemas recebidos pelo narrador:

a) Qual foi o sentimento do narrador ao ser convidado para participar de um programa de televisão? Por que ele se sentiu assim?

b) As ligações telefônicas das duas produtoras trazem informações diferentes sobre a participação do narrador no programa televisivo. O que esse desencontro de informações preanuncia?

5. Diante da situação embaraçosa, o narrador vê três possíveis soluções.

a) Qual solução ele escolhe? Por que ele tomou essa decisão?

b) Qual é o efeito final da solução encontrada por ele?

6. Em uma crônica, o narrador pode ser **personagem** (quando participa da história) ou **observador**.

a) Indique o tipo de narrador da crônica lida e justifique sua resposta com exemplos do texto.

b) Além do fato de ser convidado a participar de um programa televisivo, em qual outro episódio o narrador pode ser considerado protagonista da crônica?

____

____

c) No final da crônica, qual é a saída encontrada pelo narrador para resolver a situação angustiante de seu pesadelo?

____

7. A crônica mistura sentimentos do narrador, o que também causa diferentes emoções nos leitores. Assinale os possíveis sentimentos do narrador ao relatar seu pesadelo e sua participação no programa de TV:

- [ ] angústia
- [ ] inveja
- [ ] raiva
- [ ] tranquilidade
- [ ] impotência
- [ ] constrangimento

Biry Sarkis/Acervo da

8. Um cronista tem a atenção voltada para fatos do dia a dia ou veiculados em notícias de jornal e os registra com humor, sensibilidade, crítica e poesia.

a) Na crônica lida, quais elementos indicam que o cronista partiu de um fato para criar seu texto?

____

____

____

b) O que, na crônica lida, pode ser considerado imaginação ou criação?

____

____

____

9. Levando em consideração o que você sentiu ao ler a crônica, assinale o item que traduz o objetivo desse gênero textual:

- [ ] Tratar cientificamente de um assunto.
- [ ] Informar os leitores de um jornal sobre determinado assunto.
- [ ] Divertir os leitores e levá-los a refletir criticamente sobre a vida e o comportamento humano.

10. Na crônica, algumas falas de personagens são apresentadas como **discurso direto**, ou seja, sem a interferência do narrador. Releia alguns trechos:

- "Desculpa, deve tá tendo algum engano. Eu sou cronista. Me ligaram agora pra falar do meu livro. Eu não sei patavinas sobre racismo nos EUA, caos nos aeroportos e essa taça das bolinhas aí."
- "Antonio, querido!!! Teve um problema de comunicação aqui! Claaaaro que você vem falar do seu livro! É que é um programa sobre vários assuntos, vão falar de racismo, caos aéreo, futebol, mas você fica à vontade pra opinar só sobre o que quiser, beleza?!"
- "Olha, aqui em São Paulo o caos é aéreo, rodoviário e só não é hídrico porque nossos rios não são navegáveis, mas se fossem, aposto que seria mais rápido percorrer as marginais de pedalinho do que de carro. Eu acho. Alguém aí sabe a velocidade de um pedalinho?"

a) Identifique os sinais de pontuação empregados na crônica para marcar o discurso direto no texto.

____

b) Nos trechos lidos, quais termos ou expressões reforçam algumas características da oralidade na reprodução das falas?

____

c) A linguagem é predominantemente formal ou informal? Comprove sua resposta com termos ou expressões presentes nos trechos.

____

____

11. Com a orientação do professor, reúna-se com alguns colegas para preencher as lacunas do quadro a seguir com as características básicas da crônica.

Crônica: construção e recursos expressivos	
Quem são os interlocutores da crônica?	
Qual é o objetivo da crônica?	
Qual é o suporte ou o veículo da crônica?	
Quais temas são abordados na crônica?	
Como é a estrutura da crônica?	
Como se caracteriza a linguagem da crônica?	

AGORA É A SUA VEZ

Ao final desta unidade, você e os colegas vão participar da produção de um livro de crônicas e de um curta-metragem. Para dar início ao trabalho de confecção do livro, você vai produzir sua primeira crônica.

Proposta 1

Leia a notícia de jornal que segue, a fim de transformá-la em uma crônica.

Menina de 3 anos leva galo de estimação escondido na mochila para creche no Acre

Maria Helena levou o animal de estimação para a sala de aula e falou que era um presente para a professora.

Por Aline Nascimento, g1 AC — Rio Branco
19/11/2022 09h41

Você já deve ter ouvido a frase "leve apenas o necessário" quando vai viajar ou visitar algum lugar. A pequena Maria Helena, de 3 anos, decidiu seguir o conselho à risca e levou o galo de estimação, que chama de filho, escondido na mochila para [a] creche Maria José Bezerra dos Reis nessa quinta-feira (17) em Rio Branco.

Victoria Novak/Shutterstock

Ao chegar na sala de aula, a menina disse para a professora Sueli da Silva Miranda que tinha levado um presente para ela. Admirada, a professora agradeceu e pediu para ver o presente.

Toda contente, Maria Helena abriu a mochila e lá estava o galo encolhidinho na bolsa. "Eu estava na porta da sala recepcionando as crianças e pedi a ela para guardar a mochila. Ela disse: 'mas, eu trouxe um presente pra você'. Abriu a mochila e lá estava o galo. Não acreditei, o galo estava assustado com o barulho das crianças", relembrou a professora.

[...]

Grude

A menina se apegou ao animal e os dois não se desgrudam. A amizade é tão grande que Maria Helena chama o galo de amigo ou filho, tenta sempre dormir com ele na cama, gosta de dar comida para ele e tem várias fotos e vídeos com o animal.

[...]

Galo virou o xodó dos alunos

A professora Sueli diz que as crianças ficaram animadas quando viram o galo na porta da sala. Após pedir autorização para a mãe de Maria Helena, a educadora reuniu a turma para apresentar o "visitante".

(Disponível em: https://g1.globo.com/ac/acre/noticia/2022/11/19/menina-de-3-anos-leva-galo-de-estimacao-escondido-na-mochila-para-creche-no-acre-veja-video.ghtml. Acesso em: 9/3/2023.)

Escolha um tom para sua crônica: reflexivo; lírico e criativo (como um poema em prosa, fazendo uso de imagens e figuras de linguagem); cômico e irônico; etc.

Proposta 2

As crônicas podem nascer de uma pequena mudança no cotidiano. Veja, por exemplo, a crônica de Tati Bernardi sobre a experiência de ficar sem celular.

O que aprendi em 24 horas sem meu celular

[...]

16.fev.2023 às 19h20

Fazia um lindo dia lá fora quando meu celular pifou. Pela cortina, o amarelo forte parecia gritar: "Ó senhora, nada é por acaso, a senhora precisa se enturmar com a vida, enxergar para fora de uma tela, estou te convidando para uma experiência única de encontro com seu plexo solar".

Mas eu andava de um lado para o outro repetindo a frase: "Por que, meu Deus, por que não fiz backup, por que não uso o raio da nuvem, por que não passei as fotos pro computador, por que não salvei em outra mídia a entrevista com a dra. Bianca?". Portanto: caríssimos Sol e todos os cronistas do Brasil que já fizeram textos medonhos sobre um lindo dia sem tecnologia: não me encham o saco!

[...]

E o bom-dia para o vizinho? O olhar no fundo dos olhos do moço do Uber? E o carinho com os parentes idosos? Já disse para alguém hoje: "Eu te vejo, eu te enxergo"? Por que disparou em mim o ressoar intragável de uma crônica medíocre em que resgataria o meu verdadeiro eu perdido na multidão de pessoas que perderam seus eus para aparelhos celulares? Foram tantos cronistas que cometeram esse tipo de texto que virou tipo um forró chiclete aparecendo em nosso cérebro justamente para inflamar ainda mais nossos momentos de crise.

[...]

Filipe Rocha/Acervo da editora

Almoçar em família é um momento mágico que tantas vezes foi interrompido por mensagens urgentes de trabalho. Naquele dia maravilhoso em que meu celular pifou, eu só implorava para que as mensagens de trabalho pudessem voltar para que eu pudesse voltar e conseguisse, enfim, almoçar em família.

Eu poderia ter usado meu tempo sem celular para perceber que minha filha cresceu e que seus cabelos escureceram. Que eu encolhi e que a musculatura da minha axila caiu mais. Contudo, passei a tarde em uma assistência técnica repetindo para o Xan: "Não, ainda não restaura, tenta mais uma vez recuperar os dados". Quem somos sem nossos dados? Essa vida documentada, gravada, fotografada e filmada poderia ser salva por um rapaz chamado Xan? Ah, mas e a vida de verdade? Você ainda se lembra dela? E AS PESSOAS de verdade? Esse voice over de cronista ruim me perturbando.

Os livros que eu leria quando meu celular pifasse não foram lidos. Os filmes que eu veria quando meu celular pifasse não foram vistos. A conexão interestelar que eu teria com meus pais não aconteceu nem depois de 20 anos de análise, não seria por causa de uma pane de celular. [...] Rotina de autocuidado não fiz, porque já sinto que perco tempo demais enquanto pisco ou bebo água.

Não aprendi nadinha nas minhas 24 horas sem celular.

(Disponível em: https://www1.folha.uol.com.br/colunas/tatibernardi/2023/02/o-que-aprendi-em-24-horas-sem-meu-celular.shtml. Acesso em: 24/2/2023.)

Inspire-se no texto da cronista Tati Bernardi e pense em uma situação que mude um pouco seu dia a dia e que, de seu ponto de vista, possa ser curiosa, engraçada e interessante. Pode ser algo inusitado que mude a rotina da sala de aula ou o almoço em família; algum objeto perdido que altera a programação do dia; um comportamento diferente de um transeunte na rua, etc.

Planejamento do texto

Para planejar a escrita da crônica, siga as orientações:

- Pense no leitor: sua crônica terá como público leitor colegas, professores e funcionários da escola, familiares ou responsáveis e amigos convidados para participar do evento de lançamento do livro de crônicas da turma.
- Pense em seu objetivo: você quer divertir o leitor, sensibilizá-lo ou levá-lo a refletir sobre a situação que vai relatar em sua crônica?
- Adote um ponto de vista. Sua crônica pode revelar sua imaginação e o modo como você vê o fato narrado (narrador em 1ª pessoa), ou, então, pode mostrar a visão de uma das pessoas envolvidas no episódio relatado (narrador em 3ª pessoa).

Escrita

- Aborde o fato ou a situação procurando ir além do que aconteceu, narrando com sensibilidade, com ironia ou com humor.
- Como sua crônica é narrativa, lembre-se de mencionar onde aconteceu o fato ou a situação e o período do dia (se era de manhã, de noite, etc.).
- Se quiser dar mais dinamismo à narrativa, utilize o discurso direto, empregando a pontuação adequada (dois-pontos, aspas, travessão).
- Procure contar o fato ou relatar a situação de uma forma que envolva o leitor, despertando nele o interesse pela leitura do texto e a vontade de chegar ao final. Se possível, guarde uma surpresa para o fim, de modo a fazer o leitor refletir ou achar graça.
- Escreva de forma simples e direta, procurando proximidade com o leitor.
- Como cronista, escreva seu texto utilizando a norma-padrão, em um tom menos ou mais formal, de acordo com seus objetivos.
- Caso julgue mais coerente com o perfil de um ou mais personagens, empregue variedades linguísticas e recursos linguísticos que procurem reproduzir traços de oralidade.

Revisão e reescrita

Antes de finalizar sua crônica, releia-a, observando se:

- ela é construída a partir de um fato do cotidiano;
- apresenta uma visão pessoal do assunto escolhido;
- ela contém os elementos narrativos básicos: tempo, espaço, personagens e, eventualmente, diálogos;
- o texto ficou curto e leve;
- a leitura pode divertir o leitor ou levá-lo a refletir criticamente sobre o assunto;
- a linguagem e os recursos linguísticos empregados estão adequados ao gênero, ao contexto e às personagens.

VectorMine/Shutterstock

Finalizado o texto, guarde-o para, em breve, montar o livro de crônicas da turma.

O discurso direto e o presente histórico construindo sentidos

No estudo do texto "A situação dos aeroportos", de Antonio Prata, você viu que o discurso direto é utilizado para apresentar as vozes dos personagens.

Releia os seguintes trechos da crônica e confira algumas falas de personagens e do próprio narrador:

I. "Desligo o telefone com a simpática produtora e me liga uma outra, mais afobada (e, sinto, mais inteirada do programa): 'Olha, o tema de hoje é racismo nos Estados Unidos, caos nos aeroportos e a devolução da Taça das Bolinhas do São Paulo para o Flamengo'. 'Desculpa, deve tá tendo algum engano. Eu sou cronista. Me ligaram agora pra falar do meu livro. Eu não sei patavinas sobre racismo nos EUA, caos nos aeroportos e essa taça das bolinhas aí'. Um silêncio, ela se despede e desliga."

II. "Silêncio mortal do apresentador. Eu tremo na minha cadeira. Rezo para que me esqueçam, mas cinco minutos depois: 'Antonio, a devolução da taça das bolinhas do São Paulo pro Flamengo, que história é essa?'. Não tenho a mais vaga ideia de que história é essa."

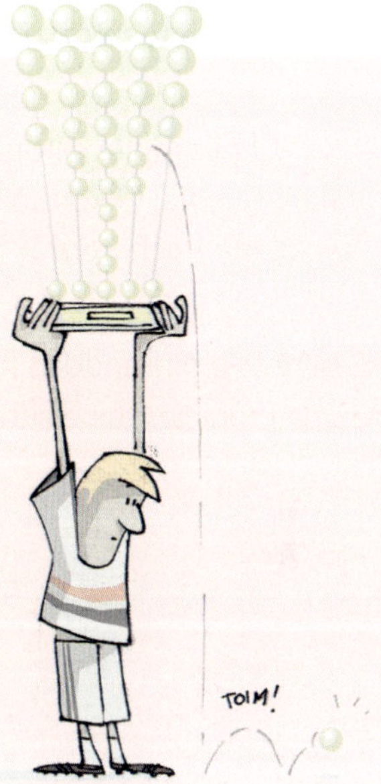

Biry Sarkis/Acervo da editora

1. Reescreva os dois trechos utilizando o **discurso indireto**, ou seja, adapte os textos para que as falas sejam apresentadas com as próprias palavras do narrador.

2. Compare o texto original com o resultado das transformações que você fez na questão anterior e conclua: Que efeito de sentido o tipo de discurso adotado pelo autor atribui à narrativa?

3. Observe as formas verbais empregadas nos dois trechos: Qual tempo verbal prevalece?

4. Releia o seguinte trecho da crônica:

> "O pesadelo: estou num palco, a plateia espera por minha fala e não faço a menor ideia de que fala seja essa. O sonho acaba sempre no auge da aflição, antes de me vaiarem, jogarem tomates ou, sei lá, me lincharem."

Reescreva-o passando as formas verbais para o passado. Em seguida, compare a reescrita com as frases originais da crônica: Que efeito de sentido a mudança no tempo verbal proporciona ao texto?

5. Agora, observe as formas verbais empregadas no trecho inicial desta lenda indígena brasileira:

O beija-flor

Quando apareceu na Terra a primeira laranja, os passarinhos ficaram encantados com aquela fruta douradinha, redondinha e bonitinha. Fizeram medonha algazarra. Perguntavam-se uns aos outros o nome da fruta e, aos mais velhos, se ela era ou não de comer.

(Henriqueta Lisboa. *Literatura oral para a infância e a juventude*. São Paulo: Peirópolis, 2002. p. 20.)

Jean Galvão/Acervo da editora

a) Indique o tempo de cada forma verbal do texto.

b) O tempo verbal identificado na lenda indígena é o mais frequentemente empregado na literatura. Compare-o com o tempo verbal analisado na crônica. Eles são os mesmos? Justifique sua resposta.

6. Você observou, até aqui, alguns procedimentos narrativos utilizados na crônica "A situação dos aeroportos": o uso do discurso direto, a reprodução da fala das personagens e o emprego dos verbos em um tempo diferente do habitual.

Considerando a finalidade do gênero crônica, explique o papel desses recursos narrativos no texto de Antonio Prata.

Em gêneros narrativos ficcionais, o tempo verbal mais comum é o passado, nas formas do pretérito perfeito, do pretérito mais-que-perfeito e do pretérito imperfeito do indicativo. No entanto, como você viu, os verbos da crônica foram empregados predominantemente no presente, em vez de no passado. Essa técnica, chamada **presente histórico**, pode ser empregada em gêneros da literatura (a crônica, o conto, a lenda, etc.) e até mesmo em outros gêneros, como anedota, história em quadrinhos, relato, roteiro de cinema, reportagem, etc.

O emprego do presente histórico tem por finalidade dar maior dinamismo e veracidade à narrativa, envolvendo o leitor e fazendo-o sentir-se mais próximo dos acontecimentos narrados, como se estivesse vivenciando a situação.

Há textos em que o narrador introduz a narrativa empregando os verbos primeiramente no pretérito perfeito ou no pretérito imperfeito do indicativo e, em seguida, passa a utilizar, de forma consciente e estratégica, o presente, a fim de relatar com maior ênfase o momento culminante da história. É como se o narrador contasse tudo o que havia acontecido antes daquele momento e, a partir dali, começasse a contar os fatos como se eles estivessem acontecendo naquele momento. Por outro lado, há textos que apresentam verbos no presente desde o início, fazendo que o leitor vivencie os fatos de perto do início ao fim da narrativa.

EXERCÍCIOS

Leia a seguinte anedota:

Desesperado, o chefe olha para o relógio, e, já não acreditando que um funcionário chegaria a tempo de fornecer uma informação importantíssima para uma reunião, liga para o cara:

— Alô! — atende uma voz de criança, quase sussurrando.

— Alô. Seu pai está?

— Tá... — ainda sussurrando.

— Posso falar com ele?

— Não — disse a criança, bem baixinho.

Meio sem graça, o chefe tenta falar com algum outro adulto:

— E a sua mamãe? Está aí?

— Tá.

— Ela pode falar comigo?

— Não. Ela tá ocupada.

— Tem mais alguém aí?

— Tem... — sussurra.

— Quem?

— O "puliça".

Um pouco surpreso, o chefe continua:

— O que ele está fazendo aí?

— Ele? Ele tá conversando com o papai, com a mamãe e com o "bombelo"...

Ouvindo um grande barulho do outro lado da linha, o chefe pergunta assustado:

— Que barulho é esse?

— É o "licópito".

— Um helicóptero?

— É. Ele "tlosse" uma equipe de busca.

— Minha nossa! O que está acontecendo aí? — o chefe pergunta, já desesperado.

E a voz sussurra, com um risinho safado:

— Eles tão me "ploculando".

Jean Galvão/Acervo da editora

(Paulo Tadeu. *Proibido para maiores — As melhores piadas para crianças*. 8. ed. São Paulo: Matrix, 2007. p. 11.)

1. Observe a composição do texto e responda:

a) Predominam trechos do narrador ou as falas dos personagens?

____

b) Por meio de qual discurso as vozes dos personagens são reproduzidas: direto ou indireto?

____

c) Qual recurso gráfico é empregado para marcar as vozes dos personagens?

____

2. Releia o seguinte trecho:

"Desesperado, o chefe olha para o relógio, e, já não acreditando que um funcionário chegaria a tempo de fornecer uma informação importantíssima para uma reunião, liga para o cara:

— Alô! — atende uma voz de criança, quase sussurrando.

— Alô. Seu pai está?

— Tá... — ainda sussurrando.

— Posso falar com ele?

— Não — disse a criança, bem baixinho."

Jean Galvão/Acervo da editora

a) Passe as falas dos personagens para o discurso indireto.

____

____

____

____

b) Qual é o efeito de sentido resultante dessa alteração?

____

____

c) Troque ideias com os colegas sobre a atividade realizada no item **a** e, depois, compartilhe oralmente com eles: Qual das duas estratégias você prefere: o uso do discurso direto ou do discurso indireto? Por quê?

3. Observe as palavras **puliça**, **bombelo** e **licópito** na anedota.

a) Qual recurso gráfico é utilizado para destacá-las no texto? Por quê?

____

____

____

b) Que efeito de sentido a grafia dessas palavras constrói na narrativa?

____

____

CAPÍTULO 2

A crônica de humor

O GÊNERO EM FOCO

A crônica de humor é bastante apreciada no Brasil, e importantes escritores brasileiros já se dedicaram a ela, como Luis Fernando Verissimo, Stanislaw Ponte Preta, Carlos Eduardo Novaes, Moacyr Scliar e Antonio Prata.

Leia, a seguir, uma crônica de humor de Luis Fernando Verissimo.

A mentira

João chegou em casa cansado e disse para sua mulher, Maria, que queria tomar um banho, jantar e ir direto para a cama. Maria lembrou a João que naquela noite eles tinham ficado de jantar na casa de Pedro e Luíza. João deu um tapa na testa, disse um palavrão e declarou que, de maneira nenhuma, não iria jantar na casa de ninguém. Maria disse que o jantar estava marcado há uma semana e seria uma falta de consideração com Pedro e Luíza, que afinal eram seus amigos, deixar de ir. João reafirmou que não ia. Encarregou Maria de telefonar para Luíza e dar uma desculpa qualquer. Que marcassem o jantar para a noite seguinte. Maria telefonou para Luíza e disse que João chegara em casa muito abatido, até com um pouco de febre, e que ela achava melhor não tirá-lo de casa àquela noite. Luíza disse que era uma pena, que tinha preparado um *Blanquette de Veau* que era uma beleza, mas que tudo bem. Importante é a saúde e é bom não facilitar. Marcaram o jantar para a noite seguinte, se João estivesse melhor. João tomou banho, jantou e foi se deitar. Maria ficou na sala vendo televisão. Ali pelas nove bateram na porta. Do quarto, João, que ainda não dormira, deu um gemido. Maria que já estava de camisola, entrou no quarto para pegar seu *robe de chambre*. João sugeriu que ela não abrisse a porta. Naquela hora só podia ser chato. Ele teria que sair da cama. Que deixasse bater. Maria concordou. Não abriu a porta.

Biry Sarkis/Acervo da editora

Meia hora depois, tocou o telefone, acordando João. Maria atendeu. Era Luíza, querendo saber o que tinha acontecido.

— Por quê? — perguntou Maria.

— Nós estivemos aí há pouco, batemos, batemos e ninguém atendeu.

—Vocês estiveram aqui?

— Para saber como estava o João. O Pedro disse que andou sentindo a mesma coisa há alguns dias e queria dar umas dicas. O que houve?

Bry Sarkis/Acervo da editora

— Nem te conto — contou Maria, pensando rapidamente. — O João deu uma piorada. Tentei chamar um médico e não consegui. Tivemos que ir a um hospital.

— O quê? Então é grave.

— A febre aumentou. Ele começou a sentir dores no corpo.

— Apareceram pintas vermelhas no rosto — sugeriu João, que agora estava ao lado do telefone, apreensivo.

— Estava com o rosto coberto de pintas vermelhas.

— Meu Deus. Ele já teve sarampo, catapora, essas coisas?

— Já. O médico disse que nunca tinha visto coisa igual.

— Como é que ele está agora?

— Melhor. O médico deu uns remédios. Ele está na cama.

—Vamos já para aí!

— Espere!

Mas Luíza já tinha desligado. João e Maria se entreolharam. E agora? Não podiam receber Pedro e Luíza. Como explicar a ausência das pintas vermelhas?

— Podemos dizer que o remédio que o médico deu foi milagroso. Que eu estou bom. Que podemos até sair para jantar — disse João, já com remorso.

— Eles iam desconfiar. Acho que já estão desconfiados. É por isso que vêm para cá. A Luíza não acreditou em nenhuma palavra que eu disse.

Decidiram apagar todas as luzes do apartamento e botar um bilhete na porta. João ditou o bilhete para Maria escrever.

— Bota aí: "João piorou subitamente. O médico achou melhor interná-lo. Telefonaremos do hospital."

— Eles são capazes de ir ao hospital à nossa procura.

— Não vão saber que hospital é.

— Telefonarão para todos. Eu sei. A Luíza nunca nos perdoará a *Blanquette de Veau* perdida.

— Então bota aí: "João piorou subitamente. Médico achou melhor interná-lo na sua clínica particular. O telefone lá é 236-6688."

— Mas esse é o telefone do seu escritório.

— Exato. Iremos para lá e esperaremos o telefonema deles.

— Mas até que a gente chegue ao seu escritório...

— Vamos embora!

Deixaram o bilhete preso na porta. Apertaram o botão do elevador. O elevador já estava subindo. Eram eles!

— Pelas escadas, depressa!

O carro de Pedro estava barrando a saída da garagem do edifício. Não podiam usar o carro. Demoraram para conseguir um táxi. Quando chegaram ao escritório de João, que perdeu mais tempo explicando ao porteiro a sua presença ali no meio da noite, o telefone já estava tocando. Maria apertou o nariz para disfarçar a voz e atendeu:

— Clínica Rochedo. "Rochedo?!", espantou-se João, que se atirara, ofegante, numa poltrona.

— Um momentinho, por favor — disse Maria.

Tapou o fone e disse para João que era Luíza. Que mulherzinha! O que a gente faz para preservar uma amizade. E não passar por mentiroso. Maria voltou ao telefone.

— O Sr. João está no quarto 17, mas não pode receber visitas. Sua senhora? Um momentinho, por favor?

Maria tapou o fone outra vez.

— Ela quer falar comigo.

Atendeu com a sua voz normal.

— Alô, Luíza? Pois é. Estamos aqui. Ninguém sabe o que é. Está com pintas vermelhas por todo o corpo e as unhas estão ficando azuis. O quê? Não, Luíza, vocês não precisam vir para cá.

— Diz que é contagioso — sussurrou João, que com a cabeça atirada para trás preparava-se para retomar seu sono na poltrona.

— É contagioso. Nem eu posso chegar perto dele. Aliás, eles vão evacuar toda a clínica e colocar barreiras em todas as ruas aqui perto. Estão desconfiados de que é um vírus africano que...

(*As mentiras que os homens contam*. Rio de Janeiro: Objetiva, 2000. p. 65-68.)

Quem é?

Luis Fernando Verissimo

Fabio Guinalz/Fotoarena

O gaúcho Luis Fernando Verissimo é um dos mais importantes cronistas brasileiros da atualidade. Nascido em 1936, é filho do também escritor Érico Verissimo.

Iniciou sua carreira como jornalista no jornal *Zero Hora*, de Porto Alegre, onde exerceu várias funções.

Sua primeira obra, *A grande mulher nua*, foi publicada em 1975. Desde então, tem produzido muitos livros de crônicas e contos, romances, literatura infantil, poesia, livros de viagens, além de colaborar em programas de humor da TV. Entre outros títulos, escreveu: *O analista de Bagé*, *O gigolô das palavras*, *A velhinha de Taubaté*, *Comédias da vida privada*.

1. O texto lido é uma crônica de humor e, como tal, apresenta os elementos básicos do gênero crônica. Justifique suas respostas com elementos do texto:

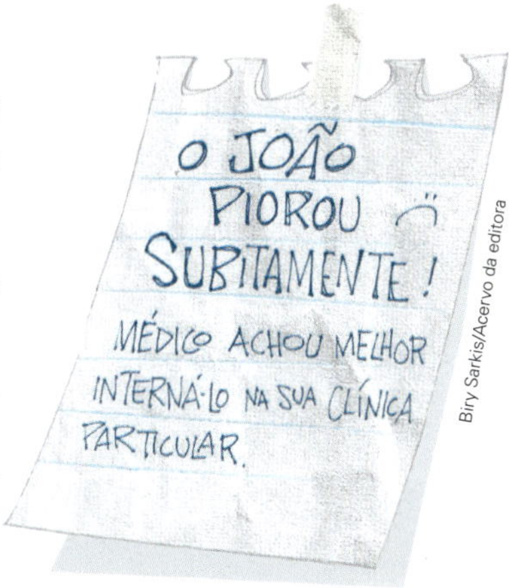

Biry Sarkis/Acervo da editora

a) A crônica lida apresenta um número amplo ou reduzido de personagens?

____

____

b) O tempo e o espaço em que ocorrem as ações são amplos ou restritos?

____

____

____

____

2. As crônicas geralmente nascem da observação do cronista sobre fatos comuns do cotidiano e comportamentos do ser humano na vida em sociedade. Na crônica lida, o **conflito** da narrativa é apresentado logo no início.

a) Qual é o conflito?

____

____

b) Qual é a saída mais fácil que João e Maria encontram para resolver esse problema?

____

____

3. Ao apresentar o conflito, o narrador também mostra os sentimentos e o ponto de vista dos personagens.

a) Que argumentos Maria apresenta ao marido para tentar convencê-lo a ir ao encontro?

____

____

____

b) Levante hipóteses: Por que Maria cede à decisão de João?

____

____

____

4. A mentira é malvista pela maioria das pessoas, porque tem implicações morais e éticas negativas. Troque ideias com os colegas e levantem hipóteses:

a) Por que João e Maria preferem mentir a contar a verdade aos amigos?

b) Esse tipo de comportamento é comum na vida social? Por que as pessoas mentem?

c) Cite exemplos de situações cotidianas em que algumas pessoas costumam dizer mentiras.

d) A insistência dos amigos pode ser vista como um gesto de amizade?

5. Na crônica, João e Maria inventam várias desculpas para não irem ao jantar.

a) Numere-as de 1 a 7, de acordo com a ordem de sequência dos fatos.

- [ ] Desconfia-se de que é um vírus africano.
- [ ] João piora subitamente e é internado na clínica.
- [ ] É contagioso; vão evacuar a clínica e colocar barreiras nas ruas.
- [ ] Aparecem pintas vermelhas no rosto.
- [ ] João chega do trabalho abatido e com febre.
- [ ] Surgem pintas vermelhas por todo o corpo e as unhas ficam azuis.
- [ ] A febre aumenta; surgem dores no corpo.

Biry Sarkis/Acervo da editora

b) Levando em conta a sequência dessas desculpas, responda: O que ocorre a cada nova desculpa que João e Maria dão aos amigos?

c) Que efeito de sentido esse processo contínuo de mentiras confere à narrativa?

6. Releia este trecho da história:

> "Tapou o fone e disse para João que era Luíza. Que mulherzinha! O que a gente faz para preservar uma amizade. E não passar por mentiroso. Maria voltou ao telefone."

Observe que, nesse trecho, há a voz do narrador e, implicitamente, a voz de Maria.

a) Identifique a voz de Maria no fragmento.

b) O que o diminutivo **mulherzinha** expressa no contexto?

c) Maria diz: "O que a gente faz para preservar uma amizade. E não passar por mentiroso". O comentário dela revela certa confusão de valores e perspectivas em relação a seu papel na situação criada. Por quê?

7. Observe que o nome dos personagens da história — João, Maria, Pedro e Luíza — são comuns no Brasil. Considerando esse dado, levante hipóteses: Quem eles podem representar na sociedade?

8. As crônicas de humor, assim como as anedotas, geralmente se encaminham para um final inesperado, que provoca o humor. Na crônica lida, esse procedimento foi usado? Justifique sua resposta.

9. Além de cumprir o papel de divertir, a crônica de humor de Luis Fernando Verissimo pode ser vista como um texto que leva à reflexão e à crítica? Justifique sua resposta.

Humor

O melhor ponto de partida para quem quer escrever crônicas de humor é imaginar situações geradoras de humor. O cronista Fernando Sabino, por exemplo, produziu uma das crônicas de humor mais conhecidas de nossa literatura, "O homem nu", a partir de uma situação simples e perfeitamente possível: pela manhã, um morador de um prédio diz à mulher que não atenda à campainha, pois vão receber a visita do cobrador da televisão e, não tendo dinheiro, é melhor fingirem que não há ninguém em casa. Porém, quando a mulher vai à cozinha fazer o café, o marido, nu, quer pegar o pão que o padeiro colocou próximo à porta de entrada do apartamento. Olha para os lados e, não vendo ninguém, sai para o corredor. Nesse momento, um vento forte fecha a porta, e ele fica preso do lado de fora. Aperta a campainha, mas a mulher, pensando que é o cobrador, não atende. Imagine quantas situações engraçadas nascem a partir daí.

Essa crônica rendeu outras criações. Em 1994, o cronista publicou *A nudez da verdade* (Ática), uma novela que recria e amplia as situações da crônica. Em 1997, Hugo Carvana, com roteiro baseado nos textos de Fernando Sabino, dirigiu o filme *O homem nu*.

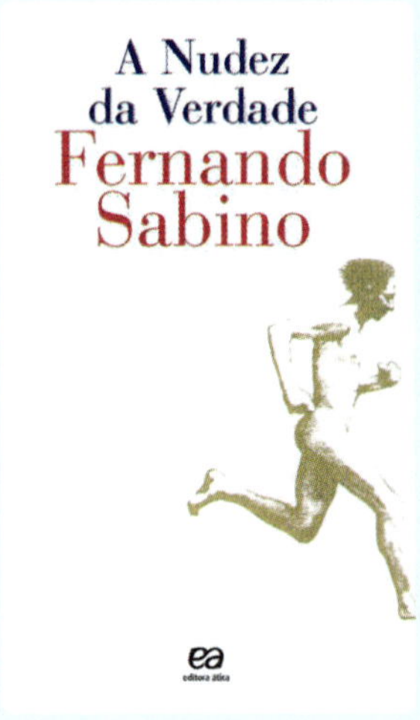

Editora Ática/Arquivo da Editora

AGORA É A SUA VEZ

Ao final desta unidade, você e os colegas da turma vão participar da produção de um livro de crônicas e de um curta-metragem. Para dar continuidade à produção do livro, você vai agora escrever uma crônica de humor. Se possível, desenvolva duas das propostas a seguir.

Proposta 1

A crônica "A mentira", que você estudou, não apresenta um final conclusivo para a situação em que João e Maria se meteram. Dê continuidade ao texto de Luis Fernando Verissimo, criando novas situações. Se quiser, poderá fazer, no início do texto, uma rápida retomada dos principais fatos, a fim de situar o leitor que não conhece a crônica de Verissimo. Depois, imagine outras situações e mentiras que poderiam continuar a narrativa. Se possível, crie um final surpreendente para dar um fechamento à história.

Proposta 2

O texto a seguir é o início de uma crônica de Manuela Cantuária. Dê continuidade a ela, explorando o humor da situação.

O amigo oculto da firma ganhou contornos ainda mais perturbadores

Quando o ano de 2022 finalmente parecia chegar ao fim, um grupo de funcionários de uma empresa se viu diante do último desafio — o amigo oculto da Firma, uma brincadeira que, nesse caso, ganharia contornos ainda mais perturbadores.

"Eu não conhecia o meu amigo direito, aí fiquei pensando, caramba, que presente eu dou para essa pessoa? Do que ela gosta? Bom, fui lá fuçar as redes dela, mas, para o meu desespero, ela é do tipo *low profile*. Não posta pet, política, meme. No máximo um azulejo bonito, mas aí como puxa assunto? Elogiando o rejunte? Aí comecei a seguir o meu amigo oculto fora das redes, depois do expediente."

[...]

(Disponível em: https://www1.folha.uol.com.br/colunas/manuela-cantuaria/2023/01/o-amigo-oculto-da-firma-ganhou-contornos-ainda-mais-perturbadores.shtml. Acesso em: 14/2/2023.)

Filipe Rocha/Acervo da editora

Proposta 3

As crônicas de humor não precisam necessariamente narrar uma história ficcional absurda, como a crônica "A mentira". Elas podem ser criadas a partir das situações comuns da vida. Veja, por exemplo, como Antonio Prata cria humor explorando a relação entre os filhos adolescentes e os pais.

Pai de sunga bege

Uma das coisas difíceis de nos tornarmos adultos é perceber os defeitos dos nossos pais. Olhamos em volta e vemos que ninguém é perfeito, todo mundo vacila, inclusive nós, inclusive eles. Durante a infância queremos, exigimos até, que eles sejam completos. Brigamos diante de suas fraquezas, temos vergonha de suas roupas, suas maneiras de ser, porque de alguma forma temos a ilusão de que, com pais impecáveis, estaremos protegidos. Daí a gente cresce e se dá conta de que a vida é com a gente mesmo. Quando a coisa aperta, não tem para onde fugir, estamos sós, e por mais que abraços amigos e cafunés ajudem, quando a bola vier, é tarefa só nossa matá-la no peito e chutar pro gol.

Filipe Rocha/Acervo da editora

Antes de vermos nossos pais como meros seres humanos, lindos e ridículos como todos os outros, passamos por uma fase em que queremos trancá-los dentro do congelador para que ninguém saiba que existem. Ou pelo menos, que não desconfiem que têm qualquer ligação conosco.

Quando eu tinha uns 13 anos meu pai foi me pegar numa festa. Chegou com uma namorada, ouvindo uma fita dos Beatles e cantando, com seu inglês ma-ra-vilho-so, todas as músicas. Claro que, bem naquela noite, havia três amigos meus pegando carona. Naquela hora eu não queria trancá-lo no congelador: eu é que adoraria caber no porta-luvas.

Contei essa história para a Laura, minha amiga, e ela disse: "Ah, você acha que cantar Beatles é ridículo? Uma vez eu estava saindo da escola. Abriu o portão, apareceram aqueles pais e mães todos bem-vestidos e, no meio, vejo um cara descalço, sem camisa, só de sunga bege e com a minha irmã de cavalinho, no ombro. Meu pai. Fugi pela saída dos fundos...".

Acho que temos vergonha dos pais por dois motivos. Primeiro, porque estamos saindo da infância, nos achamos os reis da cocada preta e queremos fingir que somos totalmente independentes: ninguém nos trouxe até a festa, ninguém comprou as nossas roupas, ninguém tem nada a ver com a nossa vida. Hum, hum, sei... Segundo, porque temos a terrível ilusão da perfeição. Achamos que é possível usar a roupa certa, falar a coisa certa, na hora certa, para a pessoa certa e, no fim, vamos convencer os outros (e a nós mesmos) de que somos legais. Mas justo quando estamos no meio dessa luta, quase atingindo a perfeição, vem uma pessoa de pochete em nossa direção, com o celular preso ao cinto, aperta nossa bochecha e nos chama por um apelido ridículo?! Que sacanagem!

Uma das coisas boas de nos tornarmos adultos é aceitarmos os defeitos dos nossos pais. Olhamos em volta e vemos que ninguém é perfeito, todo mundo vacila, inclusive nós, inclusive eles, e tudo bem. Somos meros seres humanos, lindos e ridículos.

(*Adulterado*. São Paulo: Moderna, 2009. p. 88-90.)

A exemplo de Antonio Prata, crie você também uma crônica de humor a partir de situações do dia a dia que podem ser engraçadas. Por exemplo, fazer uma compra e esquecer a carteira, ficar preso na porta de segurança do banco, enroscar o vestido na escada rolante de um prédio, um vexame que você tenha passado, um mal-entendido no qual você tenha sido a vítima, uma roupa que rasgou no meio da rua, um grito de "Pega ladrão!", etc., ou outra situação qualquer que queira inventar.

Planejamento do texto

Para planejar a escrita da crônica, siga as orientações:

- Pense no leitor: sua crônica terá como público leitor colegas, professores e funcionários da escola, pais ou responsáveis e amigos convidados para participar do evento de lançamento do livro de crônicas da turma.
- Pense em seu objetivo: você quer divertir o leitor.
- Adote um ponto de vista. Sua crônica pode revelar sua imaginação e o modo como você vê o fato narrado (narrador em 1ª pessoa) ou, então, pode mostrar a visão de uma das pessoas envolvidas no episódio relatado (narrador em 3ª pessoa).
- Lembre-se de que muitas crônicas de humor seguem a estrutura das anedotas, revelando um dado surpreendente no final da história. Se quiser, utilize esse recurso.

Escrita

- Como sua crônica é narrativa, lembre-se de mencionar onde aconteceu o fato ou a situação e o período do dia (se era de manhã, de noite, etc.).
- Se quiser dar mais dinamismo à narrativa, utilize o discurso direto, empregando a pontuação adequada (dois-pontos, aspas, travessão).
- Ao longo do texto, busque leveza e descontração na linguagem, estabelecendo uma comunicação fácil e direta com os leitores.
- Procure contar o fato ou relatar a situação de uma forma que envolva o leitor, despertando nele o interesse pela leitura do texto e a vontade de chegar ao final. Se possível, guarde uma surpresa para o fim, de modo a fazer o leitor achar graça.
- Caso julgue mais coerente com o perfil de um ou mais personagens, empregue variedades linguísticas e recursos linguísticos que procurem reproduzir traços de oralidade.

Revisão e reescrita

Antes de finalizar sua crônica, releia-a, observando se:

- ela é construída a partir de um fato do cotidiano;
- há os elementos narrativos básicos: tempo, espaço, personagens e, eventualmente, diálogos;
- o texto ficou curto, leve e divertido;
- a linguagem está de acordo com a situação e o perfil dos personagens.

Leia sua crônica para um colega e verifique se seu texto consegue diverti-lo. Avalie apontamentos e sugestões que ele eventualmente faça.

Finalize seu texto e guarde-o para, em breve, fazer a montagem do livro de crônicas da turma.

Contando anedotas

Leia esta anedota.

Um homem e um garoto entram numa barbearia. O sujeito corta o cabelo e faz a barba, depois diz ao barbeiro:

—Vá cortando os cabelos do garoto que eu vou comer um lanche e já volto.

Passadas duas horas, o barbeiro, impaciente, pergunta ao menino ali sentadinho:

— Cadê seu pai que não volta?

— Não é meu pai, não, moço. Eu estava vendendo chicletes ali na esquina e ele falou que ia me levar para cortar os cabelos de graça!

(Donaldo Buchweitz (org.). *Piadas para você morrer de rir*. Belo Horizonte: Leitura, 2001. p. 87.)

Jean Galvão/Acervo da editora

1. A anedota é uma história curta e de final geralmente surpreendente e engraçado. Com que objetivo contamos uma anedota?

2. A anedota apresenta quase sempre os elementos essenciais de uma narrativa: fatos, personagens, tempo e lugar. Identifique na anedota em estudo:

a) o fato principal;

b) os personagens envolvidos;

c) o tempo;

d) o lugar.

Jean Galvão/Acervo da editora

3. O narrador da anedota lida faz uma rápida contextualização do fato e coloca em evidência a fala dos personagens.

a) Que tipo de discurso predomina para reproduzir a fala dos personagens: o discurso direto ou o indireto?

b) Qual tempo verbal predomina na narração?

c) Quais efeitos de sentido decorrem do emprego desse tempo verbal e desse tipo de discurso?

4. A anedota geralmente é constituída de duas partes: na primeira, são apresentados a situação inicial dos personagens e o conflito da história; na segunda parte, uma frase-surpresa quebra a expectativa inicial, trazendo uma revelação e criando o efeito do humor. Com base na anedota lida, responda:

a) A primeira parte é composta de quais parágrafos?

b) Que elemento-surpresa é revelado sobre o homem e o menino?

c) Que outra surpresa vai ter o barbeiro em relação ao trabalho que tinha feito para esses clientes?

5. Por ser originalmente um texto oral, a anedota, quando reproduzida em livros ou revistas, resulta em um texto que conserva marcas de oralidade. Identifique nessa anedota essas marcas.

De onde vêm as anedotas?

Um dos mistérios da vida é: de onde vêm as anedotas? O enigma da criação da anedota se compara ao enigma da criação da matéria. Em todas as teorias conhecidas sobre a evolução do universo sempre se chega a um ponto em que a única explicação possível é a da geração espontânea. Do nada surge alguma coisa. As anedotas também nasceriam assim, já prontas, aparentemente autogeradas. Você não conhece ninguém que tenha inventado uma anedota.

(Luis Fernando Verissimo. *Comédias para se ler na escola*. Rio de Janeiro: Objetiva, 2001. p. 107-108.)

Você leu uma anedota, mas, em geral, as anedotas são um gênero criado para ser contado oralmente em situações descontraídas entre amigos e familiares, em *shows* de comediantes e programas humorísticos. Sua principal finalidade é relaxar e divertir o grupo de pessoas ao qual é contada.

Randy Miramontez/Shutterstock

Show do comediante Tracy Morgan na Califórnia, Estados Unidos, em 2014.

Contar anedotas é uma arte e depende de um conjunto de habilidades de expressão oral. Leia, a seguir, algumas orientações de como contar bem uma anedota.

- Nunca diga que vai contar uma anedota e que ela é engraçada. Comece a contá-la, simplesmente, deixando o público na dúvida se o que está falando é uma anedota ou um caso verdadeiro.
- Memorize a anedota. O contador deve mostrar domínio da história e segurança no modo de contar.
- Fale com naturalidade, sem gaguejar, sem trocar palavras, sem se esquecer de detalhes importantes. Não queira corrigir a anedota enquanto a conta.
- Não gesticule demais; os gestos devem ser naturais, como os de uma conversa qualquer.
- A anedota tem uma parte inicial, que apresenta a situação das personagens e o conflito da história, levando os interlocutores a criar uma expectativa sobre a história contada. A segunda parte é aquela que contém a frase-surpresa, que vai quebrar a expectativa dos interlocutores, trazendo uma revelação e criando o efeito de humor e, consequentemente, o riso.
- Não tenha pressa ao contar a história; não se adiante para chegar logo à frase-surpresa. Espere que as pessoas absorvam com tranquilidade e prazer a história que está contando. Todos imaginam que vão rir no final e esperam por isso. Esperar o desfecho da anedota já é, por si só, um ato de prazer.
- Durante sua fala, valorize as palavras: enfatize algumas delas, faça algumas pausas para criar certo suspense, ou fale mais baixo ou mais rápido em alguns trechos para sugerir o modo como a personagem supostamente estaria falando.
- No momento de dizer a frase-surpresa do desfecho, fale-a de modo enfático, forte, dando maior amplitude à surpresa esperada. Não ria enquanto a fala nem depois; espere que o público ria primeiro. Depois, é só esperar os aplausos!
- Utilize uma variedade linguística de acordo com o perfil dos personagens e da situação comunicativa: idade, profissão, região do país, relação de proximidade ou distanciamento entre eles, etc.

Estratégias para a construção do humor nas piadas

Muitos cientistas da linguagem têm estudado os elementos que levam uma piada a ser engraçada. Como você sabe, o que provoca o riso nas piadas é o elemento-surpresa, mas a construção dessa surpresa pode se pautar por questões variadas, algumas delas fundamentadas em estereótipos e preconceitos disseminados na sociedade.

Para além dessas questões, os linguistas que analisam piadas consideram que o humor pode ser fruto de algumas estratégias diretamente relacionadas à construção linguística, quando se explora, por exemplo:

- um jogo sintático

  A professora pergunta para o Joãozinho:

  – Se eu te der 4 chocolates hoje e mais 3 amanhã, você vai ficar com... com... com...
  E o Joãozinho responde imediatamente:
  – Contente!

- a divisão de palavras

  Eu morava numa ilha e me mudei para outra. Isso não foi um trocadilho, mas uma trocadilha.

- informações pressupostas

  — Me vê dois ingressos, por favor.

  — É para Romeu e Julieta?

  — Não, é para mim e para minha namorada mesmo.

- certa variedade linguística

  Você sabe qual é o contrário de volátil? Vem cá, sobrinho.

- os sentidos das palavras

  Deve ser difícil ser professor de natação. Você ensina, ensina, e o aluno nada.

Essas estratégias não são estanques. Muitas vezes, em uma mesma piada, coexistem diferentes recursos na construção do efeito de humor, sejam eles sintáticos, sonoros ou semânticos.

6. Escolha uma das anedotas reproduzidas a seguir e leia-a silenciosamente duas ou três vezes, tentando memorizá-la. Depois feche o livro e, em grupo, conte-a para os colegas, com suas palavras.

a) Juquinha era um menino muito pobre. No Natal, ele mandou uma carta para o Papai Noel. Assim que a carta chegou ao correio, os funcionários não se contiveram e abriram-na. Nela Juquinha dizia que não queria presente, mas sim R$ 200,00 para comprar remédios para sua mãezinha, que estava doente. Disse também que era muito pobre e que era muito trabalhador. O pessoal do correio, sensibilizado com tanta inocência, resolveu fazer uma vaquinha e arrecadaram R$ 100,00, que enviaram para Juquinha.

Passado algum tempo, chega outra carta do garoto para o Papai Noel. A carta dizia:

"Caro Papai Noel, muito obrigado pelo dinheiro que o senhor me enviou, mas gostaria de pedir-lhe um favor: da próxima vez que o senhor mandar o dinheiro para mim, entregue diretamente no meu endereço, pois aqueles filhos da mãe do correio passaram a mão em metade da minha grana!"

(Donaldo Buchweitz (org.). *Piadas para você morrer de rir*. Belo Horizonte: Leitura, 2001. p. 87.)

b) A mulher foi ao médico:

— Doutor, o meu marido está completamente louco! Vira e mexe ele começa a conversar com o abajur!

— E o que ele diz?

— Eu não sei!

— Como não sabe? A senhora não disse que viu ele conversando com o abajur?

— Não, eu não disse isso... eu disse apenas que ele conversa com o abajur.

— Mas, então, como foi que a senhora descobriu?

— Foi o abajur que me contou!

Jean Galvão/Acervo da editora

(Donaldo Buchweitz (org.). *Piadas para você morrer de rir*. Belo Horizonte: Leitura, 2001. p. 110.)

c)

Um homem estava a caminho do trabalho, quando um passarinho bateu em sua moto e desmaiou.

O motoqueiro pensou: "Coitadinho! Se eu deixar ele aí, vão passar por cima dele!". E levou o passarinho para casa.

Chegando lá, colocou o passarinho numa gaiola com água e comida, mas nada de o bichinho acordar. O dono da moto foi trabalhar e algumas horas depois o passarinho acordou. Olhou para um lado e para o outro e pensou: "Xiii! Matei o cara da moto e fui preso!"

NataliaMalc/Shutterstock

(Disponível em: http://rachandoobicopiadas.blogspot.com/. Acesso em: 14/2/2023.)

7. Com a orientação do professor, participe com os colegas de um *show* de comédia. Escolha duas anedotas de que gosta muito. Escreva-as com suas palavras e tente memorizá-las. Releia as orientações de como contar bem uma anedota, na página 37, e, se preferir, ensaie antes da apresentação. Quando todos os alunos estiverem prontos, comecem o *show*!

8. Que tal ler uma crônica oralmente? Reunidos em grupos, preparem a leitura em voz alta da crônica que abre este capítulo. Um integrante deve ser o narrador e os outros devem ser os personagens. Na preparação da leitura, respeitem o ritmo, as pausas, as hesitações e a entonação indicados, principalmente, pela pontuação e pelas descrições feitas pelo narrador.

CAPÍTULO 3
Roteiro de vídeo e cinema

O GÊNERO EM FOCO

Roteiro ou argumento é o texto que serve de guia para a produção de vídeos, espetáculos, filmes, programas televisivos, publicidade e jogos eletrônicos.

Há diferentes tipos de roteiros: os de ficção, que servem de base para filmes, novelas de TV e seriados, os de documentários, os publicitários, entre outros.

Apesar de cada tipo de roteiro apresentar suas particularidades, todos eles têm em comum alguns elementos básicos. Neste capítulo, você vai conhecer esses elementos por meio da análise de um roteiro de cinema.

O texto da página seguinte compõe-se de trechos do roteiro do filme *Que horas ela volta?*, de Anna Muylaert, de 2015. Confira a sinopse do filme:

> Depois de deixar a filha criança no interior de Pernambuco e passar 13 anos como babá do menino Fabinho em São Paulo, Val tem estabilidade financeira, mas convive com a culpa por não ter criado sua filha Jéssica. Às vésperas do vestibular do menino, no entanto, ela recebe um telefonema da filha que parece ser sua segunda chance. Jéssica quer apoio para vir a São Paulo prestar vestibular. Com alegria e ao mesmo tempo apreensão, Val prepara a tão sonhada vinda da filha, apoiada por seus patrões. Mas quando Jéssica chega, a convivência é difícil. Ela não age dentro do protocolo esperado para ela, o que gera tensão dentro da casa. Todos serão atingidos pela autenticidade de sua personalidade. No meio deles, dividida entre a sala e a cozinha, Val terá que achar um novo modo de vida.
>
> (Disponível em: https://www.guiadasemana.com.br/cinema/sinopse/que-horas-ela-volta. Acesso em: 16/2/2023.)

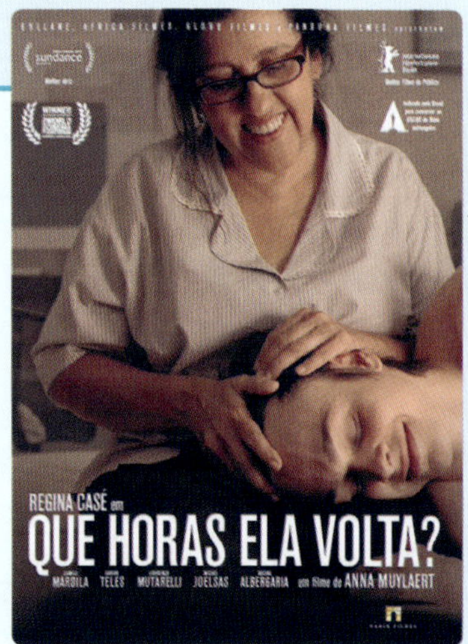

Reprodução/África Filmes/Globo Filmes

Biry Sarkis/Acervo da editora

Agora, leia trechos do roteiro do filme:

1 EXT. PISCINA CASA MORUMBI - DIA 1

Plano geral de uma PISCINA AZUL CLARA E LIMPÍSSIMA.

Na beira da piscina uma mulher de trinta e tantos anos, UNIFORMIZADA COMO BABÁ. Esta é **Val**, que termina de vestir o calção de banho no menino **Fabinho**, 5 anos, branco. Ao lado, a filhote de labrador, **Laika**.

Ele senta-se na beira da piscina. Bota os pés na água.

FABINHO

Tá frio.

VAL

Que frio que nada, Fabinho! Tá é muito quente. Toma coragem!

FABINHO

Você fica me olhando?

VAL

Fico.

FABINHO

Vem nadar comigo?

VAL

(rindo)

... Não tenho maiô.

Reprodução/Gullane Filmes/Africa Filmes/Globo Filmes

Personagens Fabinho e Val na beira da piscina, no filme *Que horas ela volta?* (2015), escrito e dirigido por Anna Muylaert.

Ele levanta-se. Ele checa as boias de braço e senta-se numa mureta. Ela vai pra piscina.

VAL (CONT'D)

Tô olhando.

Ele pula na piscina. Ele olha. Ele mergulha. Ela suspira. Pega o telefone e disca. Tempo.

VAL (CONT'D)

É a Valdecy, de São Paulo. Sandra? Tudo bem?...

Fabinho nada e observa Val da piscina.

VAL (CONT'D)

Ela taí? Posso falar? ... Ah, é? Liguei só pra dar um beijo. Tá bom. Olha... Te amo, viu?

Fabinho ouve a frase, sai da piscina e aproxima-se, intrigado. Ela desliga o telefone.

FABINHO

Quem você tava falando que ama?

VAL

Minha filha, Fabinho.

FABINHO

E cadê ela?

VAL

Tá longe.

Ele se enrola na toalha e deita na chaise longue, melancólico como só uma criança sabe ser. Tempo.

FABINHO

E minha mãe? Cadê?

VAL

Foi trabalhar.

FABINHO

Que horas ela volta?

VAL

Não sei.

Cena do personagem Fabinho perguntando pela mãe.

Silêncio. Ela senta-se com meia bunda na chaise longue ao lado dele. Entra música nordestina. Ele levanta-se e se aninha no colo dela. Os dois olham as folhas das árvores que balançam com o vento fraco. Tempo.

CRÉDITOS INICIAIS – QUE HORAS ELA VOLTA?

ATO 1 - QUASE DA FAMÍLIA

SEQUÊNCIA 1 - A DONA DA CASA

1A INT. ESCADA - DIA 1A

Val sobe escada.

Grande corredor amplo e vazio COM FOTOS FAMILIARES em ambas as paredes. **LETTERINGS SOBRE IMAGEM: Treze anos mais tarde**

Mais velha 13 anos, mais pesada e menos arrumada, **Val** surge no corredor e caminha até uma porta fechada. Bate.

VAL

Fabinho. Quinze pras sete.

[...]

15 INT. QUARTO VAL - NOITE 15

Ventilador ligado. Quarto diminuto, MUITO BAGUNÇADO. Em cima do armário, eletrodomésticos novos na caixa, como LIQUIDIFICADOR, BATEDEIRA etc. Ao lado da cama, uma foto de uma menina de 12 ANOS.

Val prepara-se para dormir. Ela está com TOALHA NA CABEÇA e ROUPÃO ROTO DO COPACABANA PALACE. Tira a toalha, penteia o cabelo molhado, enquanto assiste na TV Gazeta um programa de moda apresentado pela patroa: "TAMBÉM QUERO SER BÁRBARA".

BÁRBARA

(na TV)

Porque não importa o momento da moda, porque a moda, por definição é um corpo em transformação, uma mulher tem que ter seu próprio estilo e isso significa também...

Val pega o chinelo, bate nos mosquitos. Ajeita-se na cama. De repente O CELULAR TOCA. Val abaixa o volume da TV e atende, intrigada. É chamada a cobrar.

VAL

(apreensiva)

Sim. Jéssica? Filha? Que milagre foi esse? Aconteceu alguma coisa com a Sandra?... Que bom, que bom. Fala. Que bom que você ligou, menina... Fala... Que foi? ... sei.

Val levanta-se. Abre a janela, que dá para o muro.

VAL (CONT'D)

Sei... Sei... Mas o que foi?

Câmera aproxima-se de Val, que fica muito apreensiva.

VAL (CONT'D)

(vai ficando emocionada, num misto de alegria e confusão.)

Mas seu pai deixou? ... (tensa) Não!... Mas e a inscrição? Ah, você fez? Pela internet? Sei... Mas quando você quer vir? O vestibular taí!

Tempo. Ela ouve.

VAL (CONT'D)

Sei... Bom. Por mim, não tem problema, claro. Por mim, tá tudo certo. Claro, eu te ligo... bença.

Val desliga o telefone. Senta-se na cama, desliga a TV. Close de Val, emocionada, confusa, pensativa.

PD de um porta-retrato da pequena **Jéssica**, aos 12 anos. Encostada no porta-retrato, uma foto colorida da menina maior, com 15 anos, bem magrinha.

[...]

[Noite da chegada de Jéssica]

38 INT. SALA DE JANTAR - NOITE 38

A família está terminando o jantar, enquanto Val serve a mesa. Eles comem a cocada que Jéssica trouxe. Em pé, ao lado, Jéssica, centro das atenções, segura UM RAMO DE ROSAS VERMELHAS - comprado em sinal. Fabinho está calado, futucando no iPhone.

DONA BÁRBARA

A Val sempre fala de você! O tempo todo. É Jéssica pra cá, é Jéssica pra lá... Seja bem-vinda!

SEU ZÉ CARLOS

Já conhecia São Paulo?

JÉSSICA

Só de foto. Filme. E internet.

FABINHO

Olha... ela fala igual a Val quando chegou...

SEU ZÉ CARLOS

(comendo cocada)

Que maravilha essa cocada!

Val olha para ela, sorridente, orgulhosa.

DONA BÁRBARA

A Val me falou que você vai prestar vestibular, é isso?

JÉSSICA

É isso.

DONA BÁRBARA

E você vai prestar vestibular pra quê?

JÉSSICA

Pra arquitetura.

Fabinho tira os olhos do iPhone.

FABINHO

(chocado)

Na FAU?

JÉSSICA

Na FAU.

Dona Bárbara não aguenta e solta uma risadinha. Val não entende.

VAL

Nossa. Qual o problema?

FABINHO

Não... É que a FAU é uma das faculdades mais difíceis de entrar. Você sabe né?

JÉSSICA

Eu sei.

Val sai.

SEU ZÉ CARLOS

Não desanima a menina! O ensino lá era bom? Val, pega o guardanapo?

JÉSSICA

O ensino lá não era bom não... Aliás, era bem era ruim...

DONA BÁRBARA

Pobrezinha...

JÉSSICA

Mas minha avó é professora, então sempre ajudou... Eu tive um professor de história, o João Emanoel, que ajudou muito. Ajudou todo mundo lá.

DONA BÁRBARA

Ah foi? Ajudou como?

JÉSSICA

Ah, ele ensinou história do Brasil com uma visão crítica, mandou a gente pra biblioteca, deu livro, mostrou filme, montou grupo de teatro, fez excursão... Fez a gente botar a cabeça pra pensar.

Val volta com o guardanapo.

40 EXT. JARDIM/PISCINA - NOITE 40

Eles caminham pelo jardim.

SEU ZÉ CARLOS

Então você gosta de ler o quê?

JÉSSICA

Mais literatura mesmo. Machado de Assis, Flaubert, Dostoiésvki...

VAL

Cês precisavam ver o boletim dela. Era dez de cima abaixo.

FABINHO

(enciumado)

Também adoro Machado.

VAL

Fabinho também é ótimo aluno!

[...]

41 INT. CORREDOR QUARTOS - NOITE 41

Seu Zé Carlos lidera uma excursão pelo corredor dos quartos. Val e Fabinho o seguem. Jéssica vai olhando as FOTOS NAS PAREDES. Val aponta algumas fotos.

JÉSSICA

Bonita. Quantos metros quadrados?

SEU ZÉ CARLOS

Uns 50, né, Ba?

JÉSSICA

... Arquitetura bem anos 70.

Dona Bárbara leva outro susto.

Reprodução/Gullane Filmes/Africa Filmes/Globo Filmes

Cena do personagem Zé Carlos mostrando a casa para Jéssica.

DONA BÁRBARA

(para Zé Carlos, admirada, mas desafiante)

Olha aí, Zé Carlos, ela sabe reconhecer os estilos de arquitetura! Onde você aprendeu isso, Jéssica?

JÉSSICA

O João Emanoel tinha um livro só de casas modernistas da década de 70. Cimento, vidro, madeira... é um estilo bem característico.

SEU ZÉ CARLOS

(intrigado)

Por que você resolveu fazer arquitetura?

Val presta atenção, orgulhosa da filha.

JÉSSICA

Eu sempre gostei de desenhar... E meu tio Adejar é empreiteiro e as escadas que ele fazia nunca que davam certo, daí eu comecei a desenhar as escadas e peguei o gosto, comecei a fazer planta. Uma até construíram lá, um sobrado.

Dona Bárbara leva um susto.

JÉSSICA (CONT'D)

Mas não é só isso não... Eu quero ter o diploma porque eu acredito que a arquitetura possa ser um instrumento de mudança social no Brasil.

DONA BÁRBARA

(admirada)

Olhaí!

SEU ZÉ CARLOS

Decidida ela, hein, Val?

DONA BÁRBARA

Val, traz mais café?

Val sai para buscar café. Fabinho senta no sofá e começa a cutucar seu iPhone. Jéssica fica olhando a estante de livros.

SEU ZÉ CARLOS

Pode ler o que quiser.

Jéssica olha a estante. Puxa **Viva o povo brasileiro**, de João Ubaldo.

JÉSSICA

Posso ler esse aqui?

SEU ZÉ CARLOS

Pode sim. Esse livro é muito bom.

[...]

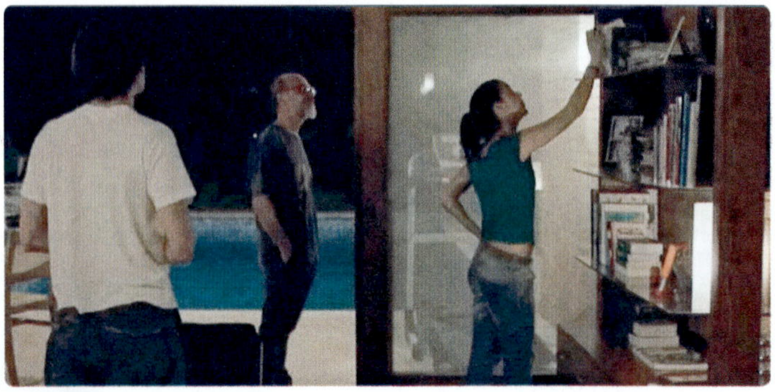

Cena da personagem Jéssica olhando a estante de livros e escolhendo uma obra para ler.

101 INT. QUARTO FABINHO - NOITE 101

Fabinho está deitado na cama, cheio de SACOS DE BATATA FRITA pelo quarto. Val está a seu lado.

VAL

Não fica assim... O ano que vem você tenta de novo.

FABINHO

Por dois pontos!

Ele abaixa a cabeça. Ela o abraça. Ele deita a cabeça no ombro dela. Ela faz carinho nele. Tempo nesse afeto.

Dona Bárbara abre a porta e vê a cena.

Eles desfazem o abraço. Val levanta-se.

VAL

Dá licença...

Não fica assim...

Val sai. Dona Bárbara senta na cama e tenta fazer carinho em Fabinho, que logo levanta-se e vai pro banheiro.

DONA BÁRBARA (CONT'D)

(magoada)

Por que você abraça a Val e não me abraça?

FABINHO

Ela me acha inteligente e você me acha burro.

DONA BÁRBARA

Que injustiça...

Dona Bárbara fica olhando. Batidas na porta. Val entra, muito emocionada, nervosa.

VAL

(quase chorando, tremendo)

Dona Bárbara! A Jéssica ligou agora! Ela fez 68 pontos! Meu Deus do céeeu! Ela passou no vestibular!

DONA BÁRBARA

(horrorizada)

Nossa, Val... que bom... pra você.

Fabinho sai do banheiro.

FABINHO

(mal)

Não acredito... Ela passou?

VAL

(sorridente)

Passou...

FABINHO

Eu não acredito!

DONA BÁRBARA

Nem eu!

Fabinho olha para ela, chocado. Ela fica atônita.

DONA BÁRBARA (CONT'D)

Mas você não pode dizer que ela "passou no vestibular". Ela passou na primeira fase. Você entendeu, né, Val? Ainda tem a segunda fase em janeiro, que é uma prova maior, bem mais complicada.

VAL

Eu sei... Eu sei.

DONA BÁRBARA

Em todo caso, parabéns. 68 pontos. Isso foi muito bom.

Dona Bárbara olha para Fabinho e sai. Fabinho senta-se, humilhado, olha para Val. Ela não se contém, sorri. Ele não.

[...]

(Belisa Figueiró e Rafael Sampaio (org.). *Que horas ela volta?* São Paulo: Klaxon, 2019. 192 p. *E-book*.)

Quem é Anna Muylaert

Marcos Alves/Agência O Globo

Anna Muylaert nasceu em 1964, em São Paulo. É roteirista e diretora de cinema e de televisão.

Estudou cinema na Escola de Comunicação e Artes da Universidade de São Paulo (ECA-SP) e, como roteirista, participou das equipes de criação dos programas *Mundo da Lua* (1991-1992) e *Castelo Rá-Tim-Bum* (1994-1997), exibidos pela TV Cultura.

Foi corroteirista da série *Filhos do carnaval* (2006), da HBO, e participou do roteiro do filme *O ano em que meus pais saíram de férias* (2006), ambos dirigidos por Cao Hamburger. Em 2008, colaborou nos roteiros da minissérie de TV *Alice*, da HBO.

Dirigiu os filmes *Durval discos* (2002), *É proibido fumar* (2009), *Chamada a cobrar* (2012), *Mãe só há uma* (2016) e *Alvorada* (2021).

1. O filme brasileiro *Que horas ela volta?*, de Anna Muylaert, retrata a realidade de Val, uma empregada doméstica que mora na casa dos patrões.

a) Como parece ser a relação entre Val e o filho dos patrões, Fabinho?

b) Uma fala de Fabinho, na primeira cena, dá nome ao filme. Troque ideias com os colegas e responda: Como essa fala se relaciona com o enredo do filme? Quem, além de Fabinho, está à espera da mãe?

2. No roteiro do filme, há descrições dos ambientes em que as cenas se passam.

a) Qual imagem da casa é construída pelas descrições da piscina e do corredor?

b) Qual cômodo da casa contrasta com essa descrição?

Reprodução/Gullane Filmes/Africa Filmes/Globo Filmes

Cena inicial do filme *Que horas ela volta?*.

3. Jéssica chega a São Paulo e desestabiliza a relação entre Val e os patrões.

a) Considerando o primeiro diálogo entre a família e Jéssica (sequência 38), qual era a expectativa dos patrões sobre a jovem antes da chegada dela à casa? Justifique com palavras ou expressões do texto.

b) Quais atitudes de Jéssica provocam reações de espanto, surpresa e incômodo nos outros personagens?

c) Qual acontecimento desafia as expectativas dos personagens da família em relação à filha da empregada doméstica?

4. O **roteiro de filme** é uma narrativa ficcional que, apesar de apresentar os elementos básicos dos gêneros narrativos (fatos, personagens, tempo e lugar), tem uma estrutura própria.

O roteiro em estudo está organizado em sequências numeradas, acompanhadas de outras informações.

a) Deduza: O que significam as expressões **INT.** e **EXT.**, que aparecem logo após a indicação das sequências?

b) Quais outras indicações acompanham a numeração das sequências?

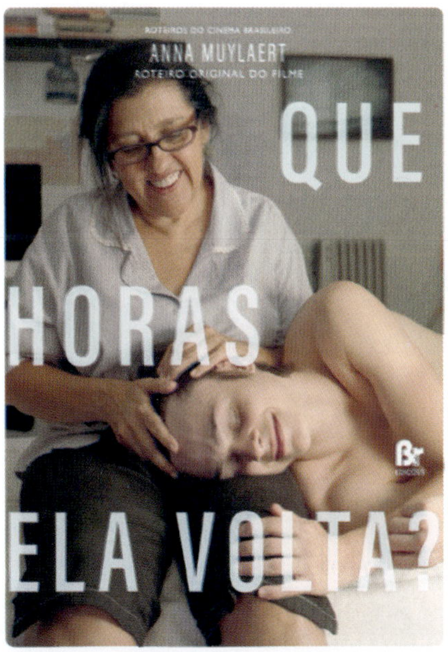

Reprodução/Editora BrLab

Capa do roteiro original do filme *Que horas ela volta?* (2015), de Anna Muylaert.

5. Um roteiro cinematográfico e um texto teatral se assemelham quanto à organização do diálogo entre os personagens e à presença de rubricas.

a) Observe, no roteiro lido, o nome dos personagens em letras maiúsculas e, na sequência, a fala deles. Que tipo de discurso é usado para reproduzir as falas?

____

b) O que a frase "*Lettering* sobre imagem" indica? Por que esse recurso é necessário no filme?

____

____

____

____

____

c) Qual é a função dos textos entre parênteses no roteiro, como "(rindo)" e "(chocado)"?

____

____

6. As rubricas são textos que aparecem fora do discurso direto dos personagens:

- "Ele pula na piscina. Ela olha. Ele mergulha. Ela suspira. Pega o telefone e disca. Tempo."
- "Seu Zé Carlos lidera uma excursão pelo corredor dos quartos. Val e Fabinho o seguem. Jéssica vai olhando as FOTOS NAS PAREDES. Val aponta algumas fotos."

Com base no roteiro de filme lido, responda: Qual é a função das rubricas nesse gênero textual?

____

____

____

____

____

7. No roteiro lido, algumas rubricas indicam o posicionamento ou a movimentação da câmera na cena. Veja exemplos:

- "**Plano geral** de uma PISCINA AZUL CLARA E LIMPÍSSIMA".
- "**Close de** Val, emocionada, confusa, pensativa".
- "**PD** de um porta-retrato da pequena Jéssica [...]".

Agora, associe as siglas de cada plano de filmagem à sua respectiva definição.

PG - Plano geral
PM - Plano médio
PP - Primeiro plano ou *close*
PD - Plano detalhe

☐ Esse plano mostra o ponto de destaque (pessoa, objeto, ação, etc.) ocupando quase todo o espaço da tela.

☐ Esse plano mostra parte do ponto de destaque (pessoa, objeto, etc.).

☐ Esse plano mostra o cenário completo, que pode ou não ter algum ponto de destaque.

☐ Esse plano mostra pessoas da cintura para cima ou objetos inteiros a uma distância próxima.

8. Observe a linguagem empregada na escrita das falas.

a) Quais variedades linguísticas as falas de cada personagem tentam reproduzir? Comprove sua resposta com trechos do texto.

Cena da personagem Jéssica conversando com Dona Bárbara, Fabinho, Seu Zé Carlos e Val sobre o vestibular.

b) Com base em suas respostas ao item **a**, conclua: Essas marcas de variação linguística entre os diferentes personagens constroem que efeitos de sentido no contexto do filme?

c) Independentemente da variedade linguística, é possível perceber um tom informal nas falas que compõem os diálogos do roteiro. Considerando-se o contexto em que tais diálogos ocorrem, o emprego desse tom informal é coerente com a situação comunicativa? Justifique sua resposta.

d) Em uma passagem do texto, Fabinho comenta que Jéssica fala da mesma maneira que Val quando esta chegou à casa da família. A que "jeito" de falar ele está se referindo?

Reprodução/Gullane Filmes/África Filmes/Globo Filmes

Cena dos personagens Fabinho e Val na cozinha.

9. Com a orientação do professor e reunidos em grupos, preencham as lacunas do quadro a seguir com as principais características do roteiro de vídeo e cinema.

Roteiro de vídeo e cinema: construção e recursos expressivos	
Quem são os interlocutores do roteiro?	
Qual é o objetivo do roteiro?	
Qual é o suporte ou o veículo do roteiro?	
Quais são os temas abordados no roteiro?	
Como é a estrutura do roteiro?	
Como se caracteriza a linguagem do roteiro?	

AGORA É A SUA VEZ

Ao final desta unidade, você e os colegas de turma vão participar de um festival de cinema. Reunidos em grupos, vocês vão escrever, especialmente para esse evento, um roteiro de filme de curta-metragem.

Curta: aprendam com quem já fez

Acessem os *links* a seguir para assistir gratuitamente a dezenas de curtas-metragens:

- Porta Curtas. Disponível em: http://portacurtas.org.br/. Acesso em: 16/3/2023.
- Curta o Curta. Disponível em: http://curtaocurta.com.br/. Acesso em: 16/3/2023.

Assistir a curtas também pode inspirá-los na criação do roteiro de vídeo de curta-metragem para o festival.

Joelma Ramos/Márcio Ramos/Divulgação

Cartaz do curta-metragem *Vida Maria* (2006), de Márcio Ramos.

Escolham e desenvolvam, pelo menos, uma das três propostas de roteiro apresentadas a seguir.

Proposta 1

Selecionem uma das crônicas produzidas por vocês nos capítulos 1 e 2 desta unidade e transformem-na em um roteiro para vídeo de curta-metragem.

Proposta 2

Caso prefiram, inspirem-se em um dos temas a seguir para a construção do roteiro:

- A rotina do lugar onde vivem;
- Um dia na vida de um estudante;
- O que um jovem dos dias de hoje espera do futuro;
- Imagens e textos relacionados a uma palavra ou a um conceito, como: felicidade, amor, respeito, amizade, dor, sonho.

Proposta 3

Criem livremente um roteiro sobre o tema que escolherem.

Planejamento do texto

- Tenham em vista o público que vai assistir ao curta: colegas de outras turmas, professores, funcionários, familiares e amigos convidados.
- Definam previamente os personagens ou as pessoas que serão retratados, bem como o perfil e as características deles.
- Decidam se alguma dessas características será mais explicitamente marcada na escrita do roteiro, seja nas rubricas, seja na reprodução das falas.
- Definam também o espaço (locações interna e externa) em que serão feitas as filmagens ou, se necessário, o cenário a ser criado.

mrmohock/Shutterstock

Escrita

- Escrevam as cenas, descrevendo o que acontece em cada uma delas.
- Se o roteiro for ficcional, procurem organizá-lo em três partes ou três atos. No primeiro, o protagonista é apresentado e aparece o conflito que vai se desenrolar ao longo da história. No segundo, o protagonista age para resolver o conflito e alcançar um objetivo. No terceiro, que costuma ser bastante breve, o conflito é resolvido.
- Em caso de um curta ficcional, criem os diálogos. Antes da fala de cada personagem, deve haver o nome dele (em caixa-alta ou em negrito), para identificar quem está falando.
- Criem as rubricas, fazendo indicações de encenação para os atores, de movimentos corporais, de posição da câmera, de luz, som, efeitos, etc. Se quiserem, delimitem as rubricas com parênteses ou usem o recurso do itálico, por exemplo.
- Deem um título a cada cena, em maiúsculas. Informem se a cena é interna (INT.) ou externa (EXT.). Depois, apresentem a localização e a hora do dia.
- A linguagem das rubricas deve estar de acordo com a norma-padrão, enquanto a dos diálogos deve ser coerente com o perfil definido para os personagens.

Aprendendo mais na internet

Na internet, existem vários *sites* que dão dicas interessantes sobre como fazer um roteiro de vídeo. Se quiser, confira:

- **Academia Internacional de Cinema**

  Mônica Wojciechowski. *Como fazer um roteiro*. Disponível em: https://www.aicinema.com.br/como-fazer-um-roteiro/. Acesso em: 16/3/2023.

- **Samba Tech**

  Débora Gomes. *Como fazer um roteiro de vídeo de forma simples*. Disponível em: https://sambatech.com/blog/insights/roteiro-de-video/. Acesso em: 16/3/2023.

- **Viver de blog**

  Henrique Carvalho. *Escreva para a câmera*: como fazer um roteiro rápido e fácil para tornar seus vídeos mais interessantes e engajar sua audiência. Disponível em: https://viverdeblog.com/como-fazer-um-roteiro/. Acesso em: 16/3/2023.

Revisão e reescrita

Releiam o roteiro, verificando se:

- ele apresenta uma organização em cenas, devidamente nomeadas;
- as indicações de local e período do dia das gravações estão claras;
- as rubricas contêm orientações sobre sonorização e iluminação; sobre cenas internas e externas; sobre movimentos de câmera e de personagens; sobre como os atores devem representar, que roupas devem vestir, como devem gesticular, etc.;
- os diálogos sugerem naturalidade na conversa entre os personagens;
- a linguagem está de acordo com a situação comunicativa e com o perfil dos personagens.

Finalizado o roteiro, o grupo deve produzir o filme com o auxílio de uma filmadora, de uma câmera digital ou de um celular, e exibi-lo no festival de cinema que será realizado na **Oficina de Criação**.

Gravação e edição do curta-metragem

Ainda em grupos, realizem a produção do curta-metragem.

- Escolham as locações das cenas ou providenciem os materiais necessários para a construção do cenário.
- Reúnam equipamentos para a filmagem, como câmeras, telefones celulares, microfones e pontos de luz.
- Providenciem os figurinos.
- Distribuam os papéis dos personagens entre os integrantes do grupo. Lembrem que um integrante deve ser o cinegrafista e outro, o diretor.
- Leiam o roteiro coletivamente e façam um ensaio.
- Os atores podem memorizar as falas, mas devem falar e agir de forma natural durante a encenação, adequando-se às situações vividas pelos personagens.
- Filmem as cenas. Revejam cada cena e analisem se será necessário regravar alguma delas.
- Confiram a qualidade de vídeo e áudio.
- Utilizando um programa de edição de vídeo, façam a edição do curta-metragem.
- Salvem o arquivo final para exibição no festival de cinema.

Maria Symchych/Shutterstock

OFICINA DE CRIAÇÃO

Projeto » Do livro à tela

Com a orientação do professor, participe com os colegas da organização do evento **Do livro à tela**, no qual será lançado o livro de crônicas produzido pela turma, com direito a uma sessão de autógrafos. No mesmo evento, também será promovido um festival de cinema, com a apresentação de filmes de curta-metragem.

Definam antecipadamente com o professor o dia e o horário desse evento.

1. Livro de crônicas

- Decidam os critérios para a seleção das crônicas que deverão integrar o livro. Por exemplo, dependendo do número de alunos da turma, cada um poderá escolher uma ou duas das crônicas que produziu. É importante que o livro contenha ao menos uma crônica de cada aluno e que todas as crônicas sejam acompanhadas do nome completo do autor.
- Combinem como o livro será produzido: se manualmente, de forma artesanal, ou se no computador, com o auxílio de programas de edição de textos e de imagens; definam se farão as cópias uma a uma ou se vão imprimi-las em uma gráfica. Se optarem pela produção artesanal, escolham o tipo de papel que vão utilizar; decidam como será a capa, se terá ilustrações, etc. Se o livro for produzido no computador, formem uma equipe para receber os arquivos e coordenar o trabalho de diagramação.
- Decidam como vão organizar o livro: se vão dispor as crônicas por tema, por ordem alfabética do nome dos autores ou seguindo algum outro critério.
- Escolham o título do livro. O subtítulo pode ser algo como *Crônicas do 8º ano X*. Na parte inferior da capa, incluam o mês e o ano de produção do livro. Convidem um colega de outra turma, um professor, um pai ou responsável para escrever a apresentação do livro.
- Se a turma tiver optado por ilustração, organizem-se para ilustrar a capa e as crônicas.
- Se a produção do livro for artesanal, usem um grampeador para unir a capa aos textos, formando o livro, ou mandem o material para encadernação. Se possível, façam cópias do livro, de modo que cada aluno tenha seu exemplar para guardar como lembrança ou para presentear alguém. Doem um exemplar à biblioteca da escola.

Filipe Rocha/Acervo da editora

2. Festival de cinema

- Primeiramente, selecionem os vídeos produzidos pela turma que serão exibidos no festival.
- Pensando na exibição, organizem os vídeos adotando um critério: vídeos mais filosóficos e reflexivos, de humor, sobre o cotidiano, etc.
- Definida a sequência dos vídeos, estabeleçam o horário em que cada um será exibido. Dependendo do tempo total da programação, reservem um intervalo de 10 a 15 minutos entre uma exibição e outra.
- Criem um cartaz com a programação dos filmes e os respectivos horários de exibição. Não deixem de indicar o nome dos autores de cada filme.

3. Preparação do evento

- Convidem pessoas (pais ou responsáveis, professores, funcionários e alunos de outras turmas) para formar um júri e escolher os três melhores curtas da mostra.
- Montem uma programação para o evento e escolham meios para divulgá-la aos convidados: vocês podem, por exemplo, fazer cartazes em papel para afixar na escola, publicar cartazes digitais no *site* ou nas redes sociais da escola ou, ainda, enviá-los por *e-mail* e por aplicativos.
- Reservem o primeiro horário para o lançamento dos livros, com um tempo de, no mínimo, uma hora. No segundo horário, programem a apresentação dos vídeos, indicando os títulos e os horários de exibição.
- Em uma sala ou no pátio, exponham os livros em mesas para que o público possa manuseá-los enquanto vocês interagem com as pessoas, falando da experiência da escrita.
- Avaliem também a possibilidade de, antes ou depois da exibição dos vídeos, fazer uma roda de conversa com os convidados, selecionando alguns de vocês para contar sobre a experiência com os livros e os curtas. Vocês podem ainda reservar um tempo para que os convidados se manifestem, indicando os livros e filmes de que mais gostaram e por quê.
- Providenciem uma sala ou um auditório com computador, projetor e telão a fim de receber o público. Afixem na porta da sala o cartaz com a programação dos filmes e os respectivos horários de exibição. Evitem atrasos para que o público não perca os filmes pelos quais se interessou.

Filipe Rocha/Acervo da editora

4. A realização do evento

- Nesse evento, vocês serão as principais estrelas e poderão autografar os livros, depois de escrever neles uma pequena frase ou dedicatória. Se optarem por uma sessão de autógrafos, vocês deverão se sentar às mesas e autografar os livros à medida que os convidados forem se aproximando.
- Ao dar início ao festival de cinema, um aluno previamente escolhido pela turma poderá fazer uma pequena abertura, saudando o público e contando como foi a experiência da turma com a produção de vídeos. Depois, na passagem de um vídeo para outro, poderá informar o nome do filme e o de seus criadores.
- O júri poderá apresentar os melhores vídeos ao final do evento e premiar os vencedores. Se quiserem ampliar a avaliação, também poderão fazer a eleição do melhor ator e da melhor atriz, do melhor roteiro, da melhor direção, etc.

UNIDADE 2

As mídias no mundo digital

Esta unidade de ensino contempla:

31 habilidades da BNCC

Habilidades dos campos jornalístico-midiático e de atuação na vida pública, com foco na criação de reportagens, fotorreportagens e artigos de opinião.

3 gêneros textuais

Reportagem, fotorreportagem e artigo de opinião.

2 recursos: Para escrever com adequação

O discurso citado em gêneros jornalísticos; a modalização.

62 atividades: compreensão, interpretação, oralidade e escrita

Diversas atividades individuais e em grupo; propostas de criação de reportagem, fotorreportagem e artigo de opinião.

Projeto: Oficina de Criação

Participar com os colegas da montagem, da divulgação e do lançamento de uma revista impressa ou digital.

Numa noite abafada de 1963, abriram-me uma porta que dava acesso a uma câmara de horrores, no Hospital Psiquiátrico do Juqueri, nos arredores de São Paulo. [...] Fazia uma semana que eu percorria os pátios do Juqueri, recolhendo as imagens da miséria humana que se escondia atrás de seus altos muros [...]. Só quando me vi fora do pavilhão, engolindo avidamente o ar puro da noite, pude entender por que, antes de abrir a porta, o homem da clínica havia me perguntado:

— O senhor tem coragem para ver?

Coragem para ver é uma das exigências do ofício de repórter. A esta deve acrescentar-se outra, igualmente importante — a coragem de contar o que se vê. [...] Só seguindo em frente, sem se deter na busca da informação, dos fatos, da história da reportagem, o repórter pode deixar o medo para trás. Nesse caminhar, muitas vezes ele se surpreende: "Diabos, como é que eu fui me meter nesta!".

(Audálio Dantas. *Repórteres*. São Paulo: Senac, 1998. p. 20-21.)

Biry Sarkis/Acervo da editora

FIQUE LIGADO! *Pesquise!*

Um lindo dia na vizinhança, de Marielle Heller; *Cercados*, de Caio Cavechini; *The post: a guerra secreta*, de Steven Spielberg; *Spotlight: segredos revelados*, de Tom McCarthy; *De repente 30*, de Gary Winick; *O Diabo veste Prada* e *Marley e eu*, de David Frankel; *Quase famosos*, de Cameron Crowe e Ian Bryce; *Capote*, de Bennet Miller; *Mera coincidência*, de Barry Levinson; *O jornal*, de Ron Howard; *O informante*, de Michael Mann.

Big Beach Films/Entertainment Pictures/ ZUMA Press/Fotoarena

Cena do filme *Um lindo dia na vizinhança*, de Marielle Heller.

Reprodução/Arquipélago Editorial

O olho da rua, de Eliane Brum (Arquipélago Editorial); *Braçoabraço*, de Raimundo Matos de Leão (Saraiva); *Profissão repórter*, de Caco Barcellos (Planeta); *Tráfico de anjos*, de Luiz Puntel (Ática); *A primeira reportagem*, de Sylvio Pereira (Ática); *Furo de reportagem*, de Roberto Jenkins de Lemos (Saraiva); *Dez dias de cortiço*, de Ivan Jaf (Ática); *Reportagem mortal*, de Jorge Fernando dos Santos (Saraiva); *A equipe do olho aberto*, de Margarida Patriota (Formato).

- https://theintercept.com/brasil/
- https://www.observatoriodaimprensa.com.br/
- https://www.meioemensagem.com.br/
- https://www.revistas.com.br/
- https://www.anj.org.br/

88studio/Shutterstock

"O papa é pop", de Humberto Gessinger; "Fotografia", de Leoni e Leo Jaime; "Máscara", de Pitty; "O jornal", de Gilberto Gil; "Notícia de jornal", de Haroldo Barbosa, interpretada por Chico Buarque e Maria Bethânia.

FIQUE LIGADO! *Escreva!*

Você sabia que algumas reportagens nascem de histórias vividas por pessoas comuns? Pense em uma situação vivida por você, por familiares ou por amigos seus que, em sua opinião, poderia dar origem a uma reportagem. Pode ser um caso engraçado, triste, emocionante, curioso... Escreva resumidamente essa história no caderno, explicando por que você acha que ela daria uma bela reportagem. Em seguida, leia seu texto para os colegas e ouça a leitura do texto deles.

DE OLHO NOS GÊNEROS

A informação e a opinião têm uma importância muito grande na sociedade em que vivemos. A todo instante, deparamo-nos com reportagens, fotorreportagens e textos de opinião sobre fatos que acontecem no mundo todo.

Nos últimos anos, com a popularização das diferentes mídias e redes sociais, a publicação de conteúdos tornou-se mais democrática e as informações circulam de maneira muito mais rápida. Essa nova realidade tem vantagens, pois permite que a voz de mais pessoas seja ouvida, mas ao mesmo tempo facilita a circulação de *fake news*, exigindo de nós, a todo instante, checagem de conteúdo e atenção redobrada, para que dados falsos e fatos manipulados não sejam interpretados nem divulgados como corretos e confiáveis.

Por essa razão, é cada vez mais relevante o papel da imprensa séria e de jornalistas comprometidos em apurar os fatos, consultar boas fontes e ouvir diferentes versões dos envolvidos nos acontecimentos noticiados.

Um **artigo de opinião**, como o próprio nome já antecipa, contém o ponto de vista de quem o escreveu. Já uma **reportagem** e uma **fotorreportagem** supostamente têm a função de dar a conhecer uma situação ou contar objetivamente uma história, sem que a opinião de seus autores seja explicitamente emitida. Sabemos, entretanto, que, por mais que veículos de imprensa busquem a impessoalidade nesses gêneros textuais, as escolhas linguísticas e de imagem feitas pelo jornalista constroem efeitos de sentido no texto, conscientemente ou não. Por isso, é fundamental que todo leitor compreenda que os textos jornalísticos circulam em veículos de comunicação que seguem determinadas linhas editoriais e são produzidos por pessoas com diferentes histórias, formações e pontos de vista.

Nesta unidade, você e os colegas vão ler e produzir alguns **gêneros jornalísticos informativos** e **opinativos**. Que tal pesquisar um pouco mais esses gêneros? Visite portais de notícias e de reportagens e, no dia combinado com o professor, compartilhe com os colegas o nome dos portais que visitou e traga para a sala de aula exemplares de jornais e revistas impressos. Leia e observe as reportagens, as fotorreportagens e os artigos de opinião presentes em cada um deles. Troque ideias com toda a turma sobre a finalidade dos textos lidos e o papel dos autores desses textos, confrontando impressões e experiências de leitura.

Depois leia os textos a seguir.

Reportagem e artigo de opinião: finalidade e história

A reportagem e o artigo de opinião são textos que circulam na esfera jornalística, isto é, no campo da comunicação e da informação. Assim, são gêneros que satisfazem a necessidade do ser humano de se informar sobre os fatos que estão acontecendo ou de opinar e conhecer diferentes opiniões sobre esses fatos. A origem desses gêneros textuais confunde-se com a própria história da imprensa moderna, que data do século XVIII. Em nosso país, esses gêneros estão relacionados com a fundação do primeiro jornal impresso brasileiro, a *Gazeta do Rio de Janeiro*, em 1808, por ocasião da vinda da família real para o Brasil. Atualmente, depois da invenção do rádio, da TV e da internet, esses gêneros circulam em diferentes suportes.

Hoje, podemos assistir a uma reportagem ou um artigo de opinião em um telejornal, lê-los em um jornal ou uma revista, ouvi-los em uma rádio, em um *podcast* ou, ainda, acessar a versão digital desses textos por meio de um dispositivo eletrônico conectado à internet.

A reportagem também faz história

[...] a reportagem não ocupa lugar central apenas na definição da profissão, ocupa também um lugar muito particular na relação entre a chamada memória individual e a memória coletiva. Por um lado, é a narrativa de um indivíduo em particular, o repórter, cuja narração se baseia, em grande medida, em sua própria história ou, muitas vezes, naquilo que é transmitido por seus "contatos". Ela é escrita, na maior parte das vezes, na forma de um "testemunho", uma vez que depende da "presença" do repórter, seja na pesquisa para a matéria, seja no próprio acontecimento. Por outro, refere-se a eventos cuja importância vai além do próprio indivíduo e que, desta forma, são considerados "coletivos", "sociais". A reportagem faz da história pessoal uma história coletiva, ou vice-versa. Ela se inscreve, assim, nessa linha de fronteira entre o individual e o coletivo e, ao mesmo tempo, deve todo o seu significado a essa posição forçosamente ambígua. Fora dessa posição, talvez não pudéssemos falar de "reportagens". Além disso, não se pode perder de vista que, por mais pessoal que possa ser um dado registro jornalístico, ele é sempre reproduzido em grande escala, assumindo, posteriormente, o valor de "documento" não apenas pessoal, mas também histórico, coletivo.

Sharomka/Shutterstock

[...]

(Alexandre Bergamo. Reportagem, memória e história no jornalismo brasileiro. *Revista Mana*, v. 17, n. 2, 2011.)

A fotorreportagem

Mais recente que a reportagem, a fotorreportagem é um texto jornalístico que tem origem na imprensa alemã, no final da década de 1920. Esse gênero inaugura uma nova relação entre texto verbal e texto não verbal e passa a circular por diversos países da Europa em revistas ilustradas.

Ao chegar aos Estados Unidos, a fotorreportagem se populariza na revista *Life*, na década de 1930, e desde então começam a surgir outras publicações semelhantes em todo o mundo. No Brasil, a revista *O Cruzeiro*, fundada em 1928, atualiza seu projeto editorial na década de 1940 e passa a ser referência da fotorreportagem brasileira.

Arquivo O Cruzeiro/EM/D.A Press

Arquivo O Cruzeiro/EM/D.A Press

OFICINA DE CRIAÇÃO

Projeto » A mídia em revista

Nesta unidade, você vai participar com os colegas da montagem e do lançamento de uma revista da turma, reunindo as reportagens, as fotorreportagens e os artigos de opinião produzidos por vocês.

CAPÍTULO

1 A reportagem

O GÊNERO EM FOCO

Leia a reportagem a seguir.

A digitalização como meio de preservação do patrimônio cultural

Memória | Na UFRGS, 24 edifícios são considerados históricos e têm proteção legal. A digitalização pode auxiliar na conservação do patrimônio, mas processo é demorado e esbarra na falta de recursos

Stéfani Fontanive / 1 de dezembro de 2022

Ao andar pela região central de Porto Alegre, consegue-se acompanhar o desenvolvimento do Rio Grande do Sul, ao se observarem arranha-céus construídos ao lado de edificações com mais de 100 anos. Na capital, há 25 bens tombados pelo Instituto do Patrimônio Histórico e Artístico do Estado (Iphae), enquanto a UFRGS conta com 24 bens protegidos legalmente. Esses prédios são chamados de patrimônio histórico ou cultural.

[...]

O tombamento é um ato administrativo realizado pelo poder público que visa proteger as características originais de bens de valor histórico, cultural, ambiental e arquitetônico, além de significações afetivas para a população.

Flávio Fontana Dutra/Arquivo JU

Fachada do Theatro São Pedro, no Centro Histórico de Porto Alegre

Um dos grandes desafios em relação ao patrimônio histórico é a preservação, e um projeto da UFRGS pretende auxiliar nesse ponto. É o Laboratório de Design e Seleção de Materiais (LDSM), que, dentre outras atividades, trabalha com a digitalização desses bens. O engenheiro Fábio Silva, responsável pelo laboratório, explica que essa digitalização pode ser usada de diversas maneiras para a preservação do patrimônio. Entre esses usos estão tanto a organização da documentação referente ao bem — necessária para o processo de tombamento, para a análise dos materiais do prédio e para a manutenção da história do local, guardando informações para o futuro — quanto o planejamento de futuras ações de restauro.

[...]

Digitalização requer recursos e tempo

Dois prédios da UFRGS já passaram pelo processo de digitalização: a fachada e detalhes de vasos e estátuas do Instituto de Química, além de detalhes do antigo prédio da Faculdade de Medicina, na esquina das ruas Sarmento Leite e Engenheiro Luiz Englert.

Para que os outros 22 prédios históricos da Universidade sejam catalogados, dois itens são fundamentais: recursos e tempo. Fábio explica que há mais de uma forma de se captarem as informações para digitalizar um monumento e que o laboratório possui equipamentos com três tecnologias diferentes. Em todas, é necessário captar imagens do prédio, o que leva, em média, um dia, mas também requer andaimes e espaço. [...]

Se a coleta das imagens pode durar apenas um dia, o que demora mais e necessita de mais recursos é o tratamento das informações. Com o material coletado, é preciso "tratar os dados", ao se construir uma nuvem de pontos, um sistema de coordenadas tridimensional, para avaliá-los. Esse trabalho, explica Fábio, pode levar meses e requer computadores de alta performance.

Outro uso é para a exposição digital dos bens.

> *"É possível se fazer tour virtual, mostrar a fachada, para que mais pessoas conheçam aquele lugar"*
> — Fábio Silva

O LDSM foi responsável, inclusive, por catalogar e disponibilizar, por exemplo, o acervo do Museu de Ciências Naturais da UFRGS, localizado em Imbé, e um tour virtual na sala principal do Museu. "Lá tem o esqueleto da baleia jubarte, que foi digitalizado", conta. Essa ação auxilia na preservação da memória do lugar e, também, na abertura, no sentido de que mais pessoas possam conhecer os locais, lembrar e, assim, cuidar deles.

Flávio Dutra/Arquivo JU

O prédio conhecido como Château, tombado e restaurado pela Universidade, fica no Câmpus Central da UFRGS

Tombamento e reconhecimento

"O tombamento ocorre a partir da lei", explica Luísa Gertrudis Durán Rocca, pesquisadora do grupo de pesquisa de Cultura e Patrimônio do Programa de Pós-graduação em Museologia da UFRGS. Para se tombar um bem, é necessário que o seu administrador — seja público ou privado — reúna informações sobre ele e submeta ao órgão responsável. "Se um bem tem relevância para a cidade, será tombado no âmbito municipal. Se tiver relevância para o Rio Grande do Sul, será tombado no âmbito estadual. E, se for nacional, o tombamento será federal", explica Renata Manara Tonioli, chefe do setor de patrimônio histórico da UFRGS, área responsável pelo cuidado dos prédios históricos da Universidade. [...]

Luísa afirma que definir o patrimônio é sempre um processo, já que, em diferentes épocas, diferentes bens são considerados patrimônio. [...]

Dos 156 prédios protegidos pelo Iphae, 35 mantiveram seu uso original. Em Porto Alegre, dos 25 bens tombados — sendo dois bens móveis, ou seja, a mobília e adornos do local —, 14 permanecem com o mesmo uso. É o caso da Biblioteca Pública do Estado, do Theatro São Pedro e da Cinemateca Capitólio. A maioria das edificações, entretanto, vê seu uso atual diverso da função de sua construção original: 43 tornaram-se centros culturais, como museus, bibliotecas e casas de cultura. Órgãos da administração pública ocupam 18 prédios, sendo 10 secretarias municipais, três prefeituras e a sede do governo do estado, o Palácio Piratini. [...]

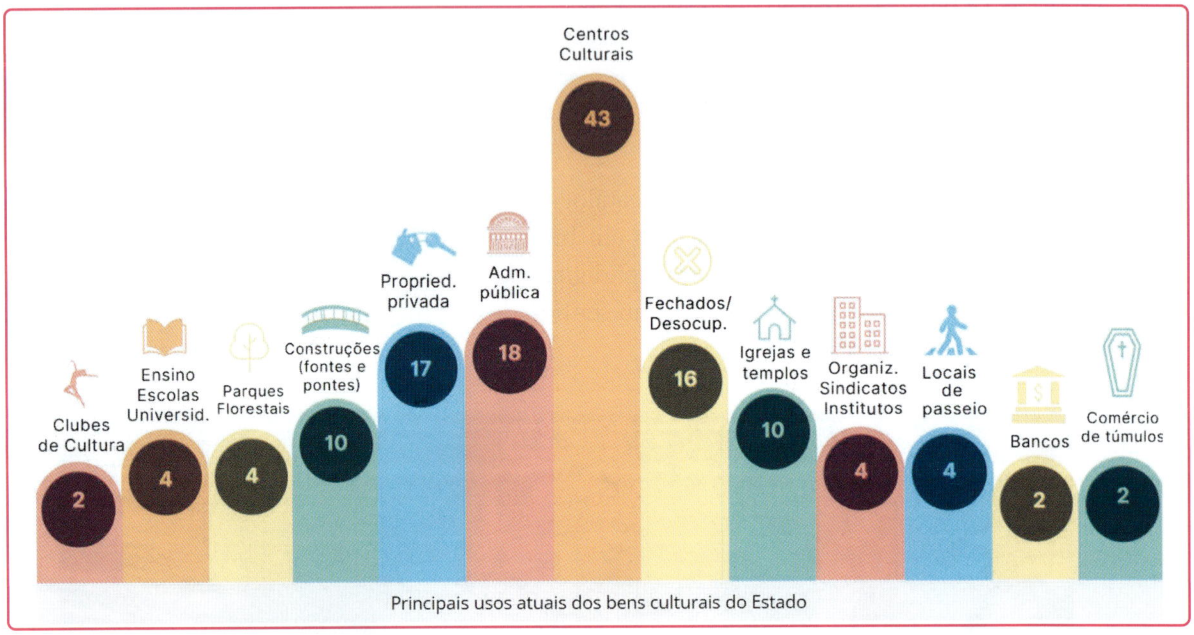

A rotina de cuidados e a preservação da memória

Renata explica que cuidar de um bem cultural e público não é simples. "Qualquer intervenção nos prédios da UFRGS precisa passar pelo setor de patrimônio histórico." [...]

A rotina, o cuidado, a contratação de serviços e a mão de obra são pontos que afetam a conservação de uma edificação, aponta Maria Clara Bassin, arquiteta responsável pelo Palácio Piratini. [...]

Além da manutenção e do cuidado com a edificação, os bens culturais também têm outro fator muito importante: a manutenção da memória. "O Palácio Piratini carrega a história do Rio Grande do Sul", aponta Maria Clara, assim como a UFRGS traz consigo a história do desenvolvimento da educação tanto no Rio Grande como no Brasil.

Mas os prédios da UFRGS representam, também, as memórias das pessoas que passaram pela Universidade. Os restauros dos prédios da Universidade ocorrem, por meio da Lei de Incentivo à Cultura, por patrocínios. A maior parte das doações são oriundas de pessoas físicas, muitas ex-alunas da Universidade. "Tem o caso da capela São Pedro, na Estação Experimental Agronômica: todas as doações foram de pessoas físicas, muitas que se casaram na capela", conta Luísa.

A memória tanto coletiva quanto pessoal auxilia no cuidado com o patrimônio. Um bem cultural não se torna patrimônio apenas por sua arquitetura, mas pela sua simbologia, pelo que representa. [...] Prédios contam as memórias e histórias de épocas passadas e das pessoas que passaram por ali. "O patrimônio histórico é um suporte para a memória coletiva", resume Luísa.

(*Jornal da Universidade*. Disponível em: https://www.ufrgs.br/jornal/a-digitalizacao-como-meio-de-preservacao-do-patrimonio-cultural/. Acesso em: 30/3/2023.)

1. A reportagem aborda a importância da preservação do patrimônio cultural e aponta a digitalização como meio para tal prática.

a) Defina com suas palavras: O que é tombamento?

____

____

____

b) Qual relação pode ser estabelecida entre o processo de tombamento e a preservação de um bem?

____

____

c) Segundo o texto, quais são as vantagens da digitalização para a preservação de um patrimônio?

____

____

____

____

____

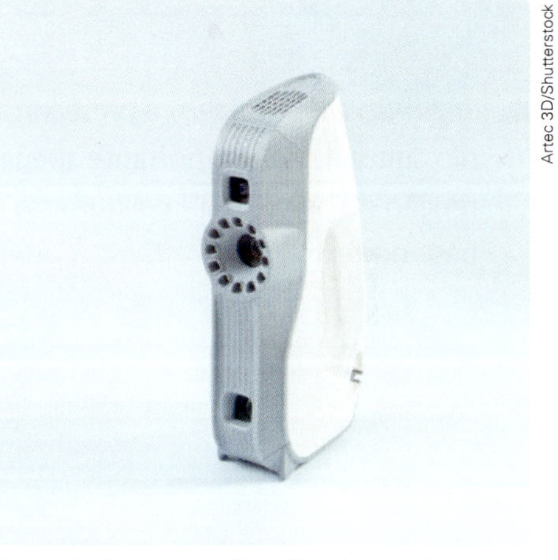

Artec 3D/Shutterstock

Exemplo de *scanner* 3D utilizado em alguns processos de digitalização.

d) Em linhas gerais, como é feita a digitalização de um bem?

____

____

____

____

2. Além de abordar a parte técnica do processo de tombamento, a reportagem destaca a importância da conservação de prédios históricos para a preservação das memórias de um povo. Releia o trecho a seguir:

> "Um bem cultural não se torna patrimônio apenas por sua arquitetura, mas pela sua simbologia, pelo que representa. [...] Prédios contam as memórias e histórias de épocas passadas e das pessoas que passaram por ali."

Converse com os colegas e o professor e responda oralmente:

a) Você já visitou ou conhece algum prédio histórico da cidade onde mora? Tem alguma memória de convivência nesse local? Sabe se ele já foi tombado?

b) Há algum bem tombado com visitação aberta à população em sua cidade? Qual? Se necessário, faça uma breve pesquisa.

3. A reportagem contém um título principal e um subtítulo. Além disso, o corpo do texto é dividido por meio de intertítulos.

a) O subtítulo, localizado logo abaixo do título, é chamado de linha fina no jornalismo. Deduza: Qual é a função dele?

b) Identifique os intertítulos presentes no trecho da reportagem e responda: Qual é a função deles na construção do texto com relação ao assunto abordado?

4. Segundo a reportagem, a preservação do patrimônio cultural não é importante apenas para a manutenção do bem em si. Explique essa afirmação com base no texto.

Altrendo Images/Shutterstock

O Teatro Amazonas, em Manaus, AM, foi inaugurado em 1896 e hoje é considerado um patrimônio cultural arquitetônico do estado do Amazonas. Ele foi tombado como patrimônio histórico em 1966.

5. O texto toma por base dados relativos a um estado específico.

a) Qual é esse estado?

b) Observe a fonte da reportagem e levante hipóteses: Por que ela trata especificamente desse estado?

c) Releia o 1º parágrafo do texto e responda: Quais dados quantitativos, relativos a esse estado, são apresentados nesse trecho?

6. O texto em estudo comprova que o trabalho dos jornalistas envolve, além da escrita da reportagem, a leitura de outros textos, o contato com instituições e com pesquisas e a realização de entrevistas.

UfaBizPhoto/Shutterstock

a) Quem são as pessoas entrevistadas e quais são as instituições mencionadas nessa reportagem? Qual é a relação delas com o assunto abordado?

b) A reportagem faz referência a uma lei. Identifique-a e explique a relação dela com o assunto da reportagem.

c) Troque ideias com os colegas e o professor: Em que medida citar falas de entrevistados e mencionar instituições e leis enriquecem o texto da reportagem?

d) Em sua opinião, quais outras pessoas poderiam ser entrevistadas para essa reportagem? Por quê?

7. Releia estes trechos da reportagem:

I. "Na capital, há 25 bens tombados pelo Instituto do Patrimônio Histórico e Artístico do Estado (Iphae), enquanto a UFRGS conta com 24 bens protegidos legalmente."

II. "O engenheiro Fábio Silva, responsável pelo laboratório, explica que essa digitalização pode ser usada de diversas maneiras para a preservação do patrimônio."

Fernando Bueno/Pulsar Imagens

Observatório astronômico da Universidade Federal do Rio Grande do Sul, em Porto Alegre.

a) Indique qual dos dois trechos contém dados apresentados na própria voz do enunciador da reportagem. Em seguida, troque ideias com os colegas e o professor e levante hipóteses: Por que a fonte desses dados não foi indicada?

b) Agora indique qual dos dois trechos contém uma informação explicitamente atribuída a outra voz, que não a do enunciador da reportagem. Em seguida, identifique quem é o responsável por ela.

c) No trecho indicado por você no item **b**, qual forma verbal foi empregada para fazer referência à informação dada por essa outra pessoa?

8. A linguagem empregada em reportagens geralmente segue a norma-padrão e tende a ser impessoal. Dependendo do veículo de comunicação, os jornalistas têm menos ou mais liberdade para expressar seu ponto de vista sobre o assunto de que tratam.

a) A linguagem empregada pela jornalista no texto em estudo é mais pessoal ou mais impessoal? Justifique sua resposta.

b) Compare os pares de frases a seguir:

Trechos da reportagem	Trechos reescritos
"Um dos **grandes** desafios em relação ao patrimônio histórico é a preservação [...]."	Um desafio em relação ao patrimônio histórico é a preservação.
"[...] consegue-se acompanhar o desenvolvimento do Rio Grande do Sul, ao se observarem **arranha-céus** construídos ao lado de edificações **com mais de 100 anos**."	consegue-se acompanhar o desenvolvimento do Rio Grande do Sul, ao se observarem **edifícios muito altos** construídos ao lado de edificações **centenárias**.

Troque ideias com os colegas e o professor e responda: Qual é a diferença de sentido entre as frases que compõem cada par? De que forma as primeiras frases dão a conhecer o ponto de vista da jornalista que escreveu o texto?

9. Na produção de reportagens, é comum o jornalista recorrer a fotografias legendadas e destacar graficamente as ideias centrais do texto, seja aumentando o tamanho das letras, seja aplicando itálico ou até trocando a cor de trechos do texto.

a) O que as fotografias da reportagem em estudo retratam? Onde essa informação aparece no texto?

b) Deduza: De que forma essas imagens se relacionam com o texto verbal e o assunto da reportagem?

c) Que tópico do assunto foi destacado graficamente na reportagem lida, por meio de letras maiores, itálico e cor diferente da usada no texto principal? Explique a finalidade dos recursos de pontuação utilizados nesses destaques.

____

____

____

10. Gráficos, infográficos, tabelas e mapas são recursos visuais recorrentes em reportagens e auxiliam o jornalista a apresentar informações e dados no texto. Releia o infográfico presente no trecho da reportagem em estudo e responda às perguntas a seguir:

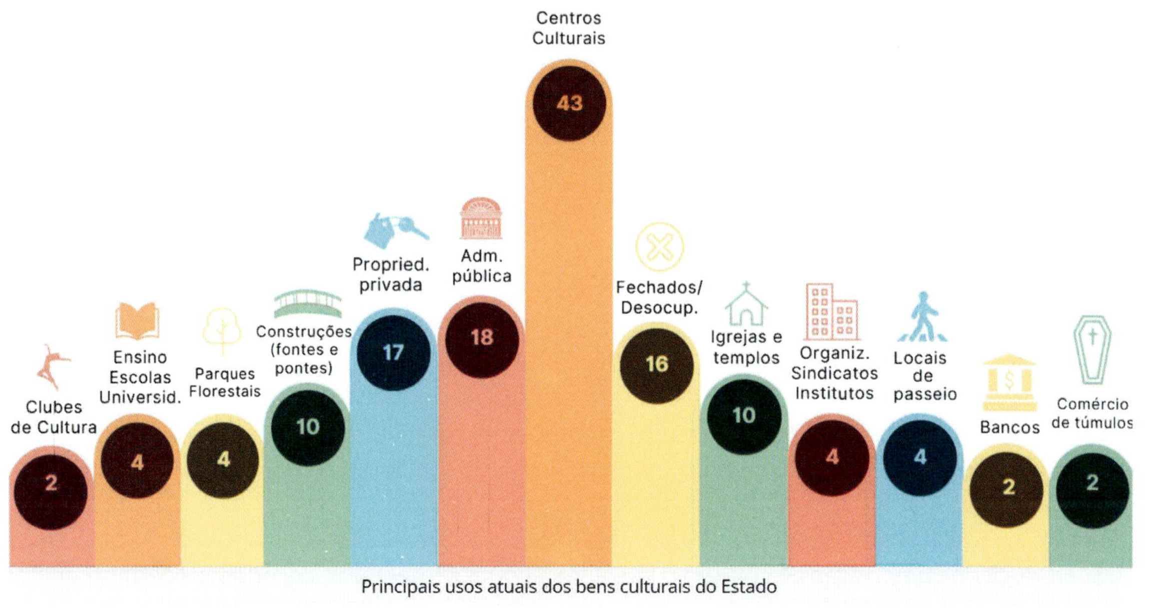

a) Com qual parágrafo da reportagem esse infográfico se relaciona diretamente? Ele acrescenta alguma informação ao texto verbal da reportagem?

____

____

____

____

b) Tendo em vista sua resposta ao item **a**, conclua: Qual é a finalidade desse infográfico no contexto da reportagem?

____

____

____

11. Observe as formas verbais empregadas na reportagem.

a) Qual tempo verbal predomina?

____

____

b) Levante hipóteses: Por que há o predomínio desse tempo verbal?

____

____

____

____

12. Com a orientação do professor, reúna-se com alguns colegas para preencher as lacunas do quadro a seguir com as características básicas da reportagem.

Reportagem: construção e recursos expressivos	
Quem são os interlocutores da reportagem?	
Qual é o objetivo da reportagem?	
Qual é o suporte ou o veículo da reportagem?	
Quais são os temas abordados na reportagem?	
Como é a estrutura da reportagem?	
Como se caracteriza a linguagem da reportagem?	

AGORA É A SUA VEZ

Ao final desta unidade, você e os colegas vão produzir uma revista sobre os meios de comunicação no mundo atual. Então, chegou o momento de vocês elaborarem as reportagens que vão compor essa revista.

A seguir, há duas propostas relacionadas ao assunto central da revista. Combinem com o professor a melhor forma de realizá-las.

Proposta 1

Escreva uma reportagem sobre os diferentes hábitos de uso das redes sociais no Brasil por pessoas de diferentes gerações e o impacto desses hábitos na vida dos usuários.

Antes, leia o conjunto de textos a seguir.

Texto 1

CADA UM NA SUA

As características (um tanto estereotipadas) de cada geração

1945 a 1964

BABY BOOMERS

Pessoas nascidas no pós-guerra – daí o nome, em razão do boom de nascimentos no período. Buscavam estabilidade financeira, casamento sólido, carro e casa própria

1965 a 1980

GERAÇÃO X

Os filhos dos boomers. Presenciaram tensões políticas (como o auge da ditadura no Brasil) e movimentos sociais. Pregam a liberdade e os direitos individuais

1981 a 1995

MILLENNIALS OU GERAÇÃO Y

Costumam priorizar a felicidade ao dinheiro, sem apego a bens materiais. São contestadores e com maior tendência ao individualismo. Viveram a transição da internet e se julgam eternos jovens

1996 a 2010

GERAÇÃO Z

Os nativos digitais. Dominam as tecnologias, preferem games e redes sociais a filmes e séries. São mais ágeis e tendem a se comunicar melhor e de variadas formas (memes, por exemplo)

Veja/Abril Comunicações S.A.

(Adaptado de: https://veja.abril.com.br/cultura/a-onda-cringe-atualiza-a-guerra-de-geracoes-na-velocidade-das-redes/. Acesso em: 29/3/2023.)

Texto 2

Assistir a vídeos está entre as atividades mais realizadas nas redes sociais.

Top 5 atividades mais realizadas nas redes sociais

Total	Geração Z	Geração Y	Geração X	Baby Boomers
Assistir a vídeos de humor 28%	Assistir a vídeos de humor 31%	Assistir a vídeos de temas diversos 28%	**Interagir com perfis de outras pessoas** 31%	Enviar mensagens para outras pessoas 41%
Assistir a vídeos de temas diversos 28%	Procurar conteúdo de entretenimento 31%	Assistir a vídeos de humor 27%	Me atualizar sobre notícias/ assuntos do momento 30%	**Fazer videochamadas** 30%
Enviar mensagens para outras pessoas 28%	Assistir a vídeos de temas diversos 31%	Enviar mensagens para outras pessoas 26%	Assistir a vídeos de humor 29%	**Fazer novas amizades/ relacionamentos** 27%
Me atualizar sobre notícias/ assuntos do momento 28%	Me atualizar sobre notícias/ assuntos do momento 29%	Me atualizar sobre notícias/ assuntos do momento 26%	Assistir a vídeos de temas diversos 29%	Me atualizar sobre notícias/ assuntos do momento 26%
Procurar conteúdo de entretenimento 26%	**Interagir com perfis de outras pessoas** 23%	Procurar conteúdo de entretenimento 25%	Enviar mensagens para outras pessoas 28%	**Participar de comunidades/ grupos do meu interesse** 26%

Centro de Expertise Setorial em Telecom, Plataformas e Serviços | Diretoria de Inteligência de Mercado.

Fonte: Globo & MindMiners - Universo: População de 18 anos ou mais, das classes ABC, das cinco regiões brasileiras e que acessaram redes sociais nos últimos 30 dias - Amostra 1.200 - Período: 25 a 31/05/22.

(Adaptado de: https://gente.globo.com/infografico-o-brasileiro-ama-redes-sociais/. Acesso em: 29/3/2023.)

Texto 3

70% passam de 1 a 6 horas por dia nas redes sociais. A geração Z é a que passa mais tempo conectada.

Considerando as redes sociais que você usa diariamente, em média, quanto tempo você passa nessas plataformas por dia?

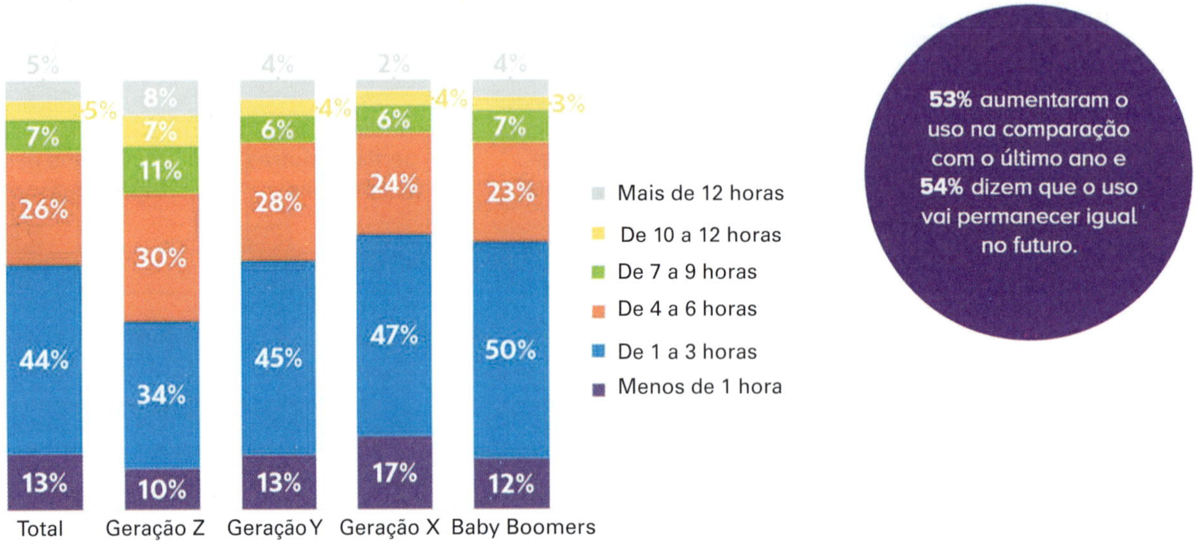

Centro de Expertise Setorial em Telecom, Plataformas e Serviços | Diretoria de Inteligência de Mercado.

Fonte: Globo & MindMiners - Universo: População de 18 anos ou mais, das classes ABC, das cinco regiões brasileiras e que acessaram redes sociais nos últimos 30 dias - Amostra 1.200 - Período: 25 a 31/05/22.

(Disponível em: https://gente.globo.com/infografico-o-brasileiro-ama-redes-sociais/. Acesso em: 29/3/2023.)

Texto 4

As mídias sociais fizeram a sociedade pior, diz Orkut

Por Renato Santino | Editado por Douglas Ciriaco | 15 de novembro de 2022

[...]

Mais de 18 anos depois do lançamento do Orkut, o cenário não poderia ser mais diferente. O Facebook, que também dava seus primeiros passos em 2004, se tornou uma corporação gigantesca com bilhões de usuários mensais. Aconteceu a revolução do smartphone. Instagram e Twitter surgiram e cresceram. O TikTok nasceu e se tornou a primeira plataforma social chinesa a ter grande alcance no Ocidente.

Tudo isso fez a sociedade melhor ou pior? "Pior, sem dúvidas" responde Orkut Buyukkokten, criador da rede social que levava seu primeiro nome, em entrevista ao **Canaltech**.

[...]

Orkut não tem papas na língua quando fala do atual mercado de redes sociais. Para ele, a maneira como se deu a evolução das plataformas com o tempo tem pouquíssimo a ver com o bem-estar do usuário.

Ele aponta que a única preocupação das empresas está em desenvolver algoritmos que ampliem a retenção do usuário e mantê-lo navegando e rolando a tela infinitamente. Para isso, são capturados dados das ações mais mínimas dos usuários.

Para ele, esse é o problema que faz dos grupos do Facebook serem falhos, ainda que tentem replicar a experiência de reunir pessoas que têm interesses em comum.

"A tecnologia, por meio de aprendizado de máquina e inteligência artificial, é capaz de manipular o comportamento do usuário por trás das cortinas, sem que você saiba o que está acontecendo", explica Orkut. E isso tem dois objetivos: o primeiro é garantir a apresentação de conteúdo que mantenha o usuário rolando a tela; o segundo é criar um perfil para gerar anúncios ultradirecionados e incentivar o usuário a comprar algo. "Não é para fazê-lo feliz, não é para fazer novos amigos. É apenas para maximizar o lucro".

"A questão é: as empresas estão medindo as coisas certas? Elas estão medindo se as pessoas estão felizes e tendo conversas significativas? Ou se são grupos extremistas tentando disseminar notícias falsas?", questiona.

[...] Orkut não condena totalmente o uso de dados para fins publicitários, que é o centro do modelo de negócios das redes concorrentes. Ele recomenda transparência, no entanto. "Se você vai repassar as informações para terceiros, você precisa ser claro sobre isso, mas o que eles fazem é esconder isso nos termos de serviço".

[...]

"Antigamente, o pensamento era 'como eu posso criar uma grande experiência de usuário? Como posso mudar o mundo e criar impacto?'. Hoje é 'como eu posso alcançar 1 milhão de usuários o mais rápido possível? Como eu posso deixar o negócio e ficar rico?'", lamenta.

(Disponível em: https://canaltech.com.br/redes-sociais/as-midias-sociais-fizeram-a-sociedade-pior-diz-orkut-229525/. Acesso em: 29/3/2023.)

BearFotos/Shutterstock

Para definir a abordagem de seu texto, você pode escolher um dos recortes temáticos a seguir ou outro de sua preferência:

- Como os adolescentes de hoje usam a internet?
- A internet traz felicidade aos usuários?
- É possível viver atualmente sem internet?
- Internet: para o bem ou para o mal?

Você também pode entrevistar pessoas de diferentes faixas etárias da comunidade escolar ou de sua família para conhecer seus hábitos de uso das redes sociais e utilizar parte dos depoimentos delas na reportagem.

Se possível, durante as entrevistas, peça autorização aos entrevistados para fotografá-los, para enriquecer a reportagem com algumas imagens.

Proposta 2

Reúna-se com os colegas para escrever uma reportagem procurando responder à pergunta: **Que conteúdo o jovem mais consome na mídia nos dias atuais?**

Antes, leiam esta tirinha e confiram as orientações a seguir.

(Disponível em: http://amidiagge.blogspot.com/. Acesso em: 1º/4/2023.)

Para produzir a reportagem, entrevistem jovens e adolescentes de diferentes grupos, estilos e segmentos sociais e façam a eles perguntas para entender quais conteúdos eles consomem nas mídias.

Se preferirem, orientem-se por estas sugestões de perguntas:

- Que tipo de jornalismo você consome? Você acredita que esse seja o melhor jornalismo que a imprensa pode praticar?
- Quais são seus canais de TV favoritos? E quais são suas mídias digitais favoritas (portais da internet, YouTube, revistas, jornais, etc.)? Como você avalia a qualidade deles?
- De quais programas de TV, canais da internet, seções de revistas e jornais você mais gosta? Como você avalia a qualidade deles?

Anotem as respostas e alguns dados pessoais dos entrevistados para traçar o perfil deles e identificá-los na reportagem, caso seja necessário. Se possível, fotografem-nos, lembrando de pedir autorização a eles para isso.

Quando tiverem um bom número de respostas, procurem organizá-las e mapeá-las. Por exemplo, alguns entrevistados podem se referir a canais da TV aberta, outros podem citar canais fechados, conteúdos sob demanda, canais do YouTube.

Concluído o mapeamento, façam um estudo dos resultados e cruzem-nos com o perfil das pessoas entrevistadas. Em seguida, deem início à escrita da reportagem, que será publicada na revista que o grupo vai produzir no capítulo **Oficina de Criação** desta unidade.

Entrevistas

- Para realizar a proposta 2, dividam, entre os integrantes do grupo, as tarefas que envolvem a produção de uma reportagem: entrevistar pessoas, reunir informações, coletar dados estatísticos, etc.
- Selecionem os entrevistados e preparem o roteiro de perguntas.
- Realizem as entrevistas seguindo o roteiro de perguntas previamente elaborado.
- Reúnam as informações e os dados coletados e selecionem quais deles devem compor o texto, considerando o enfoque que pretendem dar à reportagem.

Planejamento do texto

- A fim de escolher o enfoque a ser adotado na reportagem, levem em conta o perfil dos leitores da reportagem: alunos, funcionários e professores da escola, familiares, amigos.
- Escolham as imagens, os gráficos, os infográficos, as tabelas e os boxes informativos que farão parte da reportagem e determinem qual será a função deles: complementar o texto com novas informações, dar outro tratamento a informações contidas no texto, apresentar um contraponto, etc.
- Decidam se vão subdividir o texto da reportagem por meio de intertítulos, como serão inseridos os trechos das entrevistas, onde entrarão as fotos e as demais imagens, etc.

Escrita

- Desenvolvam o assunto, procurando estabelecer conexão entre o tema principal e as informações secundárias por meio de citações, reprodução de trechos de entrevistas, tabelas, boxes informativos, fotos com legendas, etc.
- Fiquem atentos ao gerenciamento das vozes citadas no texto. Para tanto, a fim de indicar as falas dos entrevistados por meio de citações, usem aspas, verbos *dicendi* e indiquem o nome e o sobrenome das pessoas cujas falas forem mencionadas.

Kachka/Shutterstock

- Produzam tabelas, gráficos, boxes informativos ou infográficos com os dados obtidos por vocês.
- Priorizem uma linguagem objetiva, clara e de acordo com a norma-padrão da língua.
- Deem um título (e intertítulos, caso julguem interessante) atraente(s) à reportagem.

Revisão e reescrita

Antes de finalizarem a reportagem, releiam-na, observando se:

- ela apresenta informações, opiniões e diferentes pontos de vista sobre o assunto;
- o tema central tem conexão com fatos e informações paralelas;
- as citações, a reprodução de trechos de entrevistas, o uso de tabelas, de dados estatísticos ou de gráficos formam um todo coerente, coeso e significativo;
- a reportagem é visualmente atraente;
- a linguagem está de acordo com a norma-padrão e com o perfil dos leitores da revista;
- o título e os intertítulos chamam a atenção do leitor;
- as vozes dos jornalistas e das pessoas entrevistadas estão devidamente delimitadas.

Façam as alterações necessárias e guardem o texto, para que ele integre a revista que a turma produzirá no final da unidade.

O discurso citado em gêneros jornalísticos

No estudo que você fez anteriormente neste capítulo, você viu que textos jornalísticos, tal como a reportagem, podem citar declarações de pessoas e instituições ligadas ao assunto abordado, a fim de dar a conhecer aos leitores diferentes pontos de vista sobre o tema.

Ao longo desta seção, você vai reler alguns trechos da reportagem estudada, observando as estratégias utilizadas pela jornalista para citar os discursos que compõem o texto.

1. Para citar vozes de outras pessoas e instituições, um jornalista pode fazer uso de diferentes recursos, entre eles o uso do discurso direto e do discurso indireto.

Releia alguns trechos da reportagem estudada no início do capítulo e, em seguida, responda às questões.

I. "Fábio explica que há mais de uma forma de se captarem as informações para digitalizar um monumento e que o laboratório possui equipamentos com três tecnologias diferentes."

II. "'O Palácio Piratini carrega a história do Rio Grande do Sul', aponta Maria Clara [...]"

III. "'Tem o caso da capela São Pedro, na Estação Experimental Agronômica: todas as doações foram de pessoas físicas, muitas que se casaram na capela', conta Luísa."

Wellington Guterres Félix/SPH

Capela de São Pedro, conhecida como Capelinha, localizada na Estação Experimental Agronômica da UFRGS.

a) Identifique o tipo de discurso (direto ou indireto) usado em cada trecho.

b) As referências às falas citadas são feitas por meio de quais formas verbais? Troque ideias com os colegas e o professor: Quais efeitos de sentido cada uma delas constrói no texto?

c) Quais outros verbos poderiam ser utilizados no lugar de cada um dos que você identificou no item **b**, sem alterar radicalmente o sentido do texto?

____

____

____

____

2. Ao estudar a reportagem, você viu que ela apresenta alguns dados sem mencionar a fonte. Releia este trecho:

"Dos 156 prédios protegidos pelo Iphae, 35 mantiveram seu uso original. Em Porto Alegre, dos 25 bens tombados — sendo dois bens móveis, ou seja, a mobília e adornos do local —, 14 permanecem com o mesmo uso. É o caso da Biblioteca Pública do Estado, do Theatro São Pedro e da Cinemateca Capitólio. A maioria das edificações, entretanto, vê seu uso atual diverso da função de sua construção original: 43 tornaram-se centros culturais, como museus, bibliotecas e casas de cultura. Órgãos da administração pública ocupam 18 prédios, sendo 10 secretarias municipais, três prefeituras e a sede do governo do estado, o Palácio Piratini."

Diego Grandi/Shutterstock

Palácio Piratini, localizado em Porto Alegre, sede do Poder Executivo do Rio Grande do Sul.

a) Complete a proposta de reescrita para o trecho, escolhendo uma das estruturas indicadas entre parênteses, conforme julgar mais adequado.

______________________ (**Para o Iphae / Segundo o Iphae**), dos 156 prédios protegidos pelo Instituto, 35 mantiveram seu uso original. ______________________ (**A instituição estadual afirma ainda que / A instituição estadual fala ainda que**), em Porto Alegre, dos 25 bens tombados — sendo dois bens móveis, ou seja, a mobília e adornos do local —, 14 permanecem com o mesmo uso. ______________________ (**De acordo com o Iphae / Contudo o Iphae**), é o caso da Biblioteca Pública do Estado, do Theatro São Pedro e da Cinemateca Capitólio. A maioria das edificações, entretanto, vê seu uso atual diverso da função de sua construção original: ______________________ (**conforme recomenda o Instituto / conforme indica o Instituto**), 43 tornaram-se centros culturais, como museus, bibliotecas e casas de cultura. Órgãos da administração pública ocupam 18 prédios, sendo 10 secretarias municipais, três prefeituras e a sede do governo do estado, o Palácio Piratini.

b) Compare a versão original e a versão reescrita no item **a** e explique a diferença entre a voz que apresenta os dados em cada uma delas.

3. Releia os seguintes trechos da reportagem, que citam o nome de um entrevistado e o ponto de vista dele sobre o assunto abordado.

Trechos relacionados à entrevistada	Trechos relacionados ao entrevistado
"'O tombamento ocorre a partir da lei', explica Luísa Gertrudis Durán Rocca, pesquisadora do grupo de pesquisa de Cultura e Patrimônio do Programa de Pós-graduação em Museologia da UFRGS."	"O engenheiro Fábio Silva, responsável pelo laboratório, explica que essa digitalização [...]"
"Luísa afirma que definir o patrimônio é sempre um processo [...]"	"Esse trabalho, explica Fábio, pode levar meses e requer computadores de alta performance."
"'O patrimônio histórico é um suporte para a memória coletiva', resume Luísa."	"'Lá tem o esqueleto da baleia jubarte, que foi digitalizado', conta."

a) Quais formas verbais são empregadas nesses trechos para fazer referência às falas dos entrevistados?

b) Na 1ª linha de cada coluna, é citado o nome completo de cada entrevistado. Como é feita a identificação das vozes nos demais trechos?

c) Levante hipóteses: Qual efeito de sentido é construído no texto por meio dessa forma de retomar as vozes dos entrevistados?

d) Troque ideias com os colegas e o professor e levante hipóteses: De que outras formas essas retomadas poderiam ter sido feitas no texto? Explique os efeitos de sentido de cada forma.

4. Agora, observe a citação no trecho a seguir:

"Renata explica que cuidar de um bem cultural e público não é simples. 'Qualquer intervenção nos prédios da UFRGS precisa passar pelo setor de patrimônio histórico.'"

a) Troque ideias com os colegas e o professor: Trata-se de uma construção em discurso direto ou indireto? Explique a função das aspas nesse contexto e levante hipóteses: Por que a jornalista teria optado por utilizar essa construção?

b) Em vez do ponto final, qual outro sinal de pontuação poderia ter sido usado entre a primeira e a segunda frase do trecho?

c) Entre as opções a seguir, quais palavras poderiam ser empregadas no lugar da forma verbal **explica** na primeira frase, ainda que essa troca acarretasse alguma alteração de sentido na frase?

- [ ] grita
- [ ] insiste
- [ ] nega
- [ ] concorda
- [ ] assegura
- [ ] questiona

d) Releia oralmente a primeira frase, substituindo a forma verbal **explica** pelas formas que você marcou no item **c**. Em seguida, conclua: Que alteração de sentido a frase teria, no contexto, em cada mudança?

Verbos *dicendi*

Verbos *dicendi* ou verbos "de dizer" são os verbos utilizados para introduzir falas ou citações em um texto. Introduzem as falas de personagens em narrativas literárias, de cientistas em textos acadêmicos, de personalidades, autoridades ou pessoas comuns em textos jornalísticos, tais como entrevistas, reportagens e notícias.

Alguns dos verbos *dicendi* mais utilizados nesses contextos são **dizer**, **afirmar**, **declarar**, **abordar**, **expor**, **negar**, **acreditar**.

Você já sabe que um jornalista ou repórter, para escrever um texto jornalístico, precisa consultar fontes variadas, entrevistar pessoas, verificar as informações obtidas, contrapor dados, entre outras ações. Todo esse processo, necessário à produção de textos como notícia e reportagem, pode aparecer de forma menos ou mais explícita no texto final a ser publicado.

A escolha de como os discursos serão citados também contribui para a construção de sentidos do texto. Ela pode ser feita de forma bastante consciente por quem escreve e, muitas vezes, está associada a vários fatores, como ponto de vista político ou ideológico do veículo de comunicação, envolvimento desse veículo ou do jornalista com o tema abordado e respeito pelas instituições e pelos órgãos citados.

No meio jornalístico, portanto, duas formas de citar um discurso são recorrentes:

Discurso direto: o discurso é citado geralmente entre aspas, exatamente como foi dito ou escrito pela fonte mencionada. Para tanto, utilizam-se verbos *dicendi*, que introduzem ou finalizam o trecho citado. Ao optar por essa construção, o autor do texto se distancia do conteúdo veiculado.

Discurso indireto: o discurso é citado indiretamente e pode ser editado pelo autor do texto, que reescreve o conteúdo com as próprias palavras. Para tanto, podem ser utilizados verbos *dicendi* seguidos da palavra *que* ou expressões em referência à fonte citada, tais como *de acordo com*, *segundo*, *conforme*. Essa construção pode ser um indício de afinidade entre as ideias do autor do texto e o conteúdo veiculado.

GaudiLab/Shutterstock

EXERCÍCIOS

Leia trechos de três textos e responda à questão 1 a seguir.

Texto 1

Como cartas escritas à mão deram início a um negócio bilionário

Para apresentar a sua start-up às maiores empresas do mundo, Alexander Rinke deixou a tecnologia um pouco de lado e escolheu um formato mais analógico: cartas manuscritas.

"Sabíamos que, se enviássemos um e-mail, ele poderia ser apagado", conta.

"E, se mandássemos cartas impressas ou escritas à máquina, os secretários as abririam e jogariam fora."

"Mas uma carta manuscrita parece mais pessoal. Poderia ser uma nota escrita por um parente ou amigo", contou ele à série da BBC *The Boss*, que traça o perfil de líderes empresariais de todo o mundo.

[...]

(Sarah Finley e Will Smale. Disponível em: www.bbc.com/portuguese/geral-47314432. Acesso em: 2/4/2023.)

Kate Aedon/Shutterstock

Texto 2

O taxista de cabelo branco

[...]

Dos taxistas aqui da esquina, só sei o nome do Adão. Na primeira vez que peguei seu táxi, ele apontou para fora da janela, disse "olha só, as goiabeiras da Henrique Schaumann tão carregadas" e, quando reparei nas goiabas que brotavam no canteiro central da avenida, já éramos amigos de infância. Adão conhece todas as árvores frutíferas espalhadas pela cidade e, sempre que me leva a algum lugar, faz um relatório detalhado de seu esparso pomar: conta que as jacas do parque da Luz tão quase caindo em cima dos carros, que a mangueira da avenida Pacaembu tá atraindo um bando de maritacas, que houve um bafafá na zona leste porque a prefeitura ameaçou cortar um abacateiro, lá na rua Padre Adelino.

[...]

(Antonio Prata. Disponível em: https://blogdoims.com.br/a-maneira-de-braga-o-taxista-de-cabelo-branco-por-antonio-prata/. Acesso em: 2/4/2023.)

Texto 3

Taís Araujo: 'Uma negra que não seja pessoa pública vai ter mais dificuldades que eu'

Atriz e empresária fala sobre experiência gerenciando a própria carreira e sua visão sobre o mercado publicitário

CAMPINAS Faz três anos que Taís Araujo, 43, decidiu controlar a própria carreira. Desde então, ela cocriou, colaborou e participou de dezenas de ações de publicidade, algumas delas com marcas parceiras há décadas.

Segundo a atriz e empresária, o mercado publicitário se tornou mais sensível aos debates sociais e à promoção de inclusão e da diversidade. Agora, resta observar se a mudança será perene ou é apenas uma tendência passageira.

[...]

(Paola Ferreira Rosa. Disponível em: https://www1.folha.uol.com.br/mpme/2022/11/tais-araujo-uma-negra-que-nao-seja-pessoa-publica-vai-ter-mais-dificuldades-que-eu.shtml. Acesso em: 30/3/2023.)

1. Os três textos citam explicitamente outros discursos em sua composição.

a) Identifique qual dos itens corresponde a cada um dos textos lidos:

☐ trecho de crônica ☐ trecho de entrevista ☐ trecho de reportagem

b) Qual dos trechos utiliza apenas o recurso do discurso direto?

____

c) Identifique as falas citadas em discurso indireto nos demais trechos e transforme-as em discurso direto.

____

____

____

____

d) Um dos trechos apontados por você no item **c** procura reproduzir, na escrita, traços típicos da oralidade. Qual é o trecho e quais são esses traços?

____

____

e) Faça uma lista com os verbos *dicendi* utilizados nos trechos. Qual deles mais se repete?

____

____

2. Leia a seguir um trecho de uma reportagem de Drauzio Varella. Complete as lacunas utilizando verbos *dicendi* e expressões de referência para a introdução de discurso indireto. Para tanto, observe o sentido do texto.

Como lidar com o paciente de Alzheimer?

Lightspring/Shutterstock

A doença de Alzheimer é um tipo de demência que prejudica a memória, o pensamento e o comportamento. [...]

[...]

A perda de memória é uma das principais características da doença. Com o passar do tempo, o idoso esquece acontecimentos importantes da sua vida e de pessoas próximas. Às vezes, não se recorda da morte de algum parente e pergunta sobre ele normalmente, como se ainda estivesse vivo. Nesses casos, a família pode não saber como agir: afinal, é melhor contar a verdade ou evitar o assunto?

____________________ a dra. Roberta Saba, neurologista e membro titular da Academia Brasileira de Neurologia (ABN), a decisão deve levar em conta o grau de comprometimento cognitivo e de memória. "Se for na fase inicial, quando há falhas de memória mas os pacientes ainda se mantêm independentes para as atividades diárias, a verdade pode ser dita e tenta-se, junto dele, recordar como o fato ocorreu, mesmo que seja o falecimento de um ente querido", ____________________.

[...]

A ideia é mais ou menos pesar o custo-benefício: vale a pena contar a verdade se ela causa tanto estresse ou tristeza? Claro que não é tarefa fácil, mas não há um manual que ensine exatamente como lidar com a questão. [...] ____________________ a neurologista, o melhor é não confrontá-lo, evitando maior sofrimento. "Quem tem Alzheimer muitas vezes cria algumas histórias cotidianas que não ocorreram, mas que para ele são reais. Nesses casos, é mais indicado concordar em vez de criar ansiedade negando as histórias. Esse tipo de atitude só gera mais conflito e insegurança", ____________________ a dra. Saba.

[...]

A professora de educação física Juliana Corrêa, de 30 anos, viveu esse dilema. Seu pai, Telmo Pinho, de 60 anos, foi diagnosticado em 2013, aos 55. "[...] Quando de fato se aposentou e diminuiu as atividades, notamos uma progressão muito grande. Ele repetia as coisas, às vezes se enrolava nas falas, errava as ruas ao dirigir", ____________________. Ele nunca soube que tem Alzheimer. Sua família entendeu que não seria benéfico e Juliana ____________________ essa foi a melhor decisão.

[...]

____________________ ela, é fundamental não isolar a pessoa do mundo. Por isso, a família nunca deixa de levar Telmo para as viagens, visitas a parentes e para passear, já que ele sempre gostou de sair. [...]

(Disponível em: https://drauziovarella.uol.com.br/reportagens/como-familiares-devem-lidar-com-o-paciente-de-alzheimer/. Acesso em: 2/4/2023.)

CAPÍTULO 2

A reportagem nas mídias digitais e a fotorreportagem

O GÊNERO EM FOCO

Leia a reportagem a seguir.

https://gauchazh.clicrbs.com.br/cultura-e-lazer/almanaque/noticia/2019/01/voce-sabe-onde-fica-a-escadaria-do-amor-

PARA OS APAIXONADOS

Você sabe onde fica a "Escadaria do Amor" de Porto Alegre?

Durante décadas, local atraiu namorados pela extraordinária visão da baía do Guaíba

10/01/2019 – 18h27min

GZH GAÚCHAZH

Reprodução/Revista do Globo

Inaugurada em 1929, a escadaria da Rua João Manoel foi ponto de encontro de enamorados durante décadas.

Por Pedro Haase Filho, interino

O jornalista, escritor e roteirista porto-alegrense Rafael Guimaraens, autor de vários livros baseados em fatos históricos da cidade, tem especial predileção por um **sítio**: a escadaria da Rua João Manoel, que liga as ruas Duque de Caxias e Coronel Fernando Machado, nas **cercanias** do Alto da Bronze, no Centro Histórico de Porto Alegre.

Fascinado pelas formas que delineiam a construção, o local chega a lhe aguçar a criatividade de roteirista ao lembrar que, certa vez, "num rompante poético, comparei a escadaria a um filme romântico, que inicia com uma árdua caminhada, chega na virada dramática em que cada um vai pro seu lado e se reencontram no topo".

Conhecida como "A Escadaria do Amor", os três primeiros lances, de baixo para cima, são centrais e **ladeados** por muretas baixas, pilaretes e ajardinamento. A partir do terceiro lance, os degraus descentralizam-se e, divididos, evoluem pelas laterais, com **peitoril** em ferro trabalhado. Os degraus sobem contornando e se unem novamente para outro lance, centralizado na escadaria, chegando ao **belvedere**. A mureta, balaústre que delimita a escadaria, e o belvedere, transversalmente, são em **alvenaria**, com tratamento em vazados e balcão de apoio, diferenciando-se das muretas ao nível da Rua Coronel Fernando Machado, que são lisas.

A descrição anterior do logradouro consta do trabalho *A Arquitetura de Christiano de la Paix Gelbert em Porto Alegre (1925-1953)*, apresentado por Taísa Festugato ao Programa de Pós-Graduação em Planejamento Urbano e Regional da UFRGS. La Paix Gelbert era desenhista-chefe da prefeitura na época e foi autor de vários outros projetos marcantes da cidade, como o Viaduto da Avenida Borges de Medeiros, o Centro de Saúde Modelo e o HPS.

Isadora Neumann/Agência RBS

Escadaria revitalizada por artistas, em 2018.

Omar Freitas/Agência RBS

Urbanização acabou com a vista do Guaíba.

Atento às **efemérides** da cidade, Guimaraens lembra que a escadaria completa 90 anos de existência em 2019. Durante décadas, o local atraiu namorados pela extraordinária visão da baía do Guaíba e pelo recanto escavado entre as escadas paralelas do segundo nível, que permitiam alguma intimidade aos casais.

Hoje, a realidade é bem diferente. A rápida urbanização da cidade cercou a escadaria de prédios altos, que a espremeram e roubaram a vista do Guaíba. Tombada como Patrimônio Histórico, a "Escadaria do Amor" sofre com o vandalismo e com o descaso do poder público. Recentemente, passou a contar com a mobilização da comunidade do **entorno**, com ações de limpeza e atividades de convívio, procurando mostrar à população a importância de preservar os espaços públicos de caráter histórico.

alvenaria: construção feita de tijolos e cimento.
belvedere: pequena construção isolada em um jardim ou parque, com visão panorâmica.
cercanias: imediações, arredores.
efemérides: datas comemorativas.
entorno: vizinhança, ambiente ao redor.
ladeados: cercados, contornados.
peitoril: parapeito, parte superior onde se pode debruçar.
sítio: lugar, local.

(Disponível em: https://gauchazh.clicrbs.com.br/cultura-e-lazer/almanaque/noticia/2019/01/voce-sabe-onde-fica-a-escadaria-do-amor-de-porto-alegre-cjqr3srh100ec01uk98qqalq5.html. Acesso em: 2/4/2023.)

1. O texto lido foi publicado no *site* de um jornal gaúcho. Troque ideias com os colegas e o professor e responda oralmente:

a) Você costuma ler jornais em versão *on-line*?

b) Se puder escolher, você prefere ler a versão impressa ou a versão *on-line* de um jornal? Justifique sua resposta.

2. A reportagem lida se insere no caderno "Almanaque", do jornal *Zero Hora*.

a) Do que ela trata?

b) O texto faz uma divisão temporal em sua descrição, contrapondo passado e presente. O local abordado na reportagem passou por quais mudanças ao longo do tempo?

c) O texto ressalta que o local abordado foi tombado como patrimônio histórico, mas sofre com o vandalismo e o descaso do poder público. Com base no último parágrafo, que tipo de ação pode mudar a história desse local?

3. O título da reportagem em estudo contém aspas e ponto de interrogação.

a) Quais são as funções de cada um desses recursos e que efeitos de sentido eles constroem no contexto?

b) Onde fica o local citado no título?

c) Qual é a relação do título com o assunto central da reportagem?

4. Na reportagem são mencionadas três pessoas.

a) Quem são elas e em qual área atuam profissionalmente?

____

____

____

b) Qual é a relação dessas pessoas com o assunto principal da reportagem?

____

____

____

____

No capítulo anterior, você estudou a reportagem em mídia impressa e aprendeu quais são as características básicas desse gênero. Em geral, essas características se mantêm quando a reportagem é publicada em outros meios, mas pode haver algumas mudanças, especialmente aquelas relacionadas aos recursos que o meio digital proporciona.

A seguir, estão descritas características relativas à estrutura da reportagem em estudo neste capítulo.

5. Assinale as características que descrevem recursos e ferramentas que geralmente são utilizados em páginas de jornais virtuais, mas não em jornais impressos:

- [ ] Nome do autor do texto.
- [ ] Menu superior com opções de navegação pela página virtual.
- [ ] Fotografias antigas e atuais.
- [ ] Horário de publicação do texto.
- [ ] *Hiperlinks* no corpo do texto.
- [ ] Título com letras maiores em destaque, seguido de subtítulo com letras menores.
- [ ] Legendas e créditos nas fotografias.
- [ ] Barra de rolagem para retroceder e avançar na leitura do texto.
- [ ] Jornal dividido em seções ou cadernos, com seus respectivos títulos.
- [ ] Ícones com *hiperlinks* para redes sociais.

Agora, leia esta fotorreportagem:

https://medium.com/@rgfrison/seguran%C3%A7a-conquistada-atrav%C3%A9s-da-arte-650f337a90cb

Rafaela Frison

Maiara Dallagnol

Dec 19, 2018 • 2 min read

Follow

Segurança conquistada através da arte

Fotorreportagem por Maiara Dallagnol e Rafaela Frison.

As escadarias João Manoel e 24 de Maio, do Centro Histórico, e Ladrilhar, do Jardim Carvalho, estavam descuidadas e receberam intervenções artísticas organizadas por moradores dos bairros. Quando espaços públicos sofrem com o descaso, os locais acabam abandonados e tornam-se perigosos. As revitalizações fizeram com que as áreas voltassem a serem ocupadas e trouxeram de volta a sensação de segurança.

O projeto Se Essa Escada Fosse Minha reúne vizinhos e frequentadores do Centro Histórico, que trabalham semanalmente na revitalização da Escadaria João Manoel.

Conhecida antigamente como Belvedere do Amor, a Escadaria servia de ponto de encontro para namorados.

Fotos: Fotorreportagem por Maiara Dallagnol e Rafaela Frison/Acervo particular

Principal mobilizador da revitalização, o Galpão do Plátano realiza feiras ecológicas e coloniais no topo da Escadaria, fortalecendo a movimentação pelos degraus.

A Escadaria fica localizada no Morro da Formiga, nomeado dessa forma devido aos trabalhadores que o subiam levando carregamentos do porto. Vistos de longe, eles formavam o que parecia uma trilha de formigas.

A Escadaria 24 de Maio, no Centro Histórico, ganhou mais cor com o projeto da artista Clarissa Motta Nunes. A revitalização fez com que mais pessoas transitassem pela escadaria, tornando-a mais segura.

Para decorar a Escadaria, foram usadas 3 300 peças, que apresentam desenhos, poesias de autores, além de depoimentos dos moradores da região.

Fotos: Fotorreportagem por Maiara Dallagnol e Rafaela Frison/Acervo particular

As mensagens nos azulejos e as pinturas nas paredes das residências convidam quem passa pela Escadaria 24 de Maio a admirar os detalhes do caminho.

A ideia do Projeto Ladrilhar é da moradora Claudia Coelho. Antes uma rota de fuga de assaltantes, a escadaria foi transformada em orgulho para o bairro Jardim Carvalho.

Para ladrilhar a escadaria de 88 degraus foram feitas mais de 50 oficinas com o apoio dos vizinhos. O processo de construção dos mosaicos demorou cerca de um ano e meio.

Em janeiro deste ano, o Projeto Ladrilhar organizou o Coletivo Seres Voadores. Por meio de peças de mosaico telado, pássaros, borboletas e abelhas alegram também as paredes que ladeiam a Escadaria.

(Disponível em: https://medium.com/@rgfrison/seguran%C3%A7a-conquistada-atrav%C3%A9s-da-arte-650f337a90cb. Acesso em: 2/4/2023.)

6. Compare a fotorreportagem à reportagem lida no início deste capítulo.

a) Quais são as semelhanças e as diferenças entre elas em relação ao assunto abordado?

b) Quais são as semelhanças e as diferenças entre elas em relação à estrutura do texto?

7. A fotorreportagem contém informações sobre a Escadaria João Manoel que não foram abordadas na primeira reportagem lida.

a) Por qual meio a escada está sendo revitalizada?

b) Quem foi o principal grupo responsável pela revitalização e qual é a relação dele com a escadaria?

c) O que há de comum entre essa escadaria e as outras duas mencionadas na fotorreportagem?

8. Analise as fotos e as legendas que compõem a fotorreportagem.

a) Quantas fotos foram utilizadas? Há legenda em todas?

b) Assinale, entre as alternativas a seguir, aquelas que descrevem corretamente a função das legendas na fotorreportagem.

- [ ] As legendas descrevem detalhadamente o local, o horário em que a foto foi tirada e as pessoas retratadas (nome, idade, profissão, etc.).
- [ ] As legendas explicam o que acontecia no momento em que foi tirada a foto, o que cada pessoa retratada fazia, bem como qual a função de cada um no momento.
- [ ] As legendas são objetivas e contêm uma descrição sucinta para o leitor compreender o assunto abordado na fotorreportagem.
- [ ] As legendas contribuem para a construção da fotorreportagem, acrescentando informações essenciais para a composição da reportagem ao descrever a foto legendada.
- [ ] As legendas são dispensáveis para a compreensão da fotorreportagem, pois contêm informações supérfluas.

9. Agrupe as fotos, utilizando os seguintes critérios.

a) Local retratado em cada uma delas.

____

____

____

____

b) Fotos com pessoas e fotos sem ninguém.

____

____

____

____

c) Planos retratados, segundo o boxe "Fotografias e seus planos".

____

____

____

____

____

____

____

Fotografias e seus planos

Dependendo do que queremos registrar ao fazer uma fotografia, devemos escolher diferentes planos. Conheça alguns deles:

- **Plano geral ou globalizante:** é utilizado um ângulo visual bem aberto, próprio para exteriores ou interiores de grandes proporções.
- **Plano médio e de conjunto de ações principais:** as figuras são enquadradas por inteiro, com um pouco de "ar" sobre a cabeça e um pouco de "chão" sob os pés. São fotos ideais para evidenciar o sujeito no espaço em que se encontra.
- **Primeiro plano:** é utilizado para evidenciar expressões, semblantes, gestos, fisionomias e emoções. Consiste no isolamento do sujeito, pouco importando o ambiente em que se encontra.
- **Plano de detalhamento de sujeitos, objetos e ações:** enfoca-se uma parte do corpo e da ação.

Stokkete/Shutterstock

10. Sobre o agrupamento feito por você no item **b** da questão anterior, responda:

a) Nas fotos em que há pessoas, o que elas estão fazendo? Que importância têm, na reportagem, essas ações das pessoas?

b) Troque ideias com os colegas e o professor: Na fotorreportagem em estudo, qual é o efeito produzido pela inserção de fotos apenas dos locais, sem nenhuma pessoa?

11. Com a orientação do professor, reúna-se com alguns colegas para preencher as lacunas do quadro a seguir com as características básicas da fotorreportagem.

Fotorreportagem: construção e recursos expressivos	
Quem são os interlocutores da fotorreportagem?	
Qual é o objetivo da fotorreportagem?	
Qual é o suporte ou o veículo da fotorreportagem?	
Quais são os temas abordados na fotorreportagem?	
Como é a estrutura da fotorreportagem?	
Como se caracteriza a linguagem da fotorreportagem?	

AGORA É A SUA VEZ

brizmaker/Shutterstock

A mídia no mundo atual assume diversos papéis, entre eles denunciar problemas sociais e divulgar ações cidadãs que contribuem para o bem comum. Pensando nisso, ao final desta unidade, você e os colegas vão produzir uma revista sobre os meios de comunicação no mundo atual.

Neste capítulo, você leu uma reportagem, publicada em meio digital, e uma fotorreportagem sobre escadarias da cidade de Porto Alegre que foram revitalizadas, modificando todo o ambiente no entorno delas. Agora, chegou o momento de se reunir novamente com os colegas para adaptar, para o meio digital, as reportagens que vocês produziram no capítulo anterior e para produzir fotorreportagens para compor a revista da turma.

Combinem com o professor a melhor forma de realizar as propostas apresentadas a seguir.

Proposta 1

Façam adaptações na reportagem produzida por vocês no capítulo anterior, a fim de que elas possam ser publicadas em uma página *on-line*, utilizando os recursos proporcionados por esse meio. Para tanto, observem as orientações a seguir.

- Insiram *hiperlinks* internamente à reportagem escrita por vocês, destacando termos, expressões e fatos que podem ser mais bem explicados por meio de uma conexão com outras páginas virtuais.
- Façam, também por meio de *hiperlinks*, ligações entre as reportagens escritas por diferentes grupos, que podem ser relacionadas entre si por tratarem de assuntos semelhantes.
- Insiram ícones com *hiperlinks* para as redes sociais da escola.
- Deixem aberta a opção para que os leitores escrevam seus comentários sobre a reportagem na mesma página virtual em que ela está disponível.
- Se possível, peçam ajuda ao professor de informática ou robótica da escola para inserir imagens, gráficos e infográficos interativos ou animados.

Proposta 2

MJTH/Shutterstock

Selecionem tópicos relacionados à comunidade escolar para serem tema de fotorreportagens que denunciem alguns problemas enfrentados no ambiente da escola, entre eles:

- O lixo no pátio após o horário de intervalo.
- A (des)organização das salas quando acaba a aula.
- A conservação dos móveis e carteiras da escola.
- A saída dos alunos da escola.

Proposta 3

Produzam fotorreportagens sobre alguma ação realizada na escola que mereça ser divulgada, a fim de que toda a comunidade tome conhecimento dela. Exemplos de ações:

- Uma ação social beneficente.
- Eventos de arrecadação de suprimentos para comunidades que enfrentam alguma carência.
- Projetos desenvolvidos por professores.
- Cuidados com o meio ambiente.
- Valorização da biblioteca.
- Valorização dos funcionários.

Production/Shutterstock

Adaptação da reportagem

Pensem na melhor maneira de adaptar a reportagem produzida no capítulo anterior para o meio digital, considerando principalmente as possibilidades exclusivas desse meio, entre elas: a criação de *hiperlinks*; a montagem de um carrossel de imagens; a inserção de gráficos ou infográficos interativos, enquetes, etc.

Planejamento da fotorreportagem

- Tenham em mente o público leitor definido por vocês para a revista (colegas, professores e funcionários da escola, pais e responsáveis, etc.).
- Delimitem o tema, escolhendo o(s) aspecto(s) que querem desenvolver.
- Esbocem um roteiro com a sequência de fotografias da fotorreportagem.
- Pensem em locais onde poderiam ser registradas imagens relacionadas ao tema.
- Verifiquem os recursos disponíveis para a realização das fotografias: câmeras fotográficas, câmeras de aparelhos celulares, equipamentos de iluminação, *flash*.
- Planejem visitas aos locais escolhidos para a realização das fotografias.

Produção da fotorreportagem

- A iluminação é muito importante para a qualidade das imagens; por essa razão, procurem tirar as fotos de dia ou em locais bem-iluminados.
- Procurem pensar na relação das imagens com o tema e entre as imagens, para que cada uma conte algo sobre o fato.
- Procurem tirar mais de uma foto de cada cena planejada para selecionar a melhor. Troquem ideias e escolham o melhor plano fotográfico para cada situação.

- Caso não haja a possibilidade de produzir as próprias fotografias, pesquisem na internet, em jornais, revistas e livros fotografias que, reunidas, possam compor uma fotorreportagem sobre o tema.
- No caso de fotografias de terceiros, lembrem-se de colocar a fonte das imagens.
- Escolham as fotografias mais representativas para veicular o conteúdo pretendido por vocês.
- Escrevam as legendas de maneira clara, objetiva e breve, complementando a imagem para a compreensão do leitor. Se quiserem, utilizem intertítulos.
- Montem a fotorreportagem, considerando a ordem em que as fotografias aparecem e adequando-as ao formato da revista idealizada por vocês.
- Se preferirem, criem um breve texto introdutório.
- Deem um título atraente à fotorreportagem.

Revisão da fotorreportagem

Concluída a produção da fotorreportagem, releiam-na, observando se:

- ela apresenta imagens que mostram diferentes pontos de vista sobre o assunto ou facetas dele;
- há conexões entre as imagens e entre cada imagem e o tema;
- os planos escolhidos para cada imagem mostram elementos suficientes para a compreensão da ação ou cena retratada;
- as legendas e os intertítulos estabelecem uma relação de complementação com as imagens e estão escritos de maneira clara e objetiva;
- o título é atraente.

Após modificar o que for necessário, imprimam a fotorreportagem diagramada e guardem-na para posterior montagem da revista. Guardem também a fotorreportagem em formato de arquivo, para que ela possa ser publicada em ambiente digital.

Soho A Studio/Shutterstock

Cidades e comunidades sustentáveis

Reprodução/ONU

A Agenda 2030 da Organização das Nações Unidas (ONU), criada em 2015, é um plano de ação elaborado por líderes de diversos países para promover uma vida digna e erradicar desigualdades sociais. Ela estabelece, em âmbito global, 17 Objetivos de Desenvolvimento Sustentável (ODS), a fim de que a sociedade trilhe um caminho sustentável, buscando a concretização dos direitos humanos, a erradicação da pobreza e a promoção de uma vida digna para todos, com educação, igualdade e consciência ambiental. Um desses 17 objetivos é tornar as **Cidades e comunidades sustentáveis**.

Como temos visto neste capítulo, reportagens e fotorreportagens podem ser um meio para denunciar problemas sociais e melhorar a sociedade em que vivemos. Entre as questões debatidas no âmbito do objetivo 11 da Agenda 2030 está a mobilidade urbana, isto é, o planejamento e a execução de políticas de transporte urbano.

Veja, a seguir, um infográfico com alguns dados de uma pesquisa realizada no Brasil sobre mobilidade de baixas emissões, qualidade do ar e transição energética no país, lançada em dezembro de 2020 pelo Instituto Clima e Sociedade (iCS).

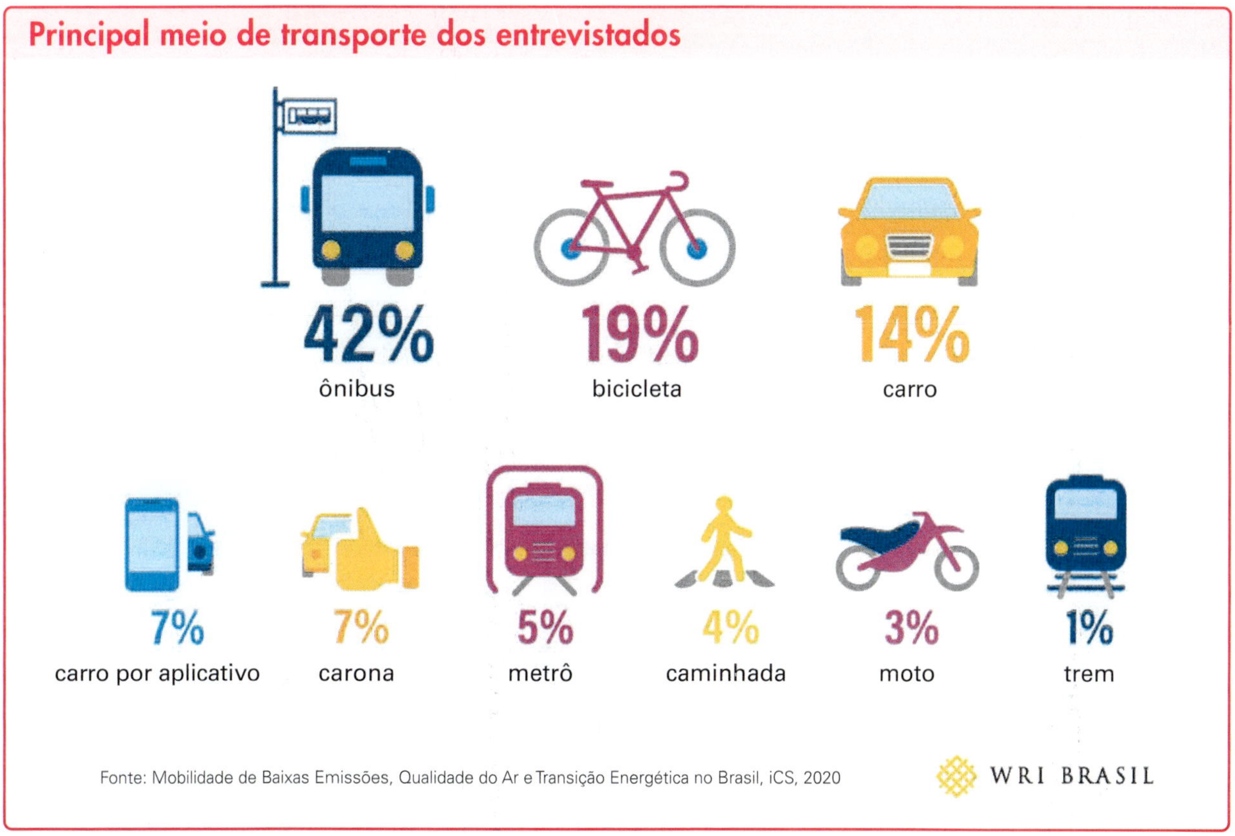

WRI Brasil/Creative Commons 4.0

(Disponível em: https://www.wribrasil.org.br/noticias/brasileiro-abandonaria-carro-por-transporte-sustentavel-mas-deseja-conforto-e-praticidade. Acesso em: 2/4/2023.)

Sobre esses dados da pesquisa, verificou-se que:

> Quando as pessoas são questionadas sobre sua disposição a trocar o transporte individual por um meio de transporte mais limpo, uma boa surpresa: 67% disseram que sim. Entre as pessoas que não trocariam, os motivos principais foram conforto (26%) e praticidade (20%). "Isso mostra a importância de se garantir mais conforto e qualidade para os modos sustentáveis, em especial para os ônibus", pondera Cristina Albuquerque, gerente de mobilidade do WRI Brasil.
>
> (Disponível em: https://www.wribrasil.org.br/noticias/brasileiro-abandonaria-carro-por-transporte-sustentavel-mas-deseja-conforto-e-praticidade. Acesso em: 2/4/2023.)

Sobre o tema mobilidade urbana, converse com os colegas:

- Qual meio de transporte você utiliza para percorrer o trajeto de casa para a escola e da escola para casa?
- Você costuma utilizar algum tipo de transporte público? Em quais situações?
- Você trocaria, sob alguma condição, o principal meio de transporte que utiliza? Se sim, qual seria essa condição?

Agora, reunidos em grupos, inspirem-se no infográfico apresentado e façam uma pesquisa com a comunidade escolar, a fim de traçar o perfil de uso dos meios de transporte. Para isso, elaborem previamente um roteiro de perguntas a ser seguido por todos os grupos. Por exemplo:

- Qual meio de transporte você utiliza para percorrer o trajeto de casa para a escola e da escola para casa? Por quê?
- Você está satisfeito com essa opção? Por quê?
- Você trocaria o meio de transporte utilizado? Por qual? Sob qual condição?

Se julgarem conveniente, acrescentem outras questões que levem em conta a qualidade do transporte público e do trânsito na cidade em que vocês vivem.

Ao terminarem de coletar as respostas dos participantes da pesquisa, façam a tabulação dos dados e produzam cartazes para divulgar as informações obtidas a toda a comunidade escolar. Dependendo dos resultados, vocês podem pensar em possíveis ações para contribuir para a melhora da mobilidade urbana, tais como fazer solicitações ao poder público local, criar campanhas, divulgar dicas e orientações, etc.

Zamrznuti tonovi/Shutterstock

A modalização

Ao estudar a reportagem, neste capítulo e no anterior, você viu que, mesmo quando não explicitamos proposital e conscientemente nosso ponto de vista ao escrevermos um texto, em alguns casos os termos e as expressões que escolhemos nos permitem expressar nossa avaliação sobre os fatos que descrevemos.

Leia o texto a seguir.

Tirar fotos alegres em palcos de tragédias é relativizar passado

Faz sentido sorrir para a foto onde tantas pessoas foram mortas?

Cynthia Araújo

Eu tinha 18 anos quando conheci Nova York. O 11 de setembro havia acontecido há alguns meses e, depois de fotos sorridentes na cidade inteira, fiquei confusa sobre o que fazer quando cheguei ao Ground Zero, o local onde ficavam as chamadas "torres gêmeas" do World Trade Center.

Ainda não havia nada ali. Era só um imenso local vazio, rodeado de grades em que pessoas deixavam flores, cartas e condolências. Uma espécie de velório permanente.

Fazia sentido tirar foto? Qual a postura adequada para se tirar foto em um local como esse? Fiz um semblante sério e foi isso. Naquela época, nós ainda usávamos câmera com filme e não era barato revelar as imagens, que só fui ver pela primeira vez meses depois.

Passei algum tempo sem ir a lugares que exigissem a mesma reflexão, até que conheci Berlim. O Memorial do Holocausto tinha sido concluído havia poucos anos e eu me vi, novamente, sem saber o que fazer. Podemos tirar foto aqui? Meu marido tirou algumas enquanto eu andava pelo local. Nem se eu quisesse teria conseguido sorrir.

Recentemente, fui ao antigo campo de concentração de Sachsenhausen, um dos maiores da Alemanha nazista. Fotografei o lugar e especialmente informações que julguei relevantes, mas não fazia qualquer sentido uma foto minha naquele lugar. Depois de 6 ou 7 horas andando, meu marido disse que não aguentava mais ver e ler tanta destruição e tristeza. É isso que a visita a lugares assim deveria fazer com a gente: em dado momento, você não aguenta mais.

Não é um lugar de turismo, é um lugar de memória. Um lugar para nunca esquecer o que aconteceu e, assim, nunca repetir.

Provavelmente, sempre houve fotos inadequadas nesses espaços. Mas agora elas estão na internet e nos fazem refletir sobre por que são tão graves. Após viralizar a foto de uma pessoa parecendo confortável e feliz em sua visita, o Memorial de Auschwitz, no campo de extermínio nazista mais conhecido do mundo, pediu respeito às mais de 1 milhão de pessoas executadas ali.

O historiador Jean Chesneaux diz que o passado é o produto da nossa memória coletiva e o que nos ajuda a compreender a sociedade em que vivemos, o que defender e preservar, e o que mudar e destruir. Museus e memoriais são peças fundamentais para frear as tentativas de revisionismo do passado, que de tempos em tempos seduzem governantes e interesses de ocasião. É muito mais fácil questionar e duvidar daquilo que aconteceu antes de nós se não há estruturas inteiras comprometidas com a preservação da verdade.

[...]

Depois de criados, memoriais precisam ser respeitados. Se buscam preservar a memória de tragédias humanitárias, não há permissão para fotografias agradáveis e alegres. Pode parecer exagero, mas banalizar o que representam palcos das execuções de centenas de milhares de pessoas é minimizar suas mortes e seu sofrimento, é abrir espaço para a relativização de suas histórias e do passado.

Se isso acontece, uma hora a gente esquece e, por pior que esse passado tenha sido, a gente faz de novo.

(Disponível em: https://www1.folha.uol.com.br/blogs/morte-sem-tabu/2023/04/tirar-fotos-alegres-em-palcos-de-tragedias-e-relativizar-passado.shtml. Acesso em: 9/5/2023.)

1. Para construir sua argumentação, a autora do texto se posiciona de diferentes formas em relação aos fatos que aborda.

a) Identifique a posição da autora nos trechos a seguir, com base nos seguintes critérios:

I. Toma o que diz como uma obrigatoriedade.

II. Toma o que diz como duvidoso ou como possibilidade.

☐ "É isso que a visita a lugares assim deveria fazer com a gente [...]"

☐ "Provavelmente, sempre houve fotos inadequadas nesses espaços."

☐ "[...] a foto de uma pessoa parecendo confortável e feliz em sua visita [...]"

☐ "Depois de criados, memoriais precisam ser respeitados."

☐ "Pode parecer exagero [...]"

b) Justifique sua resposta no item **a** com base em termos e expressões utilizados nos trechos lidos.

c) No texto, em seguida a uma dessas frases, a autora explicita sua visão sobre a possibilidade instaurada. Volte ao texto, identifique qual é a frase em questão e conclua: A autora confirma ou nega a possibilidade? Justifique sua resposta.

2. Releia as seguintes perguntas feitas pela autora em seu texto.

- "Fazia sentido tirar foto?"
- "Podemos tirar foto aqui?"

a) Levante hipóteses: Essas perguntas se dirigem ao leitor? Justifique sua resposta, indicando qual é a função delas no texto.

b) Essas duas frases poderiam ser transformadas em afirmações apenas trocando o ponto de interrogação pelo ponto final.

- Fazia sentido tirar foto.
- Podemos tirar foto aqui.

Compare as afirmações com as frases originais e conclua: No contexto, qual delas constrói o sentido de permissão? Identifique a palavra empregada na frase que justifica a sua resposta.

3. Compare estas duas frases, já analisadas por você neste estudo:

- "Podemos tirar foto aqui?"
- "Pode parecer exagero [...]"

Compare o emprego do verbo **poder** nas frases e, considerando suas respostas às questões anteriores, conclua: O sentido desse verbo é o mesmo nas duas ocorrências? Justifique.

4. Releia o 2º parágrafo do texto:

"Ainda não havia nada ali. Era só um imenso local vazio, rodeado de grades em que pessoas deixavam flores, cartas e condolências. Uma espécie de velório permanente."

a) A palavra **ainda** acrescenta ao texto uma ideia de:

☐ espaço ☐ tempo ☐ modo

b) Releia a primeira frase sem a palavra **ainda**. Compare essa construção com a original e, considerando sua resposta ao item **a**, conclua: Qual sentido o emprego desse termo constrói no texto?

c) Em qual frase desse parágrafo o ponto de vista da autora é revelado? Justifique.

d) Em quais frases desse parágrafo a autora faz uma descrição mais objetiva do cenário? Justifique sua resposta.

5. Observe estas duas frases:

- "[...] banalizar o que representam palcos das execuções de centenas de milhares de pessoas é minimizar suas mortes e seu sofrimento [...]"
- "Museus e memoriais são peças fundamentais para frear as tentativas de revisionismo do passado [...]."

a) A autora emprega algum termo ou expressão para explicitar sua concordância ou discordância sobre o conteúdo?

b) Identifique as formas verbais empregadas em cada uma, bem como o tempo e o modo no qual elas estão conjugadas. Em seguida, conclua: Que efeito de sentido é criado por esse uso?

6. Troque ideias com os colegas e o professor e proponha reescritas para as frases indicadas na questão 5:

a) deixando claro que a autora do texto concorda com as afirmações feitas.

b) colocando em dúvida as afirmações feitas.

c) deixando claro que a autora do texto discorda das afirmações feitas.

7. Compare as frases que compõem o parágrafo a seguir:

"Não é um lugar de turismo, é um lugar de memória. Um lugar para nunca esquecer o que aconteceu e, assim, nunca repetir."

a) Qual palavra explicita uma discordância da autora em relação à afirmação feita?

b) Nesse parágrafo, é feita uma contraposição entre duas ideias. Identifique, entre as opções a seguir, as palavras que representam essa contraposição.

☐ não / nunca

☐ turismo / memória

☐ esquecer / repetir

c) Troque ideias com os colegas e o professor e explique o sentido da repetição da palavra **nunca** na segunda frase.

8. No último parágrafo do texto, a autora utiliza uma estrutura condicional.

Noppasin Wongchum/Shutterstock

a) Identifique a palavra responsável por instaurar essa condição.

______

______

______

b) Quais ideias são colocadas nessa relação de condição?

______

______

______

c) A quem se refere a expressão "a gente" nesse contexto?

______

______

______

As expressões analisadas por você no estudo anterior mostram o grau de certeza da autora sobre o conteúdo abordado em seu texto — ou seja, quanto ela se compromete com a verdade do que é enunciado — e como ela se relaciona com seu interlocutor: como alguém que sabe algo a respeito, tem opiniões e pode julgar possibilidades; como alguém que sabe pouco sobre o assunto, que está em busca de informações corretas; ou, ainda, como alguém que precisa de orientações, conselhos ou instruções.

O recurso linguístico usado para demonstrar a relação do autor de um texto com o que diz e com seu(s) interlocutor(es) é chamado de **modalização**.

Modalização são as marcas que evidenciam o ponto de vista assumido pelo autor de um texto sobre o conteúdo de seu texto e sobre a relação que estabelece com seu(s) interlocutor(es).

Por exemplo, o autor de um texto:

- pode assumir sem reservas o conteúdo de seu enunciado, tratando-o, explícita ou implicitamente, como uma verdade incontestável;
- pode assumir o conteúdo de seu texto com reservas, mostrando dúvida ou indicando possibilidade;
- pode não assumir o conteúdo de seu enunciado, distanciando-se da responsabilidade sobre o que é dito;
- pode indicar, em suas construções linguísticas, proximidade, distanciamento, hierarquia ou tensão com o interlocutor.

EXERCÍCIOS

Leia os textos a seguir.

Como planetas são criados? Megacolisão em ponto distante do Universo dá pistas

Astrônomos dizem ter a primeira evidência de uma colisão direta entre dois planetas em um sistema estelar distante.

Eles acreditam que o evento cósmico produziu um mundo rico em ferro, com quase dez vezes a massa da Terra. Uma colisão semelhante muito mais próxima de nós teria levado à formação da Lua há 4,5 bilhões de anos.

[...]

Acredita-se que um dos planetas, Kepler 107c, tenha um núcleo de ferro que compõe 70% de sua massa, com o restante consistindo possivelmente de um manto rochoso.

Outro planeta mais próximo da estrela deste sistema, Kepler 107b, é 50% maior do que a Terra, mas tem metade da densidade.

[...]

Science History Images/Alamy/Fotoarena

(Helen Briggs e Paul Rincon. Disponível em: https://www.bbc.com/portuguese/geral-47135096. Acesso em: 3/4/2023.)

Queijos 'gostam' de música?: cientistas testam se maturação ao som de Mozart e Led Zeppelin afeta qualidade

Os micro-organismos responsáveis pela maturação de um queijo gostam de música? Essa questão é a premissa de um experimento idealizado pelo veterinário suíço Beat Wampfler, de 53 anos.

[...]

Em parceria com a Universidade das Artes de Berna, Wampfler está maturando oito queijos em câmaras submetidas constantemente a diferentes sons. E um nono exemplar, do mesmo queijo, repousa em silêncio.

[...]

O processo de maturação foi iniciado em setembro, na câmara subterrânea de pedra de Wampfler. No dia 14 de março, os queijos serão abertos. A Universidade de Berna vai providenciar análises químicas para atestar se houve alguma diferença entre eles. E uma bancada de especialistas irá degustar e avaliar as peças.

Lucas Nishimoto/Shutterstock

[...]

[...] Entusiastas já aguardam com expectativa. "Sei que o queijo é um organismo vivo, que respira. Assim, é muito provável que as ondas sonoras o afetem", comentou à BBC News Brasil a norte-americana Jeri Case, aficionada de queijos artesanais e criadora do site *A Better Whey*.

[...]

(Edison Veiga. Disponível em: https://www.bbc.com/portuguese/geral-47170329. Acesso em: 3/4/2023.)

1. Ambos os textos comentam pesquisas e experimentos feitos por cientistas.

a) Sobre o que trata cada uma dessas pesquisas?

b) Quais são os profissionais e as instituições mencionados?

2. No primeiro estudo da seção anterior, você viu que um enunciador pode se comprometer de diferentes formas com o conteúdo que enuncia. Identifique, nos títulos dos textos lidos, palavras e expressões indicativas de que os autores tratam o conteúdo abordado como uma possibilidade, não como uma verdade. Justifique sua resposta.

3. Releia estes trechos do primeiro texto:

I. "Astrônomos dizem ter a primeira evidência de uma colisão direta entre dois planetas em um sistema estelar distante."

II. "Uma colisão semelhante muito mais próxima de nós teria levado à formação da Lua há 4,5 bilhões de anos."

III. "Acredita-se que um dos planetas, Kepler 107c, tenha um núcleo de ferro"

IV. "o restante consistindo possivelmente de um manto rochoso."

V. "Outro planeta mais próximo da estrela deste sistema, Kepler 107b, é 50% maior do que a Terra, mas tem metade da densidade."

a) Relacione-os às seguintes descrições.

- [ ] O autor faz uma afirmação e a trata como verdade absoluta, utilizando a forma verbal no presente do indicativo.
- [ ] O autor atribui uma afirmação aos profissionais envolvidos na pesquisa, sem se comprometer com o conteúdo da afirmação.
- [ ] O autor faz uma afirmação, mas não a trata como verdade absoluta, utilizando uma locução verbal composta de futuro do pretérito + particípio.
- [ ] O autor faz uma construção na voz passiva sintética, sem se comprometer com o conteúdo da afirmação e sem explicitar o sujeito da ação verbal.
- [ ] O autor faz uma afirmação e a trata como uma possibilidade considerável, por meio do uso de um advérbio.

b) Troque ideias com os colegas e o professor e, oralmente, justifique suas escolhas no item **a**.

4. Observe o uso de aspas no título e no último parágrafo do segundo texto.

a) Levante hipóteses: Qual é a função das aspas utilizadas no título? O uso desse recurso revela qual postura do autor em relação ao próprio texto?

b) E qual é a função das aspas no último parágrafo?

c) O uso da expressão **muito provável**, no último parágrafo, não permite inferir o ponto de vista do autor do texto sobre o conteúdo enunciado. Explique essa afirmação.

CAPÍTULO

3 O artigo de opinião

O GÊNERO EM FOCO

No 6º ano, você já estudou o artigo de opinião. Neste capítulo, vamos retomar o estudo desse gênero e aprofundar seu conhecimento sobre ele, considerando as conexões internas que contribuem para a construção dos argumentos.

Leia este texto:

Educação e cultura: combinação ideal para transformar o país

Ambiente mesclado promove reencantamento da escola e conecta alunos

Eduardo Saron

Presidente da Fundação Itaú, entidade que reúne Itaú Social, Itaú Educação e Trabalho, Itaú Cultural, Itaú Cinemas e Todos pela Saúde

Além das questões urgentes e estruturais, os novos governos terão, no campo da educação, o desafio monumental de buscar **equidade** e alinhar o ensino público a uma economia cada vez mais pautada pela inovação, pela criatividade, pela tecnologia e pelo pensamento crítico.

Monkey Business Images/Shutterstock

Um dos caminhos mais promissores para alcançarmos esse objetivo é apostar na combinação de educação e cultura na formação dos estudantes brasileiros, tornando o aprendizado mais amigável, colaborativo, estimulante, acolhedor e conectado ao ambiente contemporâneo.

Essa abordagem tem base científica consolidada. Vários estudos internacionais apontam para o impacto positivo da cultura no aprendizado. Alguns destes trabalhos foram reunidos pelo Itaú Social no documento "Artes e Esportes – Relação com o desenvolvimento integral" e mostram que estudantes expostos à dança, à música, ao teatro e às artes visuais, entre outras atividades do gênero, têm melhor desempenho na leitura, escrita e matemática em comparação com aqueles que seguem apenas o currículo tradicional.

Os estudos indicam ainda que o ensino das artes melhora a motivação dos alunos para se envolverem em projetos de diferentes temas e disciplinas e que a análise de obras de arte e peças visuais fornece estímulo à metacognição (pensar sobre o que se pensa), além de apoiar os processos de aprendizagem em qualquer área do conhecimento.

Monkey Business Images/Shutterstock

De forma geral, a cultura traz elementos transversais que contribuem decisivamente para o desenvolvimento integral, o que inclui não só a dimensão intelectual, mas também a emocional e social, que são importantes para crianças e adolescentes construírem de forma autônoma os estilos de vida que desejam e sua atuação na sociedade. Como preconiza o Nobel de Economia Amartya Sen, mais do que nunca precisamos resgatar o valor e o foco no desenvolvimento humano.

Esse ambiente de formação escolar mesclado à cultura está em sintonia com os novos modelos de análise de desempenho de estudantes no mundo. Em 2022, o Pisa (Programa Internacional de Avaliação de Estudantes), por exemplo, passou a avaliar a dimensão do pensamento criativo dos estudantes, considerada competência-chave para o futuro.

A cultura reúne ainda elementos importantes para promover o reencantamento da escola e reconectar os alunos com as salas de aula, especialmente nesta fase de retomada, depois de constatarmos o crescimento acentuado dos índices de evasão em todo o país durante a pandemia de Covid-19.

Como se não bastassem todos esses argumentos, a aproximação de educação e cultura tem o **condão** adicional de promover o bem-estar e a saúde mental dos alunos e de suas famílias. Pesquisa do Itaú Cultural realizada em parceria com o Datafolha, em 2022, mostrou que o consumo de atividades culturais resulta, para cerca de 50% dos indivíduos, em melhora da qualidade de vida e do convívio em casa, além de diminuir o estresse, a ansiedade, a sensação de solidão e de tristeza.

Há muitas possibilidades para aproximar a cultura da educação. Essencialmente, precisamos ampliar com qualidade a oferta de escolas de tempo integral, com currículos que incorporem os saberes das organizações da sociedade civil, da comunidade, dos movimentos e equipamentos culturais dos estados e municípios, com oportunidades para os alunos conhecerem seus territórios, com vivências promovidas por museus, centros culturais, bibliotecas e outros espaços de arte e cultura. Esta, inclusive, é uma demanda dos próprios estudantes: jovens ouvidos pela pesquisa Atlas das Juventudes 2022, apoiada pelo Itaú Educação e Trabalho, apontam a ampliação das atividades culturais na escola como uma das prioridades.

Já existem experiências dentro e fora do Brasil que podem apontar caminhos e inspirar os esforços do poder público e da sociedade nessa jornada de melhoria do ensino. Investir em políticas públicas que articulem arte e educação certamente nos ajudaria a avançar mais rapidamente e com mais qualidade, garantindo as bases que precisamos para superar os desafios da formação e do futuro dos nossos estudantes e do país.

condão: poder, capacidade, virtude.

equidade: respeito à igualdade de direitos de cada indivíduo.

(Disponível em: https://www1.folha.uol.com.br/opiniao/2023/02/educacao-e-cultura-combinacao-ideal-para-transformar-o-pais.shtml. Acesso em: 10/3/2023.)

1. No 1º parágrafo do texto, o autor expõe seu ponto de vista sobre uma situação desafiadora, situando-a em um contexto.

a) Qual é o desafio a ser enfrentado e em que contexto ele é situado?

b) Entre as expressões a seguir, identifique aquela em que há claramente um posicionamento do autor sobre o assunto a ser desenvolvido no texto.

- [ ] "questões urgentes e estruturais"
- [ ] "desafio monumental"
- [ ] "novos governos"
- [ ] "pensamento crítico"

c) Justifique sua resposta ao item **b**.

2. Nos artigos de opinião, a ideia principal do texto, também conhecida como **tese**, geralmente é apresentada nos primeiros parágrafos.

a) Considerando o conteúdo do 1º parágrafo e a forma como o autor inicia a construção do 2º parágrafo, conclua: Qual é a tese do autor no artigo de opinião?

b) Justifique sua resposta com trechos do 2º parágrafo.

c) Explique a relação da tese com o título do artigo de opinião.

d) Troque ideias com os colegas e o professor e assinale a opção correta: O autor desenvolve sua tese nos parágrafos subsequentes por meio de qual estratégia?

- [ ] Relações entre a tese defendida e importantes escolas filosóficas essenciais para a construção do conhecimento.
- [ ] Exposição de possíveis contra-argumentos, já contestados de antemão, a fim de comprovar a validade da tese.
- [ ] Desenvolvimento e explicação dos benefícios da tese defendida por meio de dados e exemplos.
- [ ] Enumeração de perguntas complexas sobre a tese defendida, seguida de explicações sobre elas.

3. O autor utiliza diferentes estratégias para construir textualmente seu ponto de vista.

a) Em qual pessoa as formas verbais do texto estão predominantemente conjugadas? Qual é o efeito dessa escolha para a construção do ponto de vista do autor do texto?

Antiii/Shutterstock

b) Há cinco formas verbais no texto empregadas na 1ª pessoa do plural. Identifique-as e deduza: Nesses contextos, o sujeito **nós** se refere a quem?

c) Como você já sabe, a linguagem, mesmo quando busca ser impessoal, não é neutra. Troque ideias com os colegas e o professor e responda: Por meio de quais termos e construções do texto é possível inferir o ponto de vista do autor? Cite alguns exemplos.

4. É comum que informações e dados citados por pessoas ou instituições considerados referência no assunto abordado sejam utilizados pelos autores para tecer a argumentação em artigos de opinião. Essas vozes, também chamadas de **vozes de autoridade**, contribuem para aumentar a credibilidade do texto.

a) Quais vozes de autoridade estão presentes no artigo de opinião em estudo?

b) Observe quem é o autor do texto e conclua: Qual é a relação dele com algumas vozes de autoridade citadas no texto?

c) Troque ideias com os colegas e o professor e levante hipóteses: A relação identificada por você no item **b** pode construir quais sentidos para a presença dessas vozes no texto?

Capa do relatório da pesquisa *Atlas das Juventudes 2022*, apoiada pelo Itaú Educação e Trabalho.

5. Além das vozes de autoridade, o autor do texto utiliza outras estratégias para construir sua argumentação. Numere as estratégias de 1 a 5, de acordo com a ordem em que elas aparecem no texto em estudo.

☐ Desenvolve de forma mais detalhada a proposta apresentada inicialmente, fundamentando-a por meio de dados de uma pesquisa.

☐ Aponta o problema a ser discutido, situando-o em um contexto maior.

☐ Cita exemplos com base em fatos do mundo (resultados de avaliações internacionais e efeitos de grandes acontecimentos mundiais).

☐ Fundamenta a proposta apresentada, com base em estudos sobre o assunto.

☐ Apresenta uma proposta para o problema apontado, a qual será defendida no texto.

6. Troque ideias com os colegas e o professor e conclua: Por que a menção a dados numéricos, vozes de autoridade, exemplos e fatos do cotidiano pode ser considerada uma estratégia de argumentação?

7. Releia estes trechos:

- "[...] depois de constatarmos o crescimento acentuado dos índices de evasão em todo o país durante a pandemia de Covid-19."
- "Já existem experiências dentro e fora do Brasil que podem apontar caminhos e inspirar os esforços do poder público e da sociedade nessa jornada de melhoria do ensino."

a) Ambos os trechos fazem referência a fatos do mundo como exemplo na construção da argumentação. Quais são esses fatos?

b) No contexto do artigo de opinião em estudo, é possível recuperar a fonte de onde esses dados são provenientes?

c) Troque ideias com os colegas e o professor e levante hipóteses: Por que esses exemplos foram construídos da forma como você apontou no item **b** no contexto do artigo? Quais são os efeitos dessa estratégia para a construção da argumentação?

8. Releia o trecho a seguir.

"De forma geral, a cultura traz elementos transversais **que** contribuem decisivamente para o desenvolvimento integral, o **que** inclui não só a dimensão intelectual, mas também a emocional e social, **que** são importantes para crianças e adolescentes construírem de forma autônoma os estilos de vida **que** desejam e sua atuação na sociedade."

StunningArt/Shutterstock

a) A palavra **que** é empregada quatro vezes no trecho lido. Troque ideias com os colegas e o professor e responda: Considerando o contexto do artigo, qual é o efeito dessa repetição na construção textual?

b) Proponha uma reescrita para o trecho, eliminando essa repetição. Em seguida, compartilhe sua resposta com os colegas e compare as diferentes versões.

9. Observe como se iniciam os parágrafos 2, 3, 4, 6, 7 e 8 do texto:

- "Um dos caminhos mais promissores para alcançarmos esse objetivo [...]"
- "Essa abordagem tem base científica consolidada."
- "Os estudos indicam ainda que o ensino das artes [...]"
- "Esse ambiente de formação escolar mesclado à cultura está em sintonia [...]"
- "A cultura reúne ainda elementos importantes para [...]"
- "Como se não bastassem todos esses argumentos, [...]"

Analise a estrutura dessas frases e identifique, em cada uma delas, a palavra ou expressão que estabelece uma relação direta com o parágrafo imediatamente anterior.

10. Agora observe a primeira frase do parágrafo 9:

"Há muitas possibilidades para aproximar a cultura da educação."

É possível considerar que, simultaneamente, essa frase retoma o conteúdo do parágrafo anterior e antecipa o que será apresentado neste parágrafo. Explique essa afirmação com base em trechos da frase.

11. Releia a conclusão, na última frase do texto:

"Investir em políticas públicas que articulem arte e educação certamente nos ajudaria a avançar mais rapidamente e com mais qualidade, garantindo as bases que precisamos para superar os desafios da formação e do futuro dos nossos estudantes e do país."

La Gorda/Shutterstock

Observe que o autor retoma sua tese, empregando algumas palavras que enfatizam e ratificam a pertinência dela.

a) Quais são essas palavras? Justifique sua resposta.

b) Troque ideias com os colegas e o professor e explique: Qual é o efeito do emprego dessas palavras na conclusão do texto?

12. Nos artigos de opinião, o texto se aproxima de uma variedade urbana de prestígio, próxima à norma-padrão. A linguagem geralmente é direta, clara e, dependendo do veículo de comunicação e do perfil do público que o autor pretende atingir, ela pode ser menos ou mais formal. Observe a linguagem do texto lido e responda:

a) Ela está de acordo com a norma-padrão ou foi empregada uma variedade linguística específica de algum grupo social?

b) A linguagem é predominantemente formal ou informal?

13. Com a orientação do professor, reúna-se com alguns colegas para preencher as lacunas do quadro a seguir com as características básicas do artigo de opinião.

Artigo de opinião: construção e recursos expressivos	
Quem são os interlocutores do artigo de opinião?	
Qual é o objetivo do artigo de opinião?	
Qual é o suporte ou o veículo do artigo de opinião?	
Quais são os temas abordados no artigo de opinião?	
Como é a estrutura do artigo de opinião?	
Como se caracteriza a linguagem do artigo de opinião?	

AGORA É A SUA VEZ

Conforme já anunciado, ao final desta unidade, você e os colegas vão produzir uma revista sobre os meios de comunicação no mundo atual.

Neste capítulo, você leu um artigo de opinião que expôs o ponto de vista do autor sobre a importância de combinar educação e cultura para melhorar a formação escolar dos estudantes brasileiros. Além disso, você compreendeu que apresentar diferentes pontos de vista sobre o mesmo assunto é uma prática que faz parte do papel dos meios de comunicação. Agora, chegou o momento de escrever seu próprio artigo de opinião para compor a revista da turma.

sirtravelalot/Shutterstock

Leia as propostas a seguir e combine com o professor a melhor forma de realizá-las.

Proposta 1

A opinião e a formação de uma visão crítica

Ao assumir um ponto de vista sobre determinado assunto, é importante compreender que, em grande parte das vezes, não há posicionamento certo e posicionamento errado, mas, sim, formas diversas de perceber uma mesma situação, todas igualmente válidas, desde que não tomem por base preconceitos, discursos de ódio, inverdades ou distorções de fatos e acontecimentos históricos. Pessoas diferentes podem pensar de forma diferente, tendo em vista sua formação, seus interesses, seu trabalho, etc., e isso é natural e desejável, pois assim se constrói uma sociedade democrática, na qual opiniões divergentes podem conviver.

Além disso, ao tomar contato com um ponto de vista diferente do seu, uma pessoa pode aguçar sua visão crítica sobre o mundo e perceber que há formas variadas de pensar. Assim, mesmo que mantenha sua posição inicial, o contato com o diferente contribui para aprofundar a reflexão e fornecer elementos para que possa defender de forma mais consistente suas ideias.

Você vai ler, a seguir, trechos de dois artigos de opinião, com respostas diferentes dadas à pergunta feita por um jornal de grande circulação: "O serviço de mototáxi é viável em São Paulo?". Observe que, embora tenham opiniões opostas em relação à pergunta feita, os dois textos convergem em alguns pontos.

Texto 1

O serviço de mototáxi é viável em São Paulo? SIM

Sergio Ejzenberg

Engenheiro, consultor, comentarista de trânsito e transportes e mestre em engenharia de transportes

[...]

Mesmo sendo intrinsecamente perigoso, o serviço de mototáxi deverá drenar parte dos passageiros de ônibus, esgotados pela insuportável superlotação, pelo exagerado tempo de viagem e pela angustiante espera em pontos e terminais. A perda de passageiros de ônibus ajudará a afundar as já **combalidas** contas desse sistema, que não fecham e são sustentadas pela prefeitura paulistana através de subsídio anual estimado em R$ 7 bilhões em 2023.

Joa Souza/Shutterstock

[...]

Ante a inevitabilidade do mototáxi, pragmaticamente deve-se regulamentar e fiscalizar a atividade. Para poder exercer o serviço com segurança, as motocicletas devem ser dotadas de dispositivo de proteção para pernas, aparador de linhas no guidom e alças metálicas para transporte do passageiro, enquanto os mototaxistas devem passar por curso obrigatório, conforme determinam resoluções do Contran (Conselho Nacional de Trânsito).

Já a administração municipal deve cadastrar empresas de aplicativos socialmente responsáveis, parceiras na prestação do serviço seguro, estabelecendo punição de suspensão temporária do mototaxista flagrado em excesso de velocidade (detectável pelas ferramentas de controle dos próprios aplicativos).

Também para garantir a segurança de mototaxistas, motofretistas e motociclistas, a prefeitura deve implantar "áreas de espera" para motos em todos os semáforos da capital, bem como a exitosa faixa azul em avenidas e nas marginais dos rios Tietê e Pinheiros — urgentemente. E, obviamente, deve fiscalizar a velocidade das motos. Todas as medidas sugeridas são **paliativas** e não eliminam a insegurança intrínseca do serviço de mototáxi, mas é o que poderia ser feito de imediato.

[...]

(Disponível em: https://www1.folha.uol.com.br/opiniao/2023/02/o-servico-de-mototaxi-e-viavel-em-sao-paulo-sim.shtml. Acesso em: 10/3/2023.)

combalidas: enfraquecidas, abaladas.

paliativas: que apenas atenuam ou adiam uma crise, um problema ou um mal.

Texto 2

O serviço de mototáxi é viável em São Paulo? NÃO

Diogo Lemos
Coordenador-executivo da Iniciativa Bloomberg para Segurança Viária Global

Flavio Soares
Gerente de projetos pela Ciclocidade – Associação dos Ciclistas Urbanos de São Paulo

Rafael Calabria
Coordenador do Programa de Mobilidade Urbana do Idec (Instituto Brasileiro de Defesa do Consumidor)

A maior presença das motocicletas nas cidades é uma realidade. Não apenas notável nas ruas e rodovias de São Paulo, trata-se de um fenômeno observado em várias partes do planeta. A princípio, a motocicleta é um veículo atrativo: oferece praticidade no deslocamento e estacionamento, preços acessíveis para aquisição, gastos menores com combustível [...].

No entanto, muitos municípios, e a capital paulista é um deles, não oferecem ainda condições para o deslocamento seguro nesses veículos. Todos os anos, cerca de 1,35 milhão de pessoas morrem durante seus deslocamentos diários, principalmente em países de baixa e média renda. O número é uma calamidade para a saúde pública.

O mais importante dessa equação é a velocidade. [...] Motociclistas estão particularmente expostos, uma vez que os impactos às altas velocidades acontecem em seus próprios corpos. A adição de um serviço de passageiros nessas condições é um complicador.

[...] Os locais que conseguiram criar condições para a circulação segura por motocicletas, principalmente países e cidades da Europa, adotaram estratégias holísticas baseadas em evidências, garantindo que as decisões fossem técnicas. Reduziram os limites de velocidade para 30 km/h, adotaram fiscalização ostensiva e realizaram campanhas de comunicação de massa para que as pessoas compreendessem tanto os problemas quanto as soluções adotadas.

[...] Este é o caminho que São Paulo deve trilhar para se manter relevante. Só quando as ruas forem de fato seguras — para pedestres, ciclistas e motociclistas — é que poderemos pensar em um serviço de passageiros em motocicletas. Nenhuma morte no trânsito é aceitável.

(Disponível em: https://www1.folha.uol.com.br/opiniao/2023/02/o-servico-de-mototaxi-e-viavel-em-sao-paulo-nao.shtml. Acesso em: 10/3/2023.)

Confira alguns temas polêmicos em debate atualmente na sociedade:

- Como se sustenta o jornalismo profissional em tempos de *fake news* e pós-verdade?
- Ações afirmativas de reserva de vagas em concursos e provas seletivas: uma política necessária?
- Garotos podem ser feministas?
- É possível, nos dias de hoje, levar uma vida em plena harmonia com a natureza?
- Você é a favor do uso do serviço de mototáxi em sua cidade? Por quê?

Escolha um desses temas, ou outro que a turma preferir, e faça uma pesquisa sobre o assunto, buscando dados e informações que ajudem a fundamentar seu posicionamento sobre ele.

Joa Souza/Shutterstock

Em seguida, reúna-se com os colegas que tenham pesquisado o mesmo tema, exponha oralmente seus pontos de vista e argumentos e ouça com atenção os deles. Debatam e troquem ideias, cuidando para que em cada grupo haja colegas que tenham opiniões diversas sobre o mesmo tema em debate.

Anote os pontos levantados pelos colegas, a fim de que eles sirvam de base para você fundamentar de forma ainda mais consistente sua argumentação. Em seguida, escreva individualmente um artigo de opinião defendendo seu posicionamento sobre o tema debatido.

Rawpixel.com/Shutterstock

Proposta 2

Leia o mapa, o gráfico e o texto a seguir. Em uma roda de conversa, troque ideias com os colegas e o professor sobre os dados e as informações fornecidos por eles.

Texto 1

Crianças e adolescentes usuários de internet (2021)

Total de crianças e adolescentes de 9 a 17 anos (%)	
Área	
Urbana	94%
Rural	90%
Faixa etária da criança ou do adolescente	
De 9 a 10 anos	92%
De 11 a 12 anos	90%
De 13 a 14 anos	93%
De 15 a 17 anos	96%
Classe social	
AB	100%
C	96%
DE	86%

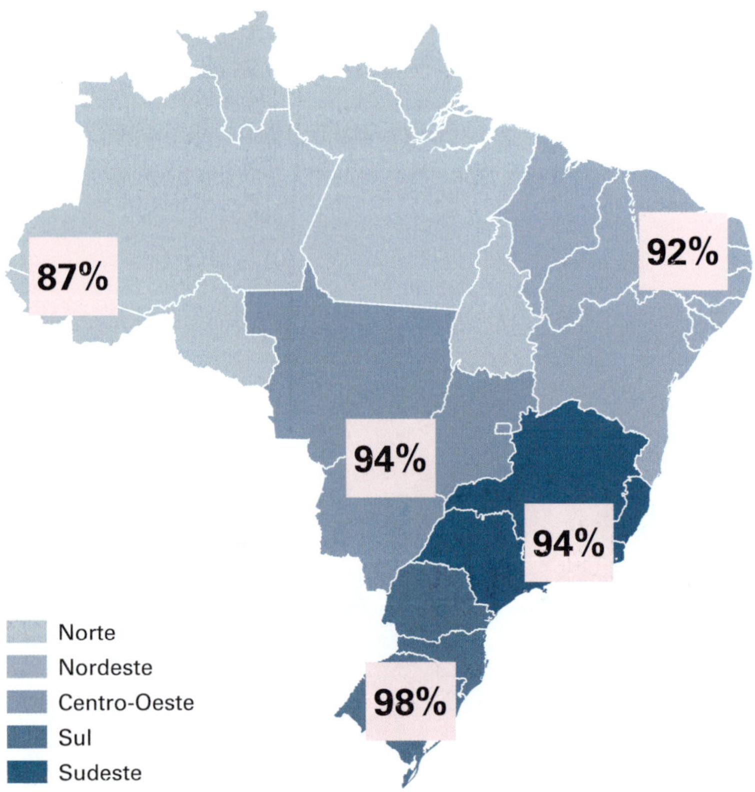

(Dados obtidos em: https://cetic.br/media/docs/publicacoes/2/20221121120124/tic_kids_online_2021_livro_eletronico.pdf. Acesso em: 18/4/2023.)

Texto 2

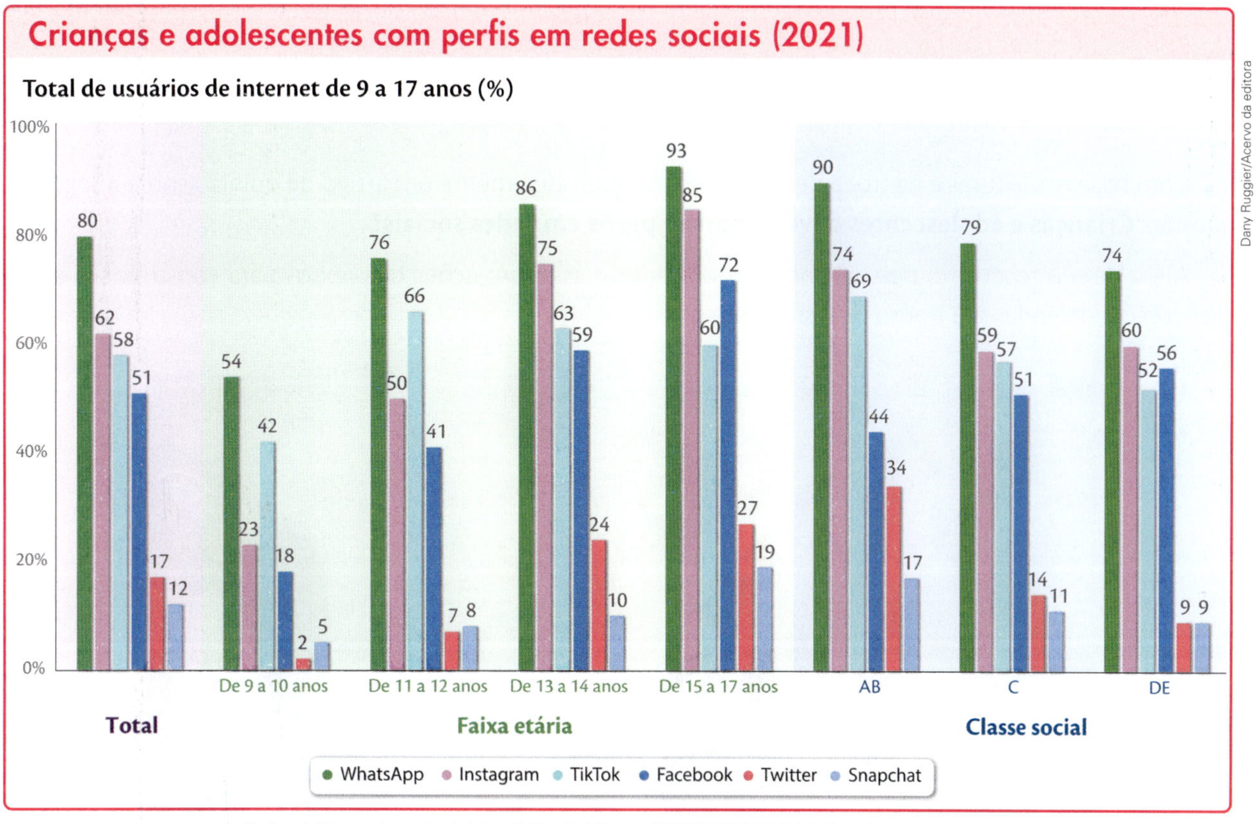

(Dados obtidos em: https://cetic.br/media/docs/publicacoes/2/20221121120124/tic_kids_online_2021_livro_eletronico.pdf. Acesso em: 5/4/2023.)

Texto 3

Riscos da exposição da imagem de crianças e adolescentes na internet são debatidos durante conferência 'Tecnologia e Infância'

Redator: Milena Miranda

Os impactos causados pelo uso excessivo de ferramentas tecnológicas na saúde mental de crianças e adolescentes foram debatidos durante a quarta conferência 'Tecnologia e Infância – O melhor da infância é offline', realizada na manhã dessa sexta-feira (8), pelo Ministério Público estadual. "A Organização das Nações Unidas (ONU) já declarou o acesso à internet como um direito humano. Todos nós buscamos no meio digital conhecimento e lazer, por isso precisamos pensar em um uso seguro, sadio e responsável", destacou a promotora de Justiça Márcia Rabelo Sandes, coordenadora do Centro de Apoio Operacional da Criança e do Adolescente (Caoca). [...]

A programação contou ainda com a exibição de um vídeo com o depoimento de Fernanda Rocha Kanner, a mãe que apagou todas as contas nas redes sociais de sua filha Nina Rios de 14 anos, que já era considerada uma grande 'influencer' no país com mais de dois milhões de seguidores. "Recebi muitas críticas em especial dos seguidores da minha filha. Mas também recebi muito feedback positivo. Passados os primeiros dias, minha filha começou a se reconectar com pessoas e principalmente com sua essência", afirmou. Ela relatou que foi uma decisão drástica e que a filha ficou brava nos três primeiros dias, mas depois se sentiu aliviada. "A gente esquece que o lado da bajulação excessiva também é muito tóxico. A fama já é perigosa para um adulto. Imagina para um adolescente", afirmou.

Para o psicanalista Marcelo Veras, nas redes sociais as pessoas viram reféns de outros que sequer conhecem pessoalmente, e daí ocorre o que ele denomina o 'efeito ao averso do personal influencer'. "No início eles começam influenciando quem os segue, mas depois ficam tão preocupados em manter os likes que ficam influenciados pelos seus próprios seguidores", ressaltou. [...]

(Adaptado de: https://www.mpba.mp.br/noticia/59237. Acesso em: 10/3/2023.)

Com base nas leituras e na troca de ideias, escreva individualmente um artigo de opinião sobre a seguinte questão: **Crianças e adolescentes devem manter perfis em redes sociais?**

Além de seu repertório pessoal, mobilize os dados e as informações dos textos para construir sua argumentação e defender seu ponto de vista sobre o tema.

Rawpixel.com/Shutterstock

Proposta 3

Retome os dados das pesquisas e entrevistas feitas por você e os colegas no capítulo 1 desta unidade. Utilize esses dados como base para escrever individualmente um artigo de opinião sobre a seguinte questão: **Qual será o futuro das mídias existentes atualmente?**

Você também pode fazer novas pesquisas em busca de depoimentos de profissionais da área de tecnologia para fundamentar seus argumentos e defender seu ponto de vista no artigo.

Planejamento do texto

- Antes de começar a escrever, tenha em mente qual é seu ponto de vista sobre o tema e qual tese você pretende defender em seu texto.
- Selecione os argumentos que vai utilizar para sustentar a tese.
- Selecione dados, informações, exemplos, citações de vozes de autoridade que possam fundamentar seu ponto de vista e fortalecer sua argumentação.
- Defina se vai escrever o texto em 1ª ou em 3ª pessoa.
- Fique atento aos efeitos de cada opção: um texto mais pessoal (1ª pessoa) ou mais impessoal (3ª pessoa).

Escrita

- Inicie seu texto explicitando claramente sua tese. Lembre-se de que o artigo de opinião tem uma linguagem objetiva e prevalece uma variedade linguística próxima à norma-padrão.
- Você pode desenvolver e retomar sua tese ao longo do texto, à medida que vai inserindo exemplos, dados, citações que corroborem ou complementem seu ponto de vista e fundamentem sua argumentação.
- Você pode apresentar os argumentos por parágrafo, citando exemplos, fazendo comparações, indicando causas e consequências, citando o pensamento de outra pessoa ou notícias publicadas em revistas e jornais, etc.
- Esteja atento à construção do texto: estabeleça relações entre as partes, a fim de que elas estejam bem-conectadas, retomando ideias já apresentadas e dando sequência à argumentação.
- Procure concluir o texto em um ou dois parágrafos. Nele(s), você pode confirmar o ponto de vista que apresentou inicialmente, fazer uma síntese das ideias ou fazer uma proposta ou sugestão.
- Procure adequar a linguagem do texto ao perfil dos leitores que pretende atingir e ao suporte em que ele vai ser veiculado.
- Dê ao texto um título que desperte a curiosidade do leitor.
- Formate o texto em colunas para publicá-lo na revista.

Ground Picture/Shutterstock

Revisão e reescrita

Antes de fazer a versão final do texto, releia-o, observando se:

- ele apresenta uma ideia principal que resume seu ponto de vista;
- você se posiciona claramente sobre o tema;
- a ideia principal é fundamentada com argumentos claros e consistentes;
- os argumentos são bem-desenvolvidos, retomados e aprofundados ao longo do texto;
- a conclusão retoma ou confirma o ponto de vista defendido ou, ainda, apresenta uma proposta;
- o título dado ao texto é atraente e coerente com as ideias desenvolvidas;
- o texto como um todo é capaz de convencer o leitor;
- a linguagem está de acordo com uma variedade próxima à norma-padrão da língua e com um grau de formalidade adequado ao público-alvo.

OFICINA DE CRIAÇÃO

Projeto » A mídia em revista

Ao longo desta unidade, você produziu reportagens, fotorreportagens e artigos de opinião para compor a revista da turma, que será lançada em um evento planejado e realizado por você e os colegas.

Juntos, organizem o material produzido para a montagem da publicação, cujo título pode ser **A mídia em revista** ou outro que prefiram. Lembrem-se de que os leitores dos textos serão professores e funcionários da escola, colegas e alunos de outras turmas, amigos e familiares. Para tanto, confiram, a seguir, algumas orientações.

1. Montando a revista

- Reúnam todo o material produzido nesta unidade: as reportagens, as fotorreportagens e os artigos de opinião.
- Decidam como vão organizar o material: se vão fazer uma única revista para toda a turma; se vão fazer mais de uma revista, mesclando os textos de todos os alunos; ou se vão se dividir em grupos, e cada grupo montará a própria revista.
- Decidam como os textos serão organizados: se preferem apresentar primeiramente as reportagens, seguidas das fotorreportagens e dos artigos de opinião, formando conjuntos, ou se preferem intercalar os gêneros, juntando, por exemplo, textos variados com assuntos afins.
- Diagramem o material em um formato midiático, isto é, disponham os textos em colunas, intercalados com as imagens; usem fonte maior nos títulos e explorem recursos como negrito, itálico e maiúsculas.
- Quando a diagramação estiver concluída, peçam a colegas de outras turmas que leiam a revista e a avaliem. Com base nas sugestões deles, façam as modificações que acharem convenientes.
- Definam como a publicação será confeccionada: se ela será digital ou impressa, por exemplo. Nesse último caso, se vão imprimi-la em gráfica ou produzi-la de forma artesanal; se vão encaderná-la ou se preferem utilizar grampos, etc.

Filipe Rocha/Acervo da editora

2. Divulgando a revista

Filipe Rocha/Acervo da editora

- Finalizada(s) a(s) revista(s), vocês podem organizar um evento de lançamento, que pode ser realizado em um dia e em um horário especiais, exclusivos para isso, ou em horário de aula. Nesse evento, vocês farão a primeira divulgação, lançando a(s) revista(s) produzida(s).
- Convidem familiares, funcionários, alunos e professores da escola para conhecerem o trabalho realizado.
- Escolham um porta-voz para fazer uma fala breve, contando como foi o processo de produção e qual é o objetivo principal de vocês com a publicação.

3. Disponibilizando a revista para leitura

- Após o lançamento, combinem com os colegas e o professor o melhor meio de disponibilizar a(s) revista(s): em um primeiro momento, vocês podem revezar entre vocês mesmos, levando-a(s) para casa, a fim de mostrá-la(s) a amigos e familiares; depois, podem disponibilizá-la(s) para leitura em alguma sala de espera na recepção da escola, na biblioteca, no balcão da secretaria, etc.
- Conversem com o professor de Informática e entendam a possibilidade de formatar e publicar os textos em uma revista digital, que pode ser disponibilizada no *site* da escola, se houver, ou em algum *blog* criado pela turma para esse fim. Caso não seja possível fazer uma edição digital, vocês podem publicar as reportagens, as fotorreportagens e os artigos de opinião individualmente, como postagens no *blog*.

Filipe Rocha/Acervo da editora

UNIDADE 3

Em cena, encena!

Esta unidade de ensino contempla:

18 habilidades da BNCC

Habilidades dos campos artístico-literário, jornalístico-midiático e das práticas de estudo e pesquisa, com foco na criação de textos teatrais e resenhas.

3 gêneros textuais

Texto teatral, encenação teatral e resenha.

2 recursos: Para escrever com adequação

A pontuação; gerenciamento de vozes.

57 atividades: compreensão, interpretação, oralidade e escrita

Diversas atividades individuais e em grupo; propostas de produção de texto teatral, leitura dramática e criação de resenhas.

Projeto: Oficina de Criação

Participar com os colegas da organização de um festival escolar de teatro, com encenação de textos teatrais escritos por vocês e por outros autores e exposição de resenhas críticas produzidas pela turma.

"Nós, atores e atrizes, vivemos uma espécie de [...] doença que é compreendida, aceita pelo público. E todos viajam conosco no sonho, que só se materializa se houver plateia. Não me refiro à TV, cinema, rádio, ao contato através do eletrônico. Não é isso. Digo das presenças carnificadas de atores e público, dos corpos na vertical, visíveis, do contato presencial entre esses para que a magia e os sonhos se deem."

Fernanda Montenegro, atriz.
(Disponível em: https://brasil.elpais.com/cultura/2021-12-03/fernanda-montenegro-tudo-ja-e-meio-despedida-para-mim-uma-hora-acaba.html.)

Alexandre Campbell/Folhapress

A atriz Fernanda Montenegro na Academia Brasileira de Letras, durante a leitura dramatizada da obra *Capitu — Memórias póstumas*, de Domício Proença Filho, em 2008.

FIQUE LIGADO! *Pesquise!*

Para você aprofundar seus conhecimentos sobre teatro, técnicas teatrais e resenha crítica, sugerimos:

Zero 2020: o teatro Kabuki, de Hideaki Takizawa; *Olmo e a Gaivota*, de Lea Glob e Petra Costa; *César deve morrer*, de Paolo e Vittorio Taviani; *Sonhos em movimento: nos passos de Pina Bausch*, de Anne Linsel e Rainer Hoffmann; *Mentiras sinceras*, de Pedro Asbeg; *O retorno de Mary Poppins*, de Rob Marshall; *Últimas conversas*, de Eduardo Coutinho; *O sal da Terra*, de Wim Wenders e Juliano Ribeiro Salgado; *Pina*, de Wim Wenders.

Cena do filme *Zero 2020: o teatro Kabuki*, dirigido por Hideaki Takizawa.

Quarto de despejo: teatro, de Edy Lima (Ática); *Teatro para a juventude*, de Tatiana Belinky (Ibep); *Teatro para crianças e jovens (de todas as idades)*, de Maria Helena Kühner (Vertente Cultural); *Os cigarras e os formigas e outras peças*, de Maria Clara Machado (Nova Fronteira); *Sr. William Shakespeare: teatro*, de Marcia Williams (Ática); *Comédias de Jandira Martini e Marcos Caruso*, de Jandira Martini e Marcos Caruso (Panda Books); *Teatro brasileiro do século XX*, de Samira Youssef Campedelli (Scipione); *200 exercícios e jogos para o ator e o não-ator com vontade de dizer algo através do teatro*, de Augusto Boal (Civilização Brasileira); *O livro do ator*, de Flavio de Souza (Companhia das Letrinhas); *O teatro no mundo*, de Pierre Marchand (Melhoramentos); *A partilha*, de Miguel Falabella e Daniel Filho (Objetiva); *Livro aberto: confissões de uma inventadeira de palco*, de Sylvia Orthof (Atual); *Da matéria dos sonhos*, de Rosana Rios (Saraiva); *O jovem lê e faz teatro*, de Gabriela Rabelo (Mercuryo Jovem); *Revista Teatro da Juventude* (Secretaria de Estado da Cultura do Governo do Estado de São Paulo).

"Teatro", de Tom Zé; "Tempo e artista", de Chico Buarque; "Cinema Novo", de Caetano Veloso; "Cinema mudo", de Herbert Vianna; "Imagem", de Arnaldo Antunes.

- https://espetaculosonline.com/
- https://www.youtube.com/playlist?list=PL0a5GJ0VyQFCc-slmWtg1ZHhe71ukP6Cg
- https://oifuturo.org.br/teatro-on-demand/
- https://www.guiademidia.com.br/sites/teatro.htm
- https://www.teatronaescola.com/index.php/banco-de-pecas/category/pecas-teatrais-curtas-ouadaptadas

FIQUE LIGADO! *Escreva!*

Leia um trecho da peça teatral *Otelo, o mouro de Veneza*, escrita por William Shakespeare por volta de 1603, e preste atenção às falas de quatro personagens: Otelo (general mouro que serve o reino de Veneza); a esposa dele, Desdêmona; o tenente Cássio; e o suboficial Iago.

Na história, Otelo e Desdêmona viajam ao Chipre em embarcações distintas. Por causa de uma tempestade, os barcos são arrastados pela fúria das águas e se separam durante a navegação. Neste trecho da peça, Otelo e Desdêmona se reencontram, e Iago, que odeia Otelo, deixa claro que planeja separar o casal.

ATO II
Cena I

[...]

CÁSSIO — É ele mesmo.

DESDÊMONA — Vamos ao encontro dele para recebê-lo.

CÁSSIO — Ei-lo que chega.

(*Entra Otelo e séquito.*)

OTELO — Minha linda guerreira!

DESDÊMONA — Caro Otelo!

OTELO — Tanto contentamento quanto espanto me causa ver que antes de mim chegastes. Ó alegria de minha alma! Caso viesse sempre depois da tempestade semelhante bonança, poderiam soprar os ventos de acordar a morte. Que o meu barquinho escale montes de água tão altos quanto o Olimpo e, após, afunde tanto quanto distar do céu o inferno. A morte, agora, para mim seria uma felicidade, pois tão grande é a aventura que da alma se me apossa, que não pode, receio-o, reservar-me outra igual o futuro nebuloso.

DESDÊMONA — Permita o céu que nosso amor e nossa felicidade cresçam como os dias que ainda temos de vida.

OTELO — Amém, poderes inefáveis! Não posso falar muito sobre esse assunto. Sinto-me abafado: é excessiva alegria. (*Beijando Desdêmona.*) Recebe este, e este também. Que a única discórdia de nossos corações tenha este aspecto.

Donald Cooper/Alamy/Fotoarena

Clarke Peters (à frente) como Otelo e Dominic West (ao fundo) como Iago em encenação da peça teatral *Otelo, o mouro de Veneza*, de Shakespeare, na Inglaterra, em 2011.

IAGO (*à parte*) — Oh! Por enquanto estais bem afinados; mas eu me incumbo de afrouxar as cordas que produzem tal música; tão certo como eu ser gente honesta.

(Disponível em: http://www.ebooksbrasil.org/adobeebook/otelo.pdf. Acesso em: 10/4/2023.)

Em grupos de quatro integrantes, reescrevam no caderno o trecho da peça, transpondo o contexto dos personagens para os dias de hoje. Façam as adaptações necessárias quanto à linguagem e à situação comunicativa: Quais meios de transporte os personagens usaram para viajar? O que os separou? O que dizem um ao outro no reencontro?

Em grupos, leiam o diálogo reescrito por vocês, com base na peça *Otelo*, para toda a turma. Cada aluno do grupo dá voz a um personagem. Transformem a leitura em ação, fingindo ser os personagens que interpretam.

Após a leitura, respondam oralmente a estas perguntas:

- Você já foi ao teatro? A que peça teatral você assistiu? Você gostou? Por quê?
- Que diferenças há entre assistir a um filme no cinema e assistir a uma peça na plateia de um teatro?
- Tanto a encenação teatral quanto a encenação cinematográfica são feitas com base em textos: o texto teatral e o roteiro de cinema. Troque ideias com os colegas: Você acha que há alguma semelhança entre esses dois gêneros?

Do diálogo entre atores ao texto teatral escrito

f11photo/Shutterstock

Teatro Odeão de Herodes Ático, em Atenas, na Grécia.

O teatro nasceu na Grécia antiga e originou-se das festas em homenagem ao deus do vinho, Dionísio. Nessas festas o povo dançava, cantava e bebia muito vinho, e um de seus pontos altos era o momento da apresentação dos ditirambos, poemas cantados em coro e com partes narradas nos quais os cantores e os atores cultuavam o deus. Com o tempo, os temas foram se ampliando, e as histórias passaram a homenagear também outros deuses e heróis e a ter a presença de um coro que comentava certas passagens da narração. As festas, por sua vez, se transformaram em festivais anuais com duração de seis dias. O povo se acomodava em arquibancadas, onde permanecia desde o amanhecer até o crepúsculo, aplaudindo ou protestando. Todos os atores atuavam mascarados, usavam robes acolchoados e sapatos de sola alta. Com esses recursos, tinham sua figura ampliada e, vistos das arquibancadas, pareciam gigantes.

Certo dia, um dos participantes do coro subiu em um tablado para responder ao coro, e assim surgiram os diálogos entre os atores e, consequentemente, o texto teatral.

Os grandes dramaturgos gregos foram Ésquilo, Sófocles e Eurípedes, na tragédia, e Aristófanes, na comédia.

O teatro medieval nos adros das igrejas

Na praça se ergue um palanque de trinta metros, apoiado à catedral. A cidade está movimentada. Um pregoeiro já recrutou atores entre a população. Padres, burgueses e artesãos se oferecem como voluntários para interpretar os cerca de quinhentos personagens que compõem o **mistério**, composição teatral que, na Idade Média, contava a história dos santos. Cada um prepara com cuidado seu traje de seda e de veludo. O espetáculo durará semanas. O público, vibrando junto, passará da crueldade à piedade, do riso às lágrimas, fascinado por essa aula ilustrada "representada em honra de Deus para instruir o povo pobre".

(*O teatro no mundo*. São Paulo: Melhoramentos, 1995. p. 6.)

Kozlik/Shutterstock

Atores com figurino medieval em encenação de peça teatral.

Na Idade Média, na Europa, o teatro não tinha apenas cunho religioso. Por volta do ano 700, grupos de teatro viajavam de aldeia em aldeia, levando em suas carroças atores, atrizes, cenários e figurinos.

Além de meio de transporte, a carroça servia de casa e, muitas vezes, de palco para a encenação de histórias engraçadas ou trágicas. Foi a partir desses grupos teatrais, conhecidos por saltimbancos, que surgiu o circo.

A commedia dell'arte

A *commedia dell'arte* italiana era um tipo incomum de teatro, baseado em certos tipos de personagens e na improvisação. Os atores, misto de dançarinos, cantores, acrobatas, comediantes e mímicos, representavam sempre os mesmos papéis, improvisavam diálogos e usavam máscaras. Os tipos mais queridos dos apreciadores da *commedia dell'arte* eram o Polichinelo, o Arlequim, o Capitão, a Colombina e o Pantaleão.

KUCO/Shutterstock

Ilustração de atores representando na *commedia dell'arte*.

Um teatro de veludo e de ouro

Uma das ideias ambiciosas da Renascença foi unir em cena todas as artes: poesia, canto, dança, pintura... A invenção da ópera permanece como uma das suas grandes glórias. Esse gênero teatral, nascido na Itália, aí se desenvolveu, influenciado pela língua naturalmente melodiosa do país. Porém, logo se espalhou pelo resto da Europa. [...] Depois da Itália, vieram a Alemanha e a Áustria, contribuindo com seus maiores gênios para o desenvolvimento do teatro lírico. Em diferentes épocas, Haendel, Mozart, Wagner compuseram obras imortais.

Cenários mágicos, cantoras de raro talento, diabos, bailarinas, soldados e feiticeiras se apresentavam sobre os palcos de ópera para oferecer ao público espetáculos grandiosos.

(*O teatro no mundo*. São Paulo: Melhoramentos, 1995. p. 26.)

Shakespeare

Romeu, Julieta, Hamlet e rei Lear são, entre outros, célebres personagens do mais talentoso dramaturgo de todos os tempos, William Shakespeare.

Nascido em 1564, na Inglaterra, Shakespeare foi primeiramente ator e depois montou com amigos uma casa de espetáculos. Com histórias cheias de humor e drama e personagens pertencentes a várias classes sociais, suas peças agradavam tanto a reis e rainhas quanto ao povo mais simples.

O teatro shakespeariano faz sucesso ainda hoje, e muitas das peças do autor têm sido adaptadas para o cinema, atingindo, assim, um grande público.

Igor Bulgarin/Shutterstock

Atores encenando a peça *A comédia dos erros*, de William Shakespeare, na Ucrânia, em 2017.

O teatro de bonecos

Muitas são as técnicas utilizadas no teatro de bonecos, desde as empregadas nas conhecidas marionetes até as do teatro de sombras. Muitos são também os materiais de que se serve para a produção de bonecos, como o pano, o enchimento de espuma, a palha, o isopor, a madeira, assim como os cenários. O teatro de bonecos é quase sempre feito para crianças, e existem no mundo alguns muito famosos, como o *bunraku*, do Japão, o teatro de sombra da Turquia, China e Tailândia e os bonecos de vara de Java, na Indonésia.

Igor Bulgarin/Shutterstock

Teatro de bonecos.

O teatro brasileiro

Na história do teatro brasileiro, destacam-se grupos que marcaram época, assim como autores e diretores que ficaram conhecidos por inovações na técnica teatral. Entre os primeiros estão Os Comediantes e o Grupo Opinião, no Rio de Janeiro, e o Teatro de Arena, o Teatro Brasileiro de Comédia e o Grupo Oficina, em São Paulo. Entre os autores e diretores, citam-se Martins Pena, França Júnior, Artur Azevedo, Oswald de Andrade, Gianfrancesco Guarnieri, Ariano Suassuna, Nelson Rodrigues, Hilda Hilst, Maria Adelaide Amaral, Leilah Assumpção, Oduvaldo Vianna Filho, Paulo Pontes, Flávio Rangel, Augusto Boal, Ziembinski e José Celso Martinez Corrêa.

A resenha crítica

A resenha crítica, ou simplesmente crítica de arte, é o texto que avalia um objeto cultural, apontando seus aspectos positivos e negativos a um público interessado. Nasceu na Europa no século XVIII, no contexto de valorização dos salões artísticos e literários. No Brasil, a crítica de arte surgiu no século XIX com a fundação da Academia Imperial das Belas Artes, no Rio de Janeiro, no contexto da discussão sobre o que era arte brasileira.

Durante muito tempo, a crítica teve sua circulação restrita a livros, revistas especializadas e jornais diários. Hoje, entretanto, a crítica também é veiculada na TV, em *sites*, nas rádios e em *vlogs* e *podcasts*.

Reprodução/Casa das Laranjeiras, RJ.

Cena da peça *O verdugo*, escrita por Hilda Hilst.

OFICINA DE CRIAÇÃO

Projeto » **Festival *Escola em Cena***

Nesta unidade, você vai participar com os colegas da organização de um festival escolar de teatro. Vocês vão encenar textos teatrais escritos por vocês e por outros autores e vão expor resenhas críticas produzidas pela turma. Todo o material será elaborado regularmente nas aulas, ao longo desta unidade.

CAPÍTULO

1 O texto teatral escrito

O GÊNERO EM FOCO

O texto teatral *O Inspetor Geral*, de Nikolai Gógol, é um clássico da literatura mundial. Por meio da comédia, ele satiriza a burocracia e denuncia o suborno e a impunidade dos governantes.

A história se passa durante o reinado do imperador russo Nicolau I, em uma pequena cidade do interior da Rússia, administrada por políticos incompetentes e corruptos. Logo no início da peça, circula entre os moradores a notícia de que um inspetor está prestes a chegar, a fim de instaurar uma sindicância na cidade. O forasteiro Khlestakóv chega à pequena cidade e é confundido com o esperado visitante. Ele, então, se aproveita da situação.

A cena que você vai ler é o primeiro encontro entre o prefeito e o forasteiro, na hospedaria. Khlestakóv está sem dinheiro e, por essa razão, se nega a pagar suas despesas no local, reclamando indevidamente dos serviços para justificar o calote que pretende dar. Ele ainda não sabe que os moradores da cidade pensam que ele é o tal Inspetor Geral. Por isso, inicialmente, vê a presença do prefeito como uma tentativa de intimidá-lo ou de averiguar a confusão que ele está causando na hospedaria.

Grupo Galpão (MG) encenando a peça *O Inspetor Geral*, com direção de Paulo José, em 2003.

Cena 8

Khlestakóv, o prefeito e Dóbtchinski. O prefeito entra e fica parado. Ambos, de olhos arregalados, olham apavorados um para o outro por alguns minutos.

Prefeito

(Recompondo-se um pouco, braços em posição de sentido.) Saudações respeitosas!

Khlestakóv

(Saudando.) Meus respeitos!...

Prefeito

Desculpe...

Khlestakóv

Não há de quê.

© Guto Muniz/Foco in Cena

Em destaque, os personagens Khlestakóv e prefeito entreolham-se. Dóbtchinski observa a cena ao fundo.

Prefeito

É meu dever, como cidadão responsável que zela por esta cidade, cuidar para que os viajantes e todas as pessoas de bem não tenham nenhum aborrecimento...

Khlestakóv

(Gagueja um pouco, de início, e depois fala em voz alta.) Mas o que fazer?... A culpa não é minha... Juro que vou pagar... Vão me enviar lá da minha casa... (Bóbtchinski mostra a cara na porta.) Ele é que é o culpado. A carne que me dá é dura como pedra. A sopa, então, [...] tive que jogar pela janela. Ele me faz passar fome durante dias... E o chá, então, coisa esquisita: tem cheiro de peixe. Essa é boa! E por que eu deveria...

Prefeito

(Intimidado.) O senhor me perdoe, mas a culpa também não é minha. Sempre tenho carne boa no mercado. Os negociantes de Kholmogóry é que trazem, gente que não bebe, de boa conduta. Não tenho a menor ideia de onde vem essa tal carne. Mas se alguma coisa está, então... Permita que o convide a ir comigo para outro domicílio.

Khlestakóv

Não, não. Não quero. Sei muito bem o que significa outro domicílio: quer dizer cadeia. Mas com que direito? Como se atreve? Pois saia que eu... eu sou um alto funcionário de São Petersburgo. (Cria coragem.) Eu, eu, eu...

Prefeito

(À parte.) Ai, meu Deus, como é severo! Já está sabendo de tudo. Aqueles malditos negociantes contaram tudo.

Khlestakóv

(Com mais coragem.) E, olhe aqui, mesmo que venha com todo o seu regimento, eu não irei! Vou diretamente ao ministro. (Bate com os punhos na mesa.) Quem o senhor pensa que é?

Prefeito

(Perfila-se, tremendo da cabeça aos pés.) Por piedade, não me desgrace! Tenho mulher, filhos pequenos... não acabe com a vida de um homem.

Khlestakóv

Não, eu não quero! Onde é que já se viu uma coisa dessas! Só porque o senhor tem mulher e filhos, eu tenho que ir para a cadeia? Essa é muito boa! (Bóbtchinski espia pela porta e, assustado, esconde-se.) Ora, muito obrigado, não quero.

Prefeito

(Tremendo.) Pelo amor de Deus, foi por falta de experiência, falta de experiência. A situação é precária. Por favor, tente compreender. A verba não dá nem para o chá e para o açúcar. E se, por acaso, houve subornos, foi uma ninharia: uma coisinha à toa para comer, um cortezinho para uma roupa. E quanto à viúva do suboficial, aquela que faz negócios escusos e a quem eu teria mandado espancar, é tudo calúnia, pelo amor de Deus, é calúnia. Tudo invenção daqueles malvados, essa gente que quer atentar contra a minha vida.

Khlestakóv

E daí? Não tenho nada a ver com isso. (Pensativo.) Mas eu não sei por que está me falando desses malvados ou da viúva do suboficial... A mulher do suboficial, tudo bem, mas a mim o senhor não vai açoitar, não senhor! Já se viu uma coisa dessas, oras bolas? Eu vou pagar. Vou pagar tudo. Mas, assim, no momento, não tenho como. É justamente por isso que estou aqui, porque não tenho um tostão.

Prefeito

(À parte.) Mas que situação danada! Como se vira bem! Que embrulhão! A gente não sabe nem de que lado pegar. Seja o que Deus quiser, vamos tentar. O que tiver que ser será, basta arriscar. (Em voz alta.) Se o senhor realmente está precisando de dinheiro ou de qualquer outra coisa, estou inteiramente às suas ordens. Meu dever é ajudar os nossos visitantes.

Khlestakóv

Quero sim, quero sim um empréstimo e vou acertar agora mesmo a conta com o patrão. Não preciso mais do que uns duzentos rublos, até menos.

Prefeito

(Entregando o dinheiro.) Duzentos certinhos, nem precisa contar.

Khlestakóv

(Pegando o dinheiro.) Muito agradecido. Vou lhe devolver logo que chegar em casa, não vou demorar muito... Vejo que o senhor é um homem de bem. Agora sim, é outra coisa.

Prefeito

(À parte.) Ai, graças a Deus! Aceitou o dinheiro. A coisa agora vai melhorar. Em vez de duzentos, dei-lhe quatrocentos.

Khlestakóv

Óssip! (Óssip entra.) Mande vir aqui o criado da hospedaria. (Ao prefeito e a Dóbtchinski.) Mas por que estão em pé? Tenham a bondade de sentar-se. (A Dóbtchinski.) Sente-se, por favor.

Prefeito

Não se preocupe. Temos a honra de ficar em pé.

Khlestakóv

Façam-me o favor, sentem-se. Agora sim, posso ver como o senhor é cordial e sincero, mas confesso que cheguei a pensar que os senhores tinham vindo aqui para me... (A Dóbtchinski.) Sente-se!

(O prefeito e Dóbtchinski sentam-se. Bóbtchinski espia pela porta e tenta ouvir.)

Prefeito

(À parte.) É preciso ser mais atrevido. Ele quer se passar por incógnito. Está bem, vou me fazer de bobo: vou fazer de conta que não sei quem ele é. (Em voz alta.) Nós estávamos dando uma volta, assim, por ossos do ofício, eu aqui com Piótr Ivánovitch Dóbtchinski, proprietário de terras local, e passamos no hotel, assim de propósito, para saber se os viajantes estavam sendo bem tratados. Pois não sou como outros prefeitos que não se importam com nada. Eu não, eu, além do dever, e mais ainda por amor cristão à humanidade, quero que cada mortal receba boa acolhida. E eis que o acaso me recompensou com esse encontro tão agradável.

Khlestakóv

Eu também estou muito feliz. Sem o senhor, francamente, eu iria ficar aqui um tempão: não teria a menor ideia de como pagar a conta.

© Guto Muniz/Foco in Cena

Em destaque, o personagem forasteiro Khlestakóv.

Prefeito

(À parte.) Ora, não me venha com essa! Não tinha ideia como pagar! (Em voz alta.) Se me permite perguntar, para onde, para que lugares, pretende o senhor se dirigir?

Khlestakóv

Vou para a província de Sarátov, para as minhas propriedades.

Prefeito

(À parte, com expressão irônica.) Província de Sarátov, hein? Está bem! E nem fica vermelho! Com esse aí a gente tem que ficar de orelha em pé! (Em voz alta.) O bom Deus o proteja no caminho de volta. Mas veja, com relação às estradas, dizem que, se por um lado, a demora dos cavalos é uma coisa bem desagradável, por outro lado, é uma distração para o espírito. Mas, ao que parece, o senhor está viajando por puro prazer, não?

Khlestakóv

Não, é meu pai que me obriga a voltar. O velho está zangado porque, até agora, não fiz carreira em Petersburgo. Ele acha que, nem bem a gente chega lá, já nos dão uma medalha de condecoração. Eu queria só ver se fosse ele zanzando pelas repartições.

[...]

Prefeito

(À parte.) Mas que enrolador! Balança, balança, mas não cai! E que sujeitinho sem-graça, um nada de nada, eu poderia esmagá-lo com um dedo. Espera aí que você não me escapa. Vou obrigá-lo a contar tudo! (Em voz alta.) O senhor notou com muita justeza. O que é que se pode fazer neste fim de mundo? Veja só o que acontece aqui: à noite a gente não dorme, tudo pelo bem da pátria, sem poupar esforços, mas sabe-se lá quando virá a recompensa. (Passa os olhos pelo quarto.) Acho que este quarto é um pouco úmido, não?

Khlestakóv

É um quarto deplorável, e tem cada percevejo que nunca vi igual: mordem como cachorros.

Prefeito

Não me diga isso! Um hóspede tão instruído, sofrendo por causa de quem? Por causa desses percevejos imprestáveis que nem deveriam ter nascido. Pelo visto este quarto também é escuro, não?

Khlestakóv

É sim, é muito escuro. O proprietário tem o hábito de não fornecer as velas. Às vezes, a gente quer fazer alguma coisa, ler um pouquinho, ou a fantasia quer escrever alguma coisa, não posso — é escuro, muito escuro.

Prefeito

Será que posso tomar a liberdade de lhe pedir... não, eu não sou digno.

Khlestakóv

Mas o quê?

Prefeito

Não, não! Não sou digno, não sou digno!

Khlestakóv

Mas diga lá.

Prefeito

Se me atrevesse... Em minha casa, há para o senhor um quarto maravilhoso, iluminado, tranquilo... Mas não, sinto que isso já seria uma honra demasiada para mim... Não se zangue. Juro por Deus, ofereço de coração.

Khlestakóv

E por que não? Com imenso prazer. Ficarei muito satisfeito numa casa particular do que nesta bodega.

(*O Inspetor Geral*. São Paulo: Editora Peixoto Neto, 2007. Versão digital, s/p.)

1. O texto teatral tem semelhanças com o texto narrativo: apresenta fatos, personagens, tempo e lugar.

a) Onde ocorre a cena retratada no texto lido?

____

____

b) Quais personagens participam da cena?

____

____

c) Levante hipóteses: Qual é o tempo de duração da cena?

____

____

____

Quem foi?

Nikolai Gógol

Pictorial Press Ltd/Alamy/Fotoarena

Nikolai Gógol (1809-1852), nascido na atual Ucrânia, foi humorista, dramaturgo e romancista. Suas obras influenciaram significativamente a literatura russa.

2. Nos textos teatrais, o desenvolvimento das ações e a caracterização dos personagens ocorrem por meio de diálogos. Releia estes trechos do texto teatral:

> "Prefeito
>
> É meu dever, como cidadão responsável que zela por esta cidade, cuidar para que os viajantes e todas as pessoas de bem não tenham nenhum aborrecimento...
>
> Khlestakóv
>
> (Gagueja um pouco, de início, e depois fala em voz alta.) Mas o que fazer?... A culpa não é minha... Juro que vou pagar... Vão me enviar lá da minha casa... (Bóbtchinski mostra a cara na porta.) Ele é que é o culpado. A carne que me dá é dura como pedra. A sopa, então, [...] tive que jogar pela janela. Ele me faz passar fome durante dias... E o chá, então, coisa esquisita: tem cheiro de peixe. Essa é boa! E por que eu deveria..."

a) Qual é a estratégia inicial do prefeito para agradar quem ele pensa ser o inspetor?

____

____

b) Como o forasteiro compreende a abordagem do prefeito?

____

____

____

c) O diálogo entre os dois personagens é fruto de um mal-entendido. Quais características do prefeito podem ser depreendidas desse trecho?

- [ ] adulador
- [ ] generoso
- [ ] medroso
- [ ] honesto
- [ ] fingido

© Guto Muniz/Foco in Cena

Ator do Grupo Galpão na caracterização do personagem Khlestakóv.

d) Considerando que Khlestakóv tenta dar o calote na hospedaria, quais características do forasteiro podem ser depreendidas desse trecho?

- [ ] violento
- [ ] petulante
- [ ] dissimulado
- [ ] inocente
- [ ] espertalhão

3. Releia a descrição inicial da cena:

> "Khlestakóv, o prefeito e Dóbtchinski. O prefeito entra e fica parado. Ambos, de olhos arregalados, olham apavorados um para o outro por alguns minutos."

Por que os dois estão apavorados?

____

____

____

4. Ao supor que o inspetor vai denunciá-lo ao ministro, o prefeito confessa alguns crimes e atos corruptos.

a) Que atos ele confessa?

b) Qual é o estado emocional do prefeito? Comprove sua resposta com palavras ou trechos do texto.

c) Khlestakóv aparentemente não compreende as falas do prefeito e retoma a questão da dívida na hospedaria. Como o prefeito interpreta a atitude do forasteiro? Que palavra ele usa para qualificá-lo?

5. O prefeito dá dinheiro e oferece hospedagem ao forasteiro.

a) Qual é a intenção do prefeito com essas ações?

b) Como o forasteiro interpreta, naquele momento, essas ações?

© Guto Muniz/Foco in Cena

O personagem Khlestakóv contando dinheiro.

6. O texto teatral lido apresenta alguns trechos entre parênteses, conhecidos como rubricas.

a) Deduza: Qual é a função das rubricas no texto teatral?

____

____

____

b) Interprete: Qual indicação é dada, no contexto, pelas rubricas "À parte" e "Em voz alta"?

____

____

____

____

7. Comparando a estrutura do texto teatral com a de outros textos narrativos, como o conto e a crônica, observamos que o texto teatral se constrói de forma diferente.

Fer Gregory/Shutterstock

a) No texto teatral, há um narrador que conta a história?

____

b) De que maneira tomamos conhecimento da história?

____

____

____

____

8. O diálogo entre os personagens é o elemento essencial de um texto teatral. Em contos ou crônicas, a fala dos personagens aparece geralmente depois de verbos como **dizer**, **perguntar**, **afirmar**, chamados *dicendi*. No texto teatral lido, como é introduzida a fala dos personagens?

____

____

____

____

9. A linguagem do texto teatral geralmente é adequada ao perfil dos personagens e ao contexto.

TanitaKo/Shutterstock

a) Que variedade linguística predomina na escrita do diálogo entre o prefeito e o forasteiro?

b) Os personagens se tratam com intimidade ou com certo distanciamento? Justifique sua resposta com palavras ou expressões do texto.

c) Identifique, nos diálogos do texto em estudo, palavras, expressões e construções que são próprias da linguagem oral.

10. Sobre os interlocutores do texto teatral, responda:

a) Quem é o destinatário do texto teatral escrito?

b) E quando ele é encenado, quem é o destinatário?

11. Reúna-se com os colegas para preencher as lacunas do quadro a seguir com as características básicas do texto teatral.

Texto teatral: construção e recursos expressivos	
Quem são os interlocutores do texto teatral?	
Qual é o objetivo do texto teatral?	
Qual é o suporte ou o veículo do texto teatral?	
Quais são os temas abordados no texto teatral?	
Como é a estrutura do texto teatral?	
Como se caracteriza a linguagem do texto teatral?	

Quando é encenado, o texto teatral exige outros elementos, como cenário, música, luz, figurino, maquiagem, gestos e movimento. Imagine a cena que você leu desenvolvendo-se em um palco: o cenário simularia a hospedaria, e a conversa entre o prefeito e o forasteiro seria reproduzida pelos atores, que se movimentariam e gesticulariam para dar vida aos personagens.

No texto teatral escrito, esses elementos estão indicados nas **rubricas**, que aparecem entre parênteses, como vimos, ou destacadas por meio de um recurso gráfico, como itálico, por exemplo.

Rubricas de interpretação indicam como o ator deve interpretar o texto, evidenciando o tom da fala e o estado emocional do personagem.

Rubricas de movimento indicam como o ator deve se posicionar ou se movimentar no palco durante a cena.

O diretor teatral pode seguir à risca as indicações das rubricas, mas pode também ignorar algumas delas e tomar decisões diferentes sobre o figurino, a música e até sobre o texto, atualizando a peça para o tempo dele. Quando a peça teatral é longa, ela é geralmente dividida em partes, chamadas **atos**. *O Inspetor Geral*, por exemplo, é uma peça em cinco atos.

AGORA É A SUA VEZ

Ao final desta unidade, você e os colegas vão organizar um festival de teatro a ser realizado na **Oficina de Criação**. Para isso, é necessário começar a produzir os textos que serão encenados por vocês. Reunidos em grupo, escolham uma das propostas de produção de texto teatral.

Proposta 1

Leiam a crônica de humor de Carlos Eduardo Novaes e adaptem-na para a linguagem teatral. Se preferirem, acrescentem outros personagens, imaginem outras situações, mudem o desfecho da história, etc.

A cadeira do dentista

Fazia dois anos que eu não me sentava numa cadeira de dentista. Não que meus dentes estivessem por todo esse tempo sem reclamar um tratamento. Cheguei a marcar várias consultas, mas começava a suar frio folheando velhas revistas na antessala e me escafedia antes de ser atendido. Na única ocasião em que botei o pé no gabinete do odontólogo — tem uns seis meses —, quando ele me informou o preço do serviço, a dor transferiu-se do dente para o bolso.

— Não quero uma dentadura em ouro com incrustações em rubis e esmeraldas — esclareci —, só preciso tratar o canal.

— É esse o preço de um tratamento de canal!

— Tem certeza? O senhor não estará confundindo o meu canal com o do Panamá?

Adiei o tratamento. Tenho pavor de dentista. O mundo avançou nos últimos 30 anos, mas a Odontologia permanece uma atividade medieval. Para mim não faz diferença um "pau de arara" ou uma cadeira de dentista: é tudo instrumento de tortura.

Desta vez, porém, não tive como escapar. Os dentes do lado esquerdo já tinham se transformado em meros figurantes dentro da boca. Ao estourar o pré-molar do lado direito, fiquei restrito à linha de frente para mastigar maminhas e picanhas. Experiência que poderia ter dado certo, caso tivesse algum jeito para esquilo.

A enfermeira convocou-me na sala de espera. Acompanhei-a, após o sinal da cruz, e entramos os dois no gabinete do dentista, que, como personagem principal, só aparece depois do circo armado.

— Sente-se — disse ela, apontando para a cadeira.

— Sente-se a senhora — respondi com educada reverência —, ainda sou do tempo em que os cavalheiros ofereciam seus lugares às damas.

Jean Galvão/Acervo da editora

Minhas pernas tremiam. Ela tornou a apontar para a cadeira.

— O senhor é o paciente!

— Eu?? A senhora não quer aproveitar? Fazer uma obturaçãozinha, limpeza de tártaro? Fique à vontade. Sou muito paciente. Posso esperar aqui no banquinho.

O dentista surgiu com aquele ar triunfal de quem jamais teve cárie. Ah! Como adoraria vê-lo sentado na própria cadeira extraindo um siso incluso! Mal me acomodei e ele já estava curvado sobre a cadeira, empunhando dois miseráveis ferrinhos, louco para entrar em ação. Nem uma palavra de estímulo ou reconforto. Foi logo ordenando:

Jean Galvão/Acervo da editora

— Abra a boca.

Tentei, mas a boca não obedeceu aos meus comandos.

— Não vai doer nada!

— Todos dizem a mesma coisa — reagi. — Não acredito mais em vocês!

— Abra a boca! — insistiu ele. Abri a boca. Numa cadeira de dentista sinto-me tão frágil quanto um recruta diante do sargento do batalhão.

Ele enfiou um monte de coisas na minha boca e tocou o dente com um gancho.

— Tá doendo?

— Urgh argh hogli hugli.

Os dentistas são tipos curiosos. Enchem a boca da gente de algodão, plástico, secadores, ferros e depois desandam a fazer perguntas. Não sou daqueles que conseguem responder apenas movendo a cabeça. Para mim, a dor tem nuances, gradações que vão além dos limites de um sim-não.

— A anestesia vai impedir a dor — disse ele, armado com uma seringa.

— E eu vou impedir a anestesia — respondi duro segurando firme seu pulso.

Ele fez pressão para alcançar minha pobre gengiva. Permaneci segurando seu pulso. Ele apoiou o joelho no meu baixo ventre. Continuei resistindo, em posição defensiva. Ele subiu em cima de mim. Miserável! Gemi quase sem forças. Ele afastou a mão que agarrava seu pulso e desceu com a seringa. Lembrei-me de Indiana Jones e, num gesto rápido, desviei a cabeça. A agulha penetrou na poltrona. Peguei o esguichador de água e lancei-lhe um jato no rosto. Ele voltou com a seringa.

— Não pense que o senhor vai me anestesiar como anestesia qualquer um — disse, dando-lhe um tapa na mão.

A seringa voou longe e escorregou pelo assoalho. Corremos os dois para alcançá-la, caímos no chão, embolados, esticando os braços para ver quem pegava a seringa. Tapei-lhe o rosto com meu babador e cheguei antes. A situação se invertera: eu estava por cima.

— Agora sou eu quem dá as ordens — vociferei, rangendo os dentes. — Abra a boca!

— Mas... não há nada de errado com os meus dentes.

— A mim você não engana. Todo mundo tem problemas dentários. Por que só você iria ficar de fora? Vamos, abra essa boca!

— Não, não, não. Por favor — implorou. — Morro de medo de anestesia.

Era o que eu suspeitava. É fácil ser corajoso com a boca dos outros. Quero ver continuar dentista é na hora de abrir a própria boca. Levantei-me, joguei a seringa para o lado e disse-lhe, cheio de desprezo:

— Você não passa de um paciente!

(*A cadeira do dentista e outras crônicas*. São Paulo: Ática, 1994. p. 48-50.)

Proposta 2

Leiam o início da peça *É*, de Maria Helena Kühner. Percebam que a autora apresenta sugestões de figurinos, número de personagens, músicas, etc., mas deixa o diretor totalmente à vontade para criar.

Bigodes, perucas, bonés, óculos, e outros adereços criados pelo brilhante figurinista a ser chamado e... está feita a peça com **4 atores fazendo muitos personagens**, *com a indispensável colaboração da iluminação (!), da cenografia e da música.*

É... um desafio ao imaginoso Diretor.

Ainda no escuro, um <u>*oooooonnnnn!*</u> *anuncia um carro de polícia passando. Luz fraca marca um garoto que entra correndo:*

LUÍS — Ih! Um carro de polícia a toda! Será que vão pegar ladrão?

Luz abrindo um pouco mais. Com ela sobe outro som agudo — o <u>*liru liru*</u> *de um carro de bombeiros — e entra uma garota correndo pelo outro lado, olha à distância:*

ALINDE — Nossa! Um monte de bombeiros! Onde é que é o incêndio?

LUÍS — Não sei. Não estou vendo!

Mais um garoto chegando; e com ele o som de ambulância, que aumenta o rebuliço geral.

FELIPE — Viram a ambulância? Será que é um acidente?

ALINDE — Não, acho que não é acidente...

LUÍS — Mas tá começando a juntar gente.

Sabe como, Sr. Diretor? Ora, silhuetas de bustos, armadas sobre rodas malucas... de costas para a plateia. Zum-zum de falatório cresce em fundo.

Garotos à boca de cena:

FELIPE — O que será que está acontecendo?

ALINDE — Não sei.

LUÍS — Ninguém sabe.

FELIPE — Vamos ver!

Mas, antes que saiam, entra alguém, sempre em corrida, e fica a olhar para o mesmo ponto atrás (ainda invisível ao espectador): é um soldadinho de farda, bibico na cabeça, que tira ao se deter para olhar:

SOLDADO (*Susto*) — IH!... Vou falar com meu superior.

Sai correndo, empurrando e deslocando as "pessoas" paradas à frente; garotos o seguem com os olhos.

ALINDE — O que será que deu nele?

Mal se perguntam e se movem, curiosos, um apito e já entra por outro ponto o Capitão (o mesmo soldado, é claro, mas agora com "dragonas" e quepe):

CAPITÃO (*Susto, espanto*) — OOH! Vou fa-fa-lar com meu su-superior!

Sai apitando, aos tropeços sobre as silhuetas, que lhe dão passagem.

LUÍS — Que pressa! Sai até empurrando todo mundo!

Toque de corneta. As silhuetas se afastam (ou melhor, são afastadas, já que as rodas malucas são para isso mesmo) e surge, em destaque, figura com grande pelerine e imenso quepe com um emblemão dourado (o soldado-capitão promovido por nós a General...)

FELIPE — Olha a pose daquele! Vem todo pisando duro!

ALINDE — Parou! Que pose!

GENERAL — AHN?!

LUÍS — Ih! A pose caiu!

Endireita o quepe, encolhe o corpo, estica de novo, até ficar que nem um poste.

Os garotos agora zanzam em volta dele, sem entender.

ALINDE — Que foi que houve?

FELIPE — Que é que o sr. viu?

LUÍS — Pra levar esse susto todo deve ser...

Mas se calam ao deparar com o que agora surge — luz destacando, ao fundo, no ponto para onde todas as silhuetas olham: rachando o muro de tijolos ao fundo, se destaca no fundo da cena um imenso

É

[...]

(*Teatro para crianças e jovens*. Rio de Janeiro: Vertente Cultural, 2011. p. 153-154.)

Afinal, o que estaria acontecendo, a ponto de mobilizar as forças de segurança e de saúde da cidade? O que se destaca ao fundo da cena, que chega a rachar o muro de tijolos?

Deem continuidade à peça, criando mais algumas cenas, apresentando o conflito da história, desenvolvendo-o e criando o desfecho.

Proposta 3

Elaborem livremente um texto teatral para ser encenado. Imaginem o lugar, a época, os personagens e os fatos. Depois, comecem a escrever os diálogos com base na interação dos personagens, procurando desenvolver uma história com os elementos básicos da narrativa.

Planejamento do texto

- Tenham em vista que o texto teatral será escrito para depois ser encenado no festival de teatro organizado pela turma.
- Levem em consideração o público do festival de teatro: pais, professores, funcionários e alunos da escola.

- Lembrem-se: o texto teatral narra uma história por meio dos diálogos e das ações dos personagens. Tenham clareza da história que pretendem contar: quem são os personagens e em que situação eles se encontram, qual é o conflito que se coloca para eles, como o conflito é resolvido, qual é o desfecho.
- Planejem onde e em que época a história vai se passar e definam o perfil de cada personagem (idade, gênero, personalidade, modo de falar) e as relações entre os personagens.

Hill Street Studios/Blend Images LLC/Getty Images

- Pensem como será o desfecho: ele pode se dar por meio de um fato inesperado ou de uma revelação. Pode ser engraçado, reflexivo, trágico.

Escrita

- Nas rubricas iniciais, descrevam como devem ser o cenário e o figurino dos personagens.
- Criem rubricas claras quanto à iluminação, à sonoplastia e à movimentação dos personagens.
- Indiquem o nome do personagem antes de cada fala e procurem dar dinamismo ao diálogo.
- Empreguem conscientemente os vocativos, de forma que eles contribuam para explicitar as interações entre os personagens.
- Insiram nas rubricas de interpretação informações que indiquem o estado emocional dos personagens na cena.
- Se quiserem, organizem a sequência da história em partes ou em cenas.
- Estejam atentos à linguagem dos personagens, procurando fazer uso da variedade linguística mais adequada a cada um deles.
- Procurem inserir construções, palavras e expressões típicas da fala, considerando-se o contexto no qual as cenas se desenvolvem.
- Concluído o texto, deem um título a ele.

Jupiterimages/Getty Images

Revisão e reescrita

Antes de finalizar o texto, releiam-no, observando se:

- o diálogo mostra o desenvolvimento das ações e seu desfecho;
- há indicação de cenário e se as rubricas de movimento e de interpretação estão visualmente destacadas do corpo do texto;
- a linguagem está adequada aos personagens e ao contexto;
- as rubricas estão claras quanto ao cenário, ao figurino, à iluminação, à sonoplastia e à movimentação dos personagens;
- os diálogos e as ações se desenvolvem com naturalidade no palco.

A pontuação

Releia este trecho da crônica "A cadeira do dentista", de Carlos Eduardo Novaes, e responda às questões a seguir.

"— Abra a boca.

Tentei, mas a boca não obedeceu aos meus comandos.

— Não vai doer nada!

— Todos dizem a mesma coisa — reagi. — Não acredito mais em vocês!

— Abra a boca! — insistiu ele. Abri a boca. Numa cadeira de dentista sinto-me tão frágil quanto um recruta diante do sargento do batalhão.

Ele enfiou um monte de coisas na minha boca e tocou o dente com um gancho.

— Tá doendo?

— Urgh argh hogli hugli.

Jean Galvão/Acervo da editora

Os dentistas são tipos curiosos. Enchem a boca da gente de algodão, plástico, secadores, ferros e depois desandam a fazer perguntas. Não sou daqueles que conseguem responder apenas movendo a cabeça. Para mim, a dor tem nuances, gradações que vão além dos limites de um sim-não."

1. Observe os sinais de pontuação que introduzem e delimitam as falas dos personagens no texto.

a) Qual sinal introduz a fala dos personagens?

____

b) O que explica a presença dos três sinais no trecho: "— Todos dizem a mesma coisa — reagi. — Não acredito mais em vocês!"?

____

____

____

2. O ponto de exclamação é empregado três vezes: O que justifica seu emprego em cada ocorrência?

____

____

____

____

3. Observe o emprego da vírgula nesta frase:

"Tentei, mas a boca não obedeceu aos meus comandos."

a) Substitua a conjunção **mas** por outras com o mesmo sentido, como **porém**, **entretanto** ou **contudo**. A vírgula seria mantida?

b) Troque ideias com os colegas e o professor e conclua: O que justifica o emprego da vírgula antes da conjunção **mas**?

4. Observe, agora, este trecho do texto:

"Os dentistas são tipos curiosos. Enchem a boca da gente de algodão, plástico, secadores, ferros e depois desandam a fazer perguntas."

a) O que justifica o emprego da vírgula antes dos substantivos **plástico**, **secadores** e **ferros**?

b) Por que não foi empregada a vírgula antes da conjunção **e**?

c) Que outra frase do texto apresenta um caso semelhante de ausência de vírgula antes da conjunção **e**?

5. Às vezes, o autor de um texto pode optar entre escrever frases curtas e, obviamente, empregar o ponto para concluir cada uma ou escrever frases longas, com o auxílio de conjunções, para fazer as conexões entre as partes. Observe novamente o trecho do texto destacado na questão 4. Ele é formado por duas frases.

a) Caso o autor optasse por unir as duas frases, que conjunção poderia utilizar para fazer a conexão entre elas?

b) Deveria ser empregado algum sinal de pontuação antes da conjunção? Se sim, qual?

Nos exercícios anteriores, você observou alguns casos de emprego do travessão, do ponto de exclamação, do ponto e das vírgulas.

A pontuação tem um papel fundamental na organização das ideias do texto, tornando-as mais precisas. Além disso, contribui para que o texto ganhe mais expressividade, mais fluência na leitura e maior clareza de ideias.

Neste capítulo, você vai conhecer ou revisar alguns casos essenciais de emprego da vírgula.

EXERCÍCIOS

Leia esta história em quadrinhos de Ziraldo:

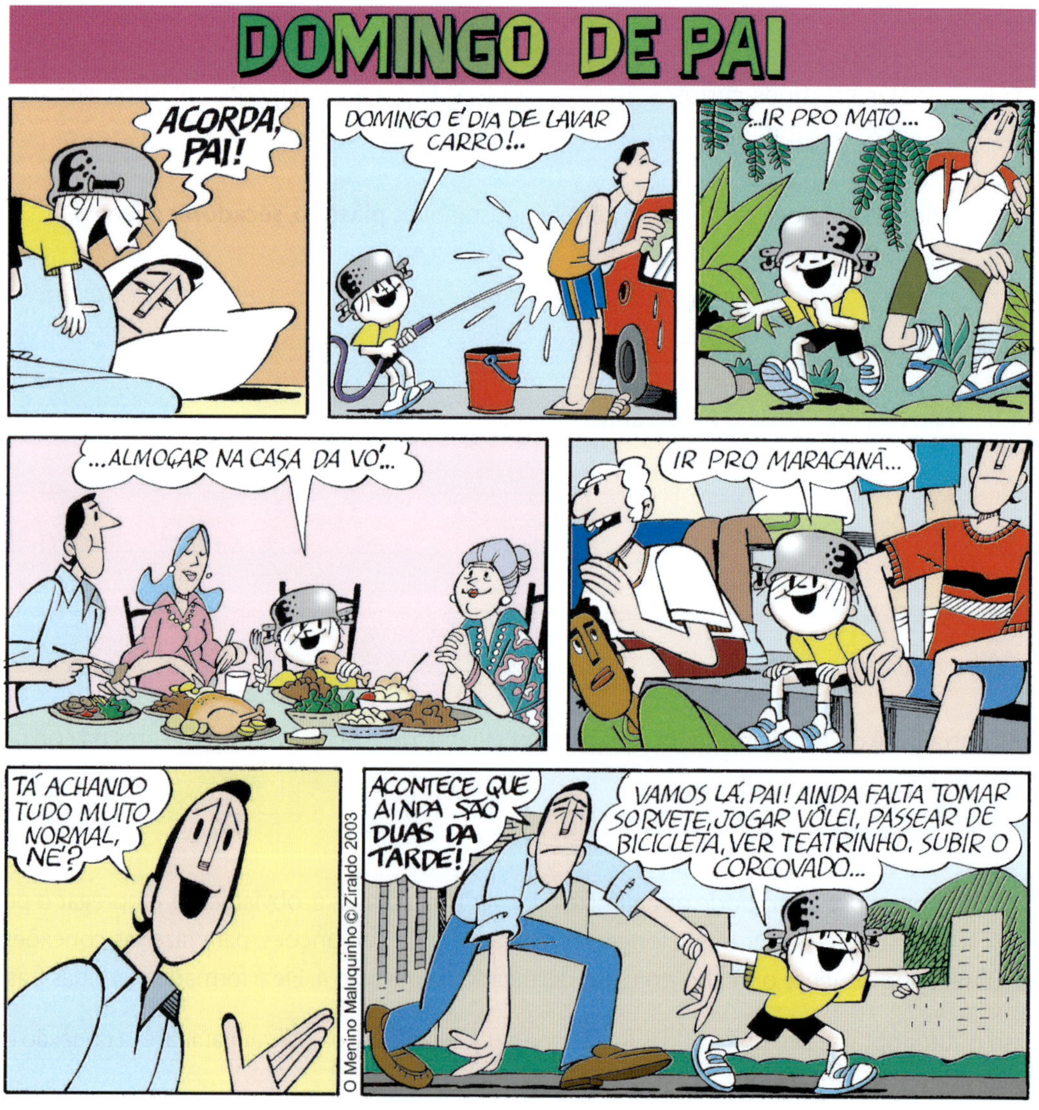

(*Curta o Menino Maluquinho... em histórias rapidinhas*. São Paulo: Globo, 2006. p. 35.)

1. Leia o boxe ao lado e responda: O que justifica o emprego da vírgula antes da palavra **pai** no primeiro e no último quadrinho?

____

____

____

____

____

Emprega-se vírgula:

- para isolar o aposto e o vocativo:

  Ana (vocativo), quero lhe apresentar o Pedro, **meu namorado.** (aposto)

- para separar termos que exercem a mesma função sintática:

  Comprei **balas, pirulitos, chicletes** e **bombons.** (objeto direto)

- para indicar a supressão de uma palavra (geralmente um verbo) ou um grupo de palavras:

  Nós gostamos de dançar; vocês, de viajar.

Lembre-se: Não se separam por vírgula: o sujeito de seu predicado e o verbo de seus complementos.

2. As falas do Menino Maluquinho, nos 2º, 3º, 4º, 5º e 7º quadrinhos, terminam com reticências.

a) Que efeito de sentido se busca ao empregar as reticências?

____

____

b) Que outro sinal de pontuação poderia ser empregado em lugar das reticências? O que justificaria essa escolha?

____

____

____

____

3. A tira recebe o título de "Domingo de pai". Como você resumiria um domingo de pai, tendo o Menino Maluquinho como filho?

____

4. Pontue as frases, empregando apenas vírgula:

a) Sabe dizer vizinho se o caminhão do lixo já passou?

b) O técnico cumprimentou todos os jogadores do time titulares e reservas.

c) A propriedade é ampla bem-cuidada e muito produtiva. Há laranjeiras mangueiras árvores ornamentais e extensa plantação de café.

d) Organizar uma festa minha cara não é tão simples.

e) As meninas jogaram basquete; os meninos vôlei.

f) Ana o novo aluno de nossa classe o Carlos veio do interior.

Emprega-se vírgula:

- para isolar expressões explicativas (isto é, por exemplo, ou seja):

  Quero que você entregue isso agora, **ou melhor**, depois do almoço.

- para isolar adjuntos adverbiais e conjunções:

  Na reunião de pais e mestres (adj. adverbial), **porém** (conjunção), ninguém se manifestou.

- para isolar nome de lugar anteposto à data:

  Recife, 17 de janeiro de 2020.

5. Empregando vírgula, pontue adequadamente as frases:

a) Depois de alguns dias de ansiedade o carteiro entregou-lhe a encomenda que tanto esperava.

b) Com muito estudo e determinação os meninos alcançaram seu objetivo ou seja foram aprovados no exame.

c) Edu procurou convencer a namorada usando quatro ou cinco palavras que conhecia isto é todo seu vocabulário.

d) Ana fez uma bela exposição de sua pesquisa; exigiu contudo que o grupo se esforçasse mais no próximo trabalho.

e) Por favor entregue o documento na residência do senhor Manuel ou melhor a ele mesmo.

f) Quer dizer que você então pretende estudar Direito?

g) Todos reclamavam muito; na frente do professor porém ninguém se manifestou.

h) Naquele tempo o salário mensal durava uma semana.

i) Pode por gentileza acompanhá-lo até a sala do advogado?

j) Carlos ensaiou a semana toda para tocar violino; não sabia entretanto que ficaria gripado justamente na véspera do concerto.

k) Durante o concerto o regente explica que a peça conserva as características do compositor.

6. Desafio: Todos os sinais de pontuação do texto a seguir foram propositalmente eliminados. Também foram modificadas as letras iniciais maiúsculas internamente a cada parágrafo. Junte-se a um ou dois colegas e discutam que sinais de pontuação devem ser empregados para que o texto tenha clareza e coerência de ideias. Depois, apresentem suas respostas aos colegas dos outros grupos e ao professor.

Dicas:

- Entre os sinais que vocês poderão empregar, estão: ponto-final, dois-pontos, vírgula, ponto de interrogação e travessão.
- Em alguns casos, há mais de uma opção. Escolham aquela que julgarem mais coerente com o sentido do texto.

Como nasceram as estrelas

Biry Sarkis/Acervo da editora

Pois é todo mundo pensa que sempre houve no mundo estrelas pisca-pisca mas é erro antes os índios olhavam de noite para o céu escuro e bem escuro estava esse céu um negror vou contar a história singela do nascimento das estrelas

Era uma vez no mês de janeiro muitos índios e ativos caçavam pescavam guerreavam mas nas tabas não faziam coisa alguma deitavam-se nas redes e dormiam roncando e a comida só as mulheres cuidavam do preparo dela para terem todos o que comer

Uma vez elas notaram que faltava milho no cesto para moer que fizeram as valentes mulheres o seguinte sem medo enfurnaram-se nas matas sob um gostoso sol amarelo as árvores rebrilhavam verdes e embaixo delas havia sombra e água fresca quando saíam de debaixo das copas encontravam o calor bebiam no reino das águas dos riachos buliçosos mas sempre procurando milho porque a fome era daquelas que as faziam comer folhas de árvores mas só encontravam espigazinhas murchas e sem graça

[...]

(Clarice Lispector. *Doze lendas brasileiras*: como nasceram as estrelas. Rio de Janeiro: Rocco, 2014. p. 10-11.)

CAPÍTULO 2 O texto teatral: leitura dramática

O GÊNERO EM FOCO

O texto que você vai ler a seguir é um trecho da peça *Como vento*, de Luís Alberto de Abreu. Os personagens estão todos mortos. Durante o dia, ficam desacordados. Ao cair da noite, eles despertam e tentam se lembrar da vida, de quem eram e do que faziam. Uns conseguem se lembrar, outros não; alguns preferem inventar e sonhar.

Cena 1

Memória de um tempo vivo num cortejo de mortos

(UM ALEGRE GRUPO DE CIRCENSES ENTRA LENTAMENTE NO PALCO OU JÁ PODEM ESTAR ESPALHADOS PELO PALCO EM ESTADO DE LETARGIA E, LENTAMENTE, ACORDAR E COMPOR O CORTEJO. AS ROUPAS ALEGRES, OS GESTOS AMPLOS, OS SORRISOS E AS MÁSCARAS RISONHAS DOS PALHAÇOS CONTRASTAM COM O TORPOR DOS MOVIMENTOS. SÃO MOVIMENTOS SINCOPADOS DE QUEM ACORDA DE REPENTE E, LOGO APÓS, IMERGE EM SONO. POR INSTANTES BRILHA A ALEGRIA LOGO SUBSTITUÍDA PELO TORPOR E, ASSIM, SUCESSIVAMENTE COMPÕEM PELO PALCO UMA ESTRANHA COREOGRAFIA DE SONO E VIGÍLIA. NÃO HÁ RIGIDEZ QUANTO AOS PERSONAGENS QUE OS CIRCENSES INTERPRETAM, MAS APENAS SUGESTÃO DE QUE EXISTAM DOIS PALHACOS (LUÍS E AUGUSTO), UMA BAILARINA (ÍRIS), UM TRAPEZISTA (MAURO) E O APRESENTADOR (LAU). OS OUTROS PERSONAGENS DO CORTEJO (BRANCA, UNGÁRIA E MARÍLIA) FICAM A CRITÉRIO DO GRUPO E DO ENCENADOR. OUVEM-SE SEIS TOQUES DE SINO. AO SEGUNDO TOQUE DO SINO O APRESENTADOR SE DESTACA DO GRUPO E CAMINHA EM DIREÇÃO AO PÚBLICO. PARA E SÓ INICIA SUA FALA AO FINAL DO SEXTO DOBRE DO SINO.)

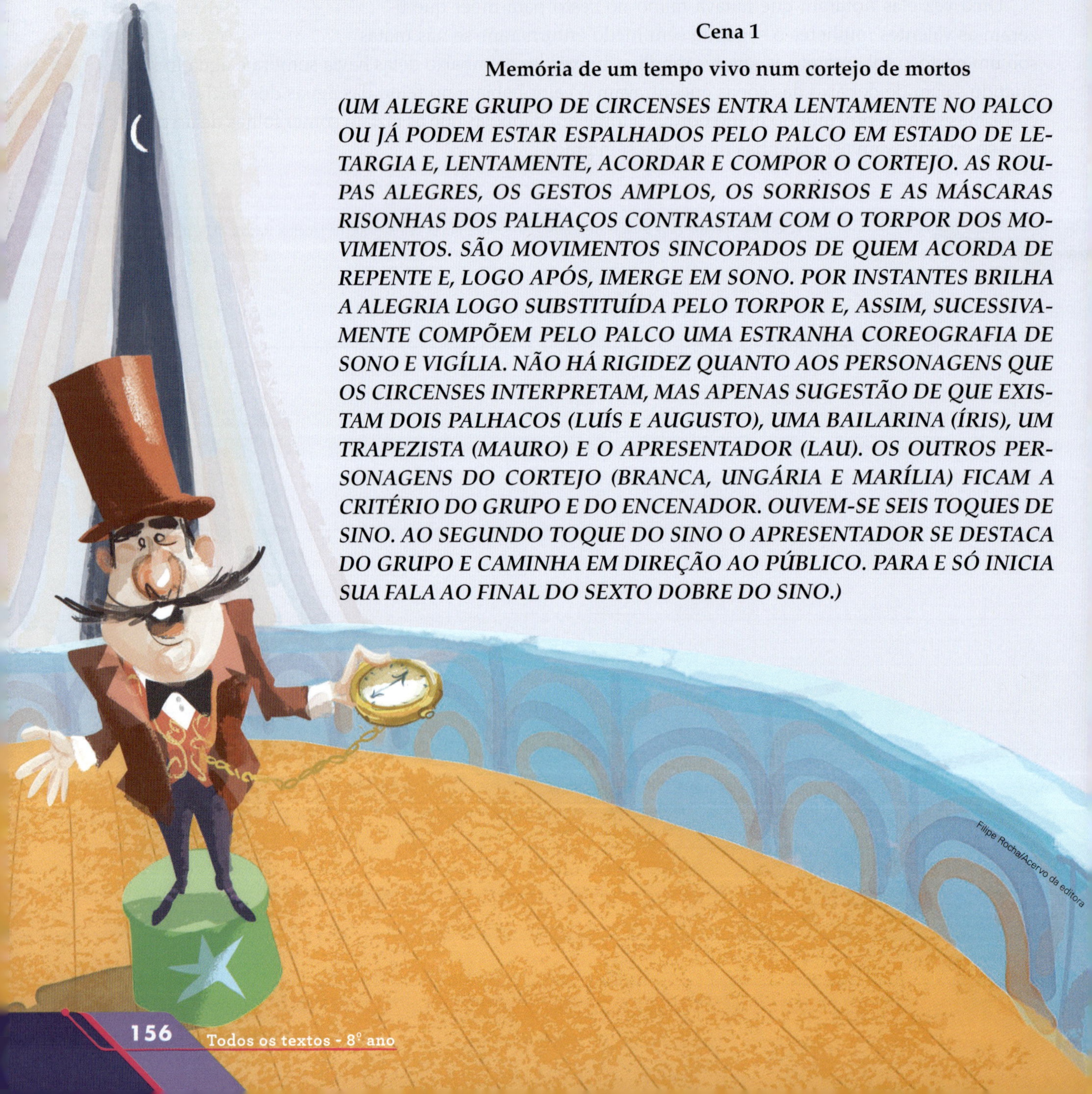

Filipe Rocha/Acervo da editora

Apresentador (FELIZ) Há quanto tempo não se ouve um som puro do bronze de um sino devassar o ar calmo das tardes! Seis horas, Ave, Maria! Hora de recolher a família em volta da mesa, repousar o coração do cansaço e da aflição do dia, o silêncio do mundo quebrado apenas pelo rádio e por conversas e histórias contadas a meia voz. Logo, lampiões e luzes vão se extinguir e as cidades e o mundo vão mergulhar em escuridão e sono. (COCHILO RAPIDÍSSIMO) Era uma vez assim. (COMO SE ACORDASSE E PERCEBESSE O PÚBLICO) Boa noite. Deem-me o precioso presente de seu olhar e de sua atenção por alguns instantes apenas. Deem-me licença para invejar a vida que pulsa em cada um de vocês. (EMOCIONANDO-SE) Abençoados sejam vocês pela vida que tiveram e ainda têm. Vida ainda por fazer e por moldar como quiserem. E amar e construir e destruir e construir novamente. E perder o amor e amar novamente. Abençoado o tempo e abençoada a vida que têm. E os dias que podem ser sempre diferentes. (COBRE O ROSTO E REPRIME A EMOÇÃO. SORRI) Nós somos mortos e os nossos dias são sempre iguais. Tivemos vida num tempo em que os sinos tocavam e seu som percorria largas distâncias no puro silêncio das tardes. Fomos vivos num tempo assim. (O CORTEJO SE DESFAZ E CADA INTEGRANTE COMEÇA A FAZER GESTOS DE SUA PROFISSÃO. BAILARINA DANÇA, PALHAÇO AUGUSTO FAZ GAGS SOB O OLHAR REPROVADOR E RUDE DE LUÍS, TRAPEZISTA FAZ FLEXÕES OU SOBE AO TRAPÉZIO, ETC.) Fomos gente de circo, de picadeiro e serragem nas veias. [...] Meu nome é Lau, Nicolau. Aos poucos as lembranças de nossa vida retornam. (FALA MUITO LENTAMENTE, ESCANDINDO AS SÍLABAS.) Era uma vez assim.

Cena 2

Um jorro de imagens

(APRESENTADOR NARRA AOS CIRCENSES)

Apresentador O que me lembro é de uma tarde de sol. Sábado. (FELIZ) É isso! Nós estávamos dentro dessa tarde e vínhamos, barulhentos, pela rua calçada de pedra. Eu gritava: (GRITA FELIZ) Respeitável público! Venham assistir ao maior espetáculo que seus olhos já viram! Íris, a graciosa bailarina sobre cavalos! (ÍRIS CURVA-SE) Mauro, o trapezista que desafia a morte a dez metros do chão! (MAURO CURVA-SE) E o mais fantástico elenco de artistas! (AS TRÊS MULHERES RESTANTES DEPOIS DE UM MOMENTO DE INDECISÃO – NÃO LEMBRAM QUEM SÃO – CURVAM-SE) E o fenomenal palhaço Gustarrão! (APONTA PARA GUSTARRÃO) Você, Gustarrão...

Gustarrão (GRITA FELIZ) Eeeuuu!

Apresentador Vinha abrindo o cortejo com um burro...

Gustarrão Embaixo ou em cima?

Apresentador (RI) Nesse dia, em cima. Você e o burro revezavam.

Gustarrão O danado burro me enganou três vezes no revezamento!

Filipe Rocha/Acervo da editora

Apresentador — Montado de costas no burro, com seu chapéu de tonto, você abria nosso cortejo... Lembro mais! As crianças gritavam, olhos arregalados e risos, risos muitos na boca... O povo aglomerado gargalhava sem parada.

[...]

TODOS

O palhaço o que é?

É ladrão de mulher.

Ele é faca sem ponta,

é galinha sem pé.

O sapato sem meia tem muito chulé.

Ele mama na vaca,

mas no gato não quer!

Filipe Rocha/Acervo da editora

(OS CIRCENSES AOS POUCOS VÃO ERGUENDO O CENÁRIO DO CIRCO FEITO DE POUCOS ELEMENTOS. CONTINUAM CANTANDO ENQUANTO TRABALHAM.)

Vai começar
A brincadeira
Do seu Raimundo
E a dona Véia
Era uma vez,
A Dona Véia
Véia caiu
Todo mundo viu
Calcinha dela
Verde-amarela
Cor do Brasil
Vai ser a Véia
Quem bater palma!

Filipe Rocha/Acervo da e

[...]

(CIRCENSES TERMINAM DE ARMAR O CENÁRIO E OLHAM PARA O QUE FIZERAM DESORIENTADOS. HÁ UM VÁCUO NA MEMÓRIA DELES.)

Marília — Gustarrão?

Gustarrão — (AFLITO) Não lembro. Sei que sou um palhaço, mas o que eu fazia? (PAUSA. LUÍS ROMPE O SILÊNCIO.)

Luís — (RI) Qual o tosco sentido que pode ter relembrar se estamos mortos? Relembrar pra quê? Pra tanto esforço? Para ao raiar do dia esquecermos tudo que lembramos e na noite seguinte o mesmo inútil esforço de relembrar o que logo vamos esquecer?

Branca — Eu preciso lembrar!

Luís — Não percebe que esse é o nosso tormento? "Não existe maior dor do que recordar na desgraça os dias felizes." Recordo esse verso da *Divina Comédia* como aviso a mim mesmo de que nada devo relembrar!

Branca — Não sei quem você é, mas seria uma caridade se calasse a boca! (LUÍS RI)

Luís — Já eu sei quem você é. E sei quem são todos vocês. Minha memória é clara, mas não me perguntem nada. Façam vocês mesmos o esforço inútil de relembrar o que foram! (ÍRIS GRITA, FELIZ.)

Íris — Ai, meu Deus! Eu lembro! Eu lembro! (OS CIRCENSES SE APROXIMAM AGITADOS)

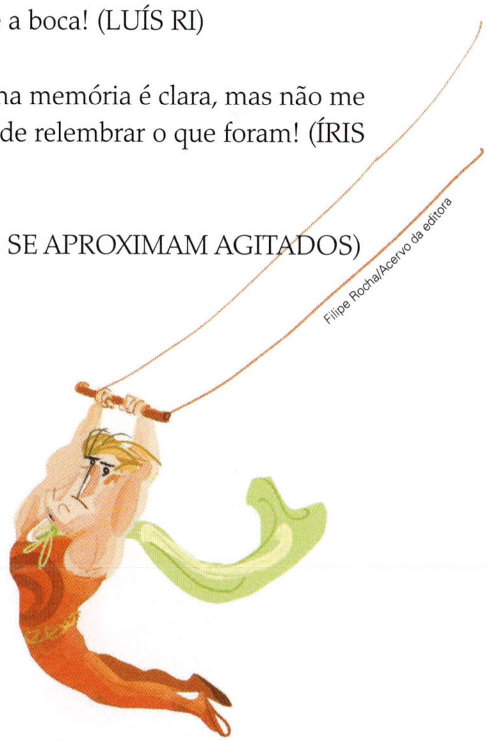

Filipe Rocha/Acervo da editora

Branca — O quê? O quê?

Ungária — Calma! Sem atropelo!

Apresentador — Deixem que ela fale!

Mauro — É lembrança sua ou nossa?

Íris — Não sei! Não sei, mas é um jorro, um rio de imagens, bendito seja Deus!, que me vem à lembrança!

Branca — Fala, por favor. (FAZ-SE SILÊNCIO)

Íris — Tem um homem batendo com uma marreta num cinzel. O cinzel fere uma enorme pedra!

Gustarrão — Que coisa é cinzel?

Ungária — Além de morto é burro! É uma espécie de talhadeira, pra lascar a pedra.

Gustarrão — Isso é lembrança de circo?

Marília — Cala a boca. Deixe que ela lembre.

Íris	Ah, meu Deus! Mauro! Você descia de uma corda. Você também, Gustarrão! (FIXA UNGÁRIA) Ungária! Seu nome é Ungária!
Ungária	(FELIZ) É. É esse meu nome!
Íris	Você entrava na parte cômica! E eu... eu era a filha!
Ungária	Era é um drama que a gente representava!
Marília	Eu também estou no drama?
Íris	Não, Marília, você não, mas você, Lau, era o canteiro! (MARÍLIA FELIZ REPETE PARA SI MESMA SEU NOME.)
Gustarrão	(RI) Com flores? Como é que se representa um canteiro?
Ungária	Canteiro, pessoa que trabalha em cantaria, que corta pedras! Eu lembro: chamava-se o "Homem de Pedra".

(FELIZES E AGITADOS OS CIRCENSES INICIAM A REPRESENTAÇÃO.)

[...]

(Disponível em: https://www.teatronaescola.com/index.php/banco-de-pecas/item/como-o-vento-luis-alberto-de-abreu. Acesso em: 13/4/2023.)

Filipe Rocha/Acervo da editora

1. O texto se inicia com uma longa rubrica. Qual é a função dela?

2. Na primeira fala do apresentador, aparece uma expressão que marca o início da história que será contada. Qual é essa expressão?

3. Um misto de sentimentos é revelado na primeira fala do apresentador.

a) Como a rubrica define o estado emocional do apresentador?

b) Quais outras rubricas marcam as mudanças do estado emocional dele?

Filipe Rocha/Acervo da editora

c) O apresentador revela um sentimento em relação ao público. Qual é esse sentimento? E por que o personagem se sente dessa forma?

4. No texto teatral lido, há dois planos: o plano em que os artistas circenses estão mortos e o da encenação de suas lembranças.

a) Como o cenário de circo é construído?

b) Por que o cenário não está dado desde o início?

Quem é? Luís Alberto de Abreu

Vivi Zanata/Estadão Conteúdo/AE

O premiado dramaturgo e roteirista Luís Alberto de Abreu nasceu em 1952, em São Bernardo do Campo (SP). Iniciou sua carreira como dramaturgo no final da década de 1970, no grupo Mambembe, com as comédias *Foi Bom, Meu Bem?* e *Cala a Boca já morreu*.

Já escreveu mais de 50 peças teatrais, com destaque para as premiadas *Borandá* e *Auto da Paixão e da Alegria*. Como roteirista, se destacou no cinema com os filmes *Maria* (1985), *Lila Rapper* (1997) e os premiados *Kenoma* (1998) e *Narradores do Vale de Javé* (2000). Para a TV, escreveu roteiros de minisséries, entre elas *Hoje é Dia de Maria* (2005) e *A Pedra do Reino* (2006), além de colaborar na novela *Velho Chico* (2016), de Benedito Ruy Barbosa.

Abreu tem atuação pedagógica em núcleos de dramaturgia, na Escola Livre de Santo André e no projeto Oficinão do Galpão Cine Horto, em Belo Horizonte. É idealizador da Escola Livre de Cinema e Vídeo, de Santo André, e do Instituto Narradores de Passagem.

5. Quase todos os personagens tentam se lembrar de quando eram vivos para reviver e encenar suas memórias.

a) Qual personagem não quer se lembrar do passado? O que ele acha desse esforço dos outros personagens?

Filipe Rocha/Acervo da editora

b) Luís diz que se lembra de tudo, mas que não vai revelar o que sabe aos demais personagens. Converse com os colegas e responda: É possível saber se Luís diz a verdade? Por que ele age dessa forma?

c) Íris começa a se lembrar de algo do passado. Qual imagem ela usa para descrever suas lembranças?

d) O que as lembranças de Íris causam nos outros personagens? Justifique sua resposta.

6. Qual rubrica indica a interrupção do plano dos mortos e o início do plano das lembranças?

7. Observe a linguagem empregada no texto. Em geral, como ela se caracteriza? Ela é adequada aos personagens e à situação? Justifique sua resposta.

Leitura dramática: entre o texto literário e a encenação

Antes de ser levado ao palco, um texto teatral passa, necessariamente, por uma **leitura dramática**, ou dramatizada, que consiste em uma leitura feita pelo grupo de atores que vão atuar na peça.

Monkey Business Images/Shutterstock

Portanto, ela é uma espécie de encenação, porém sem a plena ação corporal dos atores, que buscam se aproximar e se apropriar dos personagens, dando a entonação, o ritmo, a intenção e a pausa adequados.

Para que a leitura dramática seja bem-feita, é necessário que os atores tenham entendido bem o texto e resolvido dificuldades quanto à compreensão e à pronúncia de algumas palavras. Além disso, é preciso ler várias vezes o mesmo texto, até que os diálogos fluam com naturalidade e os atores comecem a "ver" a peça sendo representada no palco.

EXERCÍCIO

Reunidos em grupos de oito alunos, façam a leitura dramática do texto *Como vento*, estudado neste capítulo.

Orientações:

SolStock/Getty Images

1. Cada aluno deve fazer o papel de um dos personagens. Para isso, leiam individualmente o texto pelo menos uma vez.
2. Em seguida, façam a leitura coletiva do texto. Em voz alta, cada aluno lê as falas de um dos personagens, procurando ter uma compreensão mais ampla do texto e um domínio maior da história.
3. A partir da terceira leitura, comecem a buscar a representação, isto é, comecem a transformar a leitura em ação. Lembrem-se: o ator é um fingidor, alguém que cria ilusões.
4. Depois que cada um dos componentes do grupo tiver encontrado a expressão própria de seu personagem e os diálogos estiverem fluindo com naturalidade, façam a gravação em áudio da leitura dramática. Depois, ouçam a gravação e, se necessário, aprimorem a leitura.
5. Com a orientação do professor, apresentem a leitura dramática ao restante da turma.

Dicas para a realização da leitura dramática

- Para realizar uma boa interpretação, analisem e debatam juntos o comportamento psicológico de cada personagem: quais são seus desejos; que fatos ou outros personagens se contrapõem à realização deles; como ele reage; etc.
- Cada um deve buscar a melhor forma de interpretar seu personagem.
- Considerem a pontuação do texto e as rubricas de interpretação.
- Fiquem atentos à impostação de voz e não deixem cair a entonação no final das frases.
- Se julgarem necessário, marquem no texto as pausas para respiração e destaquem os verbos das frases para dar um apoio maior à inflexão da voz.
- Para ajudar no volume da voz, imaginem — como fazem no meio teatral — que na última fileira do teatro há uma pessoa que escuta pouco e que vocês devem representar para ela.
- Como vocês farão apenas a gravação em áudio da leitura dramática, avaliem a necessidade de adaptar algum trecho em que a ação do ator é fundamental na interpretação do texto.
- Planejem a sonoplastia: pensem em alguns sons para acompanhar a leitura das cenas (passos, sons de algo se abrindo, sons de fenômenos climáticos, como vento, chuva, etc.).

Hill Street Studios/Blend Images LLC/Getty Images

AGORA É A SUA VEZ

Como você sabe, ao final desta unidade, você e os colegas vão participar de um festival de teatro proposto no capítulo **Oficina de Criação**. Para isso, é necessário dar continuidade aos trabalhos de produção de texto teatral.

A seguir, há duas propostas de produção de uma peça teatral: a primeira delas sugere a continuidade da peça *Como vento*, enquanto a segunda propõe uma criação livre. Reunidos em grupo, escolham uma delas e desenvolvam-na.

Marc Romanelli/Blend Images LLC/Getty Images

Proposta 1

Com base no trecho da peça *Como vento*, de Luís Alberto de Abreu, imaginem como seria a encenação da lembrança de Íris. O que ocorreria na parte dramática da encenação? E na parte cômica? Lau era um trabalhador que cortava pedra. Como seria a relação entre ele e Íris? Que outros personagens poderiam fazer parte da peça? Que outros fatos poderiam fazer parte do enredo? O que poderia ocorrer quando os personagens voltam do plano da memória?

Deem continuidade à peça, buscando manter os dois planos do texto original. Se quiserem, escolham outro nome para a peça, mais coerente com a nova história.

Proposta 2

Produzam livremente um texto teatral com personagens circenses. Tenham como inspiração os personagens do texto *Como vento* e criem outros: trapezistas, mágicos, malabaristas. Lembrem que os circos são itinerantes, então seus integrantes estão sempre viajando, conhecendo diferentes lugares e convivendo entre si. Várias situações cômicas ou conflituosas podem acontecer.

Planejamento do texto

Sigam as orientações didáticas dadas no capítulo 1, na página 148, para planejarem o texto teatral.

Escrita

Sigam as orientações didáticas dadas no capítulo 1, na página 149. Lembrem-se de incluir as rubricas para indicar aspectos relacionados com o cenário, o figurino, a iluminação, a sonoplastia, a movimentação, a expressão dos atores, etc. A linguagem dos personagens deve estar de acordo com o perfil de cada um deles.

Revisão e reescrita

Revisem o texto que elaboraram, seguindo as orientações apresentadas no capítulo 1, na página 149.

Leitura dramática

Concluído o texto, façam, ainda em grupo, a leitura dramática dele, seguindo as orientações dadas neste capítulo. Quando a leitura estiver boa, gravem-na e ouçam-na, a fim de aprimorá-la. Por fim, com a orientação do professor, apresentem a leitura dramática à turma.

CAPÍTULO 3

A resenha

O GÊNERO EM FOCO

Resenha de peça teatral

Leia a resenha a seguir.

Galpão atualiza e simplifica trama de "O Inspetor Geral"

Com mais de 20 anos de carreira, grupo mineiro acerta ao aliar técnica popular com tradição literária

SERGIO SALVIA COELHO
CRÍTICO DA **FOLHA**

O Grupo Galpão não precisa provar mais nada. Vindo da rua, e com mais de 20 anos de estrada, já promoveu uma **antológica** releitura de um clássico ("Romeu e Julieta", consagrado na casa de Shakespeare, o Globe Theatre de Londres), consolidou-se com a criação coletiva "Um Trem Chamado Desejo" e agora, como o mentor Molière, concilia a melhor técnica popular com a preservação da tradição literária.

"O Inspetor Geral" é a escolha natural para esse momento do grupo. Conta a história de Klestacov, um vigarista confundido com um inspetor do Tzar à paisana em uma cidadezinha cheia de corruptos. Todas as autoridades, do prefeito ao chefe dos correios, o bajulam e subornam, até serem desautorizados. Uma peça, infelizmente, sempre atual, que desde a sua estreia em 1836 (Nicolai Gógol, seu autor, inaugurava com 25 anos uma carreira polêmica) costuma desafiar os diretores.

© Guto Muniz/Foco in Cena

Atores do Grupo Galpão encenando o texto *O Inspetor Geral*, de Gógol, em 2003, com direção de Paulo José.

O encenador russo Meyerhold, outro menino terrível, revolucionou o teatro com sua versão, no começo do século 20; e o Brasil foi marcado por várias releituras do texto, da versão de Augusto Boal, no Arena, em 1966, até uma recente montagem de Cristiane Paoli-Quito, na Escola de Arte Dramática.

Mas o Galpão está além das revoluções. A adaptação do texto pelo elenco, supervisionada por Cacá Brandão, atualizou referências em um divertido falso russo, mas se concentrou em tornar a trama simples e eficiente. Afinal, o diretor Paulo José foi convidado antes de tudo para dirigir atores, coisa que ele faz muito bem, sobretudo com esse elenco afinado.

Assim, logo na primeira cena, quando o elenco inteiro sobe ao palco tocando seus instrumentos, demonstrando que a trilha será ao vivo, na melhor tradição popular, já se sabe que o Galpão não trairá as expectativas de seu público fiel. Os atores, afinados e harmônicos, brincam com as marcas e os clichês sem nunca ceder ao **histrionismo** de cacos e roubos de cena, amparados pela direção de arte que concilia luxo e **despojamento**.

Embora haja um cuidado na montagem de nunca supervalorizar um ator em detrimento de outro, é preciso fazer um destaque para o ator que faz Klestacov. Dançando cada marca com elegância, pondo o público no bolso com um erguer de sobrancelhas, Rodolfo Vaz chega com desenvoltura a uma rara excelência: lembra Charles Chaplin.

É com essa mistura de inocência de filme mudo e malícia de **chanchada** brasileira que o Galpão ganha a unanimidade nacional. Que se cuide o grupo: dele se esperará sempre montagens do nível deste.

antológica: digna de ser lembrada, memorável.
chanchada: cinema, televisão, espetáculo ou filme em que predomina um humor ingênuo, burlesco, de caráter popular.
despojamento: simplicidade, singeleza.
histrionismo: maneira de agir afetada e exagerada, a fim de chamar a atenção para si.

(*Folha de S.Paulo*, 8/4/2004, página E5. Disponível em: https://www1.folha.uol.com.br/fsp/ilustrad/fq0804200417.htm. Acesso em: 15/5/2023.)

1. O texto em estudo é uma resenha.

a) Qual é o objeto cultural alvo da resenha?

___

b) Quem é o autor da resenha? Como ele é identificado?

___

c) Onde a resenha foi publicada?

___

2. Nos primeiros parágrafos da resenha, o autor não trata da montagem de *O Inspetor Geral* pelo grupo Galpão, especificamente.

a) Qual é o objetivo do 1º parágrafo?

___

b) Qual tópico é desenvolvido no 2º parágrafo?

___

c) Na frase "Uma peça, infelizmente, sempre atual", o advérbio **infelizmente** expõe a visão do autor da resenha sobre a peça em si? Justifique sua resposta.

Com origem ligada à tradição do teatro de rua, o Grupo Galpão, sediado em Belo Horizonte, MG, foi criado em 1982 e é considerado uma das companhias mais importantes do cenário teatral brasileiro.

d) Releia o 3º parágrafo e levante hipóteses: Por que o autor da resenha julgou relevante comentar as primeiras montagens da peça *O Inspetor Geral*, na Rússia e no Brasil?

3. No 4º parágrafo, a resenha passa a abordar especificamente a montagem do Grupo Galpão para o texto teatral de Gógol.

a) Dois profissionais são citados nesse parágrafo. Quem são eles? Por que são citados na resenha?

b) Nesse parágrafo, o autor da resenha já expõe alguns pontos de sua avaliação. O que ele avalia? Essa avaliação é positiva ou negativa? Que palavras confirmam sua resposta?

4. Em uma resenha, geralmente há a descrição ou o resumo do objeto cultural resenhado.

a) Em qual(quais) parágrafo(s) há uma descrição do objeto ou de parte dele?

b) Essa descrição é neutra ou traz a avaliação do autor da resenha? Comprove sua resposta com trechos do texto.

5. Para elogiar um ator em particular, o autor da resenha se utiliza de algumas estratégias.

a) Assinale aquelas utilizadas por ele:

☐ dar destaque ao nome do ator principal.

☐ usar adjetivos que salientam a *performance* dele.

☐ detalhar a *performance* dele em uma cena particular.

☐ comparar o ator principal a outro ator famoso.

b) Qual é o sentido da expressão "pôr o público no bolso", utilizada para falar sobre o ator Rodolfo Vaz?

c) Na opinião do autor da resenha, o destaque desse ator foi planejado pelo grupo teatral? Justifique sua resposta com base no texto.

A ficha técnica em resenhas

A ficha técnica é um recurso bastante comum em resenhas. Ela traz dados objetivos sobre o objeto cultural resenhado, para que o leitor possa encontrá-lo com facilidade.

Em certa medida, ela também funciona como uma recomendação do autor da resenha ao leitor. Veja abaixo a ficha técnica da resenha lida, na qual o espetáculo é avaliado com quatro estrelas, de um total de cinco:

O Inspetor Geral

★★★★

Direção: Paulo José

Com: Grupo Galpão

Onde: Sesc Vila Mariana (r. Pelotas, 141, SP, TEL. 0/XX/11/5080-3000)

Quando: de qui. a sáb., às 21h; dom., às 18h; até 2/5

6. Em uma resenha, após descrever o objeto cultural e avaliar suas características, o autor costuma recomendar ou desaconselhar, de maneira direta ou indireta, o consumo desse objeto.

a) O autor da resenha em estudo recomenda ou desaconselha o consumo do objeto resenhado? Essa avaliação é feita de maneira direta ou indireta? Justifique sua resposta.

b) Há alguma avaliação negativa ou ressalva sobre o objeto cultural avaliado?

7. Observe a linguagem empregada na resenha.

a) Que tempo verbal predomina?

b) Em que pessoa verbal o texto foi escrito? Que efeitos de sentido esse uso constrói no texto?

c) Que variedade linguística foi empregada?

d) A linguagem é predominantemente formal ou informal? Justifique sua resposta com base no texto.

8. Sobre a conclusão do texto, responda:

a) A avaliação final do autor envolve conhecimentos específicos? Se sim, de que tipo?

b) Qual é a estratégia do autor para encerrar a resenha: conclui com um breve resumo sobre suas ideias, traz alguma informação nova sobre a montagem ou enfatiza sua avaliação? Justifique sua resposta.

Resenhas audiovisuais

Hoje em dia, é muito comum encontrarmos resenhas *on-line* no formato de texto escrito e de vídeo. No ambiente digital, especialistas e pessoas comuns podem expor sua avaliação sobre objetos culturais.

Além disso, não somente filmes, livros e jogos são alvo de resenhas. Encontramos com facilidade vídeos intitulados como "resenhas" que apresentam opiniões e críticas sobre outros objetos de consumo, como produtos de cabelo, cosméticos e eletrodomésticos.

Veja um exemplo de resenha audiovisual sobre o texto teatral *O Inspetor Geral* acessando o *QR code* ou o *link*: https://www.youtube.com/watch?v=My_ddt7Zq_w&t=9s.

Reprodução/Youtube/Aline && Os Livros

9. Reúna-se com os colegas para preencher as lacunas do quadro a seguir com as características básicas da resenha.

Resenha: construção e recursos expressivos	
Quem são os interlocutores da resenha?	
Qual é o objetivo da resenha?	
Qual é o suporte ou o veículo da resenha?	
Quais são os temas abordados na resenha?	
Como é a estrutura da resenha?	
Como se caracteriza a linguagem da resenha?	

AGORA É A SUA VEZ

Ao final desta unidade, você e os colegas vão organizar um festival de teatro. Além dos textos teatrais a serem lidos e encenados, vocês vão preparar resenhas para orientar o público sobre os textos produzidos por vocês.

Combinem com o professor a melhor forma de realizar as propostas que seguem.

Proposta 1

Como vocês viram nos capítulos anteriores, um texto teatral também pode ser publicado e distribuído ao grande público em formato de livro, para além da encenação da peça. Agora vocês vão assumir o papel de resenhadores de um texto teatral produzido no Capítulo 1.

Monkey Business Images/Shutterstock

O professor trocará os textos entre os grupos, a fim de que cada grupo tome como objeto o texto teatral escrito por outro grupo. A resenha pode ser elaborada individualmente, em duplas ou em grupo, conforme a orientação do professor.

Proposta 2

Ouça com os colegas as gravações das leituras dramáticas feitas pela turma no Capítulo 2. Em seguida, escolha uma dessas leituras e faça individualmente uma resenha crítica sobre ela. É importante que você escolha uma leitura dramática da qual não tenha participado.

Proposta 3

Escolha um objeto cultural com o qual você tenha tomado contato recentemente ou que tenha conhecido há mais tempo, mas que, por algum motivo específico, tenha um significado especial para você. Pode ser um livro, um filme, um seriado, uma peça de teatro, uma apresentação de dança, um concerto, uma exposição ou qualquer outro produto cultural que você tenha em mente.

Produza individualmente uma resenha escrita ou audiovisual sobre esse objeto cultural escolhido.

Planejamento do texto

- Defina o objeto que será foco da resenha.
- Planeje o tom que você pretende dar ao texto: se menos ou mais pessoal, se menos ou mais formal.
- Leve em conta o perfil dos leitores: alunos, funcionários e professores da escola, familiares e amigos.
- Decida o ponto de vista que você vai adotar para abordar o objeto resenhado e planeje como pretende explorar isso no texto — por exemplo, se vai dar sua opinião de maneira menos ou mais enfática, se vai (ou não) recomendá-lo, se vai fazer alguma ressalva, etc.

Dicas para roteiro e gravação de resenha audiovisual

- Tenha em vista quem é o público-alvo do festival de teatro a ser organizado pela turma na **Oficina de Criação**. Adéque a linguagem a esse público.
- Planeje maneiras de interagir com o público, desde a forma de cumprimentá-lo até estratégias para chamar a atenção dele para o conteúdo da resenha.
- Se o objeto cultural escolhido for textual, defina previamente quais trechos serão lidos durante a resenha e quanto você vai revelar sobre esse texto.
- Indique, no roteiro, a sequência das ações que você pretende realizar ao gravar o vídeo.
- Escolha um cenário adequado e sem barulho externo, para garantir a qualidade do som do vídeo.
- Com a ajuda do professor, defina um tempo máximo para o vídeo.
- No início do vídeo, apresente o objeto cultural resenhado e traga dados objetivos sobre ele.
- Fale um pouco sobre a autoria do objeto cultural.
- Apresente seu ponto de vista sobre o objeto cultural de maneira clara. Dê argumentos e exemplos para embasar sua opinião.
- A recomendação pode aparecer de maneira direta ou indireta.
- Se houver ressalvas ou avaliação negativa, o faça de maneira crítica e respeitosa.
- Lembre-se de se despedir do público antes de encerrar o vídeo.
- Escolha um programa de edição de vídeo e áudio.
- Reveja a primeira versão do vídeo com atenção, observando o volume de sua voz, seu posicionamento em frente à câmera, a iluminação e a correspondência com o roteiro. Se necessário, regrave algum trecho antes de editá-lo.

Escrita

- Mantenha o tom definido em todo o texto.
- Fique atento ao gerenciamento das vozes citadas em seu texto. Para tanto, use aspas, verbos *dicendi*, nomes e sobrenomes das pessoas cujas falas são mencionadas.
- Faça a recomendação de forma direta ou indireta, tendo em vista o encaminhamento dado à argumentação.
- Construa a ressalva, se houver, de forma coerente com o que foi dito no restante da resenha.
- Selecione imagens relacionadas ao objeto resenhado para compor seu texto.
- Escreva em linguagem objetiva e clara, de acordo com a norma-padrão da língua.
- Dê um título atraente à resenha.

Revisão e reescrita

Antes de finalizar a resenha, releia seu texto, observando se:

- está claro qual é o objeto resenhado;
- está claro seu ponto de vista sobre o objeto resenhado;
- você manteve o tom ao longo de todo o texto;
- as citações e a reprodução de trechos de outros textos estão devidamente organizadas, sem confundir o leitor;
- você fez uma recomendação, positiva ou negativa, sobre o objeto resenhado;
- a ressalva está coerente com as demais ideias do texto;
- as imagens utilizadas estão relacionadas ao texto;
- a linguagem está de acordo com a norma-padrão e com o perfil dos interlocutores;
- o título é atraente.

Faça as alterações necessárias e deixe o texto pronto para compor o festival de teatro.

Transforme uma resenha escrita em uma resenha audiovisual

Para transformar uma resenha escrita em uma resenha no formato de vídeo, não basta ler o texto escrito em frente a uma câmera. É importante que você faça adaptações no texto escrito, a fim de que sua fala possa soar espontânea e agradável a seus espectadores. Além disso, você pode escolher um tom mais sério, mais cômico, mais poético, mais irônico, mais formal ou mais descontraído.

Escolha um cenário que se relacione ao objeto cultural alvo da resenha. Caso seja um conto ou um poema, você também pode ler trechos dele na resenha.

Lembre-se de saudar e cumprimentar o público no início do vídeo, assim como de se despedir dele ao encerrar a gravação.

Para lembrar todos esses pontos, convém preparar um roteiro para o vídeo.

DE OLHO NA AGENDA 2030 DA ONU

Paz, justiça e instituições eficazes

Reprodução/ONU

A Agenda 2030 da Organização das Nações Unidas (ONU), criada em 2015, é um plano de ação elaborado por líderes de diversos países para promover uma vida digna e erradicar desigualdades sociais. Ela estabelece, em âmbito global, 17 Objetivos de Desenvolvimento Sustentável (ODS), a fim de que a sociedade trilhe um caminho sustentável, buscando a concretização dos direitos humanos, a erradicação da pobreza e a promoção de uma vida digna para todos, com educação, igualdade e consciência ambiental. Um desses 17 objetivos é a **Paz, justiça e instituições eficazes**.

A peça teatral *O Inspetor Geral* conta uma história infelizmente muito comum: como governantes, empresários, fazendeiros, comerciantes e funcionários públicos se envolvem em pequenas corrupções diárias, conscientes ou não de quanto essas práticas prejudicam a população. A história se passa na Rússia, mas poderia ser no Brasil ou em muitos outros países.

Reunidos em grupo, pesquisem outros objetos culturais que tratem do tema corrupção: filmes, músicas, textos teatrais, novelas, séries, contos, crônicas, romances. O ideal é que cada grupo escolha um objeto cultural diferente. Após ver, ouvir ou ler o objeto selecionado, preparem uma resenha oral e apresentem-na aos colegas da turma.

No dia da apresentação, vocês podem gravar as resenhas orais para exibi-las no dia do festival de teatro.

Depois que todos os grupos tiverem apresentado as resenhas, debatam com toda a turma: Como fortalecer instituições democráticas e combater a corrupção?

Filipe Rocha/Acervo da editora

Gerenciamento de vozes

Na Unidade 2 deste volume, você estudou alguns recursos utilizados para citar discursos de outras pessoas, especialmente em textos jornalísticos. Entre essas estratégias, você viu os discursos direto e indireto, os verbos *dicendi* e as expressões de introdução de outras vozes.

Administrar a citação de vozes de mais de uma pessoa em um texto é uma tarefa que requer atenção e certo cuidado; por isso, nesta seção, vamos compreender mais alguns aspectos desse mecanismo linguístico.

Leia uma resenha da montagem do texto teatral *O Santo Inquérito*, do dramaturgo brasileiro Dias Gomes:

Os pecados de O SANTO INQUÉRITO

Por Revista Osíris (Marco Vasques / Rubens da Cunha)

Dias Gomes é um dos nossos grandes dramaturgos. Tem no repertório inúmeras peças, das quais destacamos *O Pagador de Promessas*, *As Primícias* e, claro, *O Santo Inquérito*, que foi escrita em 1966. Existe um debate histórico sobre a existência ou não de Branca Dias, a personagem central da peça *O Santo Inquérito*, que esteve em cartaz, neste último final de semana, no teatro da UBRO, com direção de Marcello Serra. Embora esteja ambientada no século XVIII, é óbvio que Dias Gomes está fazendo nítida alegoria à Ditadura Militar então implantada a fórceps no Brasil. Portanto, pode-se deduzir que Branca Dias metaforiza uma multidão de gente mutilada, sumida e esmagada pelo autoritarismo, seja ele o religioso, o político ou o familiar de todas as épocas, de todos os tempos.

Reprodução/Editora Bertrand Brasil

Capa do livro *O Santo Inquérito*, de Dias Gomes.

[...]

A peça apresentada fez parte da programação do Verão Cultural, organizado pela Fundação Cultural de Florianópolis Franklin Cascaes. E aqui começam as perguntas: como uma instituição, que tem técnicos qualificados em teatro, comete o equívoco de inserir na sua programação um espetáculo tão ridiculamente primário? Como um diretor de teatro não percebe que todos os seus atores são menores que os personagens? Como não se avalia que nenhum ator está preparado para um texto tão denso e profundo? [...]

[...]

Clarice Lispector dizia que "escrever é uma pedra lançada no poço fundo". Cabe, portanto, ao leitor ir lá, encontrar a pedra na escuridão, na sua própria escuridão. É um trabalho difícil e complexo. Talvez por isso muitos dos realizadores teatrais, apressados que estão com a necessidade de "montar" a peça, esqueçam do mergulho sempre necessário no texto.

[...] O que temos é um grupo que resolveu montar uma peça e para ter espaço em cena, divide-se a personagem principal, um pedacinho para cada atriz e pronto, está solucionado o problema. Isso sem falar na obviedade do figurino dos inquisidores: uma capa e narizes que levavam a ideia de ave de rapina, para mostrar como eles eram cruéis. O figurino escondia tudo: corpo e rosto das atrizes. Só não conseguiu esconder as suas nítidas deficiências.

Enfim, se **Peter Brook** e **Artaud** têm alguma razão em dizer que "teatro é vida" e "ato único", o que se fez no Teatro da Ubro, no último final de semana, foi inverter a lógica da poética teatral. E o que se vê são "crianças", que não têm culpa nenhuma, sendo levadas por uma direção irresponsável e medíocre. É verdade que Dias Gomes anda sumido dos nossos palcos e é preciso retomar sua dramaturgia combatente e de um humanismo ímpar. Porém, se é para fazer esse tipo de montagem superficial, destituído da força teatral proposta por Dias Gomes, é melhor deixá-lo quieto em seu canto. E ficar imaginando um diálogo entre Zé do Burro, Branca Dias e o aventureiro Quixote nos cantos das bibliotecas espalhadas Brasil afora. E a gente está farto de saber que é apenas uma montagem com estudantes, mas não podemos esquecer que isso não significa que tenha que ser feita de qualquer jeito. É bom lembrar, sempre, o quanto o teatro amador contribuiu para a profissionalização do Teatro Brasileiro.

Artaud: Antonin Artaud, dramaturgo, poeta e ator francês.
Peter Brook: diretor de teatro britânico.

(Disponível em: https://revistaosiris.wordpress.com/2012/01/31/os-pecados-de-o-santo-inquerito/. Acesso em: 20/3/2023.)

1. Além de mencionar o texto teatral *O Santo Inquérito*, de Dias Gomes, a resenha aborda outra produção cultural relacionada a esse texto.

J. F. Diorio/Estadão Conteúdo

Dias Gomes (1922-1999), dramaturgo, romancista e autor de telenovelas.

a) Qual é o objeto cultural alvo da resenha? Justifique sua resposta.

____

____

____

____

____

b) Qual é a opinião dos autores da resenha sobre o texto de Dias Gomes?

____

____

c) E qual é a opinião dos autores da resenha sobre a outra produção cultural?

____

____

Considere os seguintes trechos da resenha para responder às questões 2 a 5:

I. Clarice Lispector dizia que "escrever é uma pedra lançada no poço fundo". Cabe, portanto, ao leitor ir lá, encontrar a pedra na escuridão, na sua própria escuridão. É um trabalho difícil e complexo. Talvez por isso muitos dos realizadores teatrais, apressados que estão com a necessidade de "montar" a peça, esqueçam do mergulho sempre necessário no texto.

II. Enfim, se Peter Brook e Artaud têm alguma razão em dizer que "teatro é vida" e "ato único", o que se fez no Teatro da Ubro, no último final de semana, foi inverter a lógica da poética teatral. E o que se vê são "crianças", que não têm culpa nenhuma, sendo levadas por uma direção irresponsável e medíocre.

2. Algumas vozes são citadas pelos autores nesses dois trechos.

a) De quem são essas vozes?

---

b) Que recurso gráfico os autores da resenha utilizaram para marcar as citações do trecho?

---

c) Considerando o conteúdo da resenha, levante hipóteses: Por que os autores usaram aspas nas palavras **montar** e **crianças**?

---

3. Releia uma parte do trecho I.

Clarice Lispector dizia que "escrever é uma pedra lançada no poço fundo". Cabe, portanto, ao leitor ir lá, encontrar a pedra na escuridão, na sua própria escuridão.

a) Que relação a conjunção **portanto** estabelece entre as frases conectadas por ela?

---

b) É possível determinar com precisão a quem deve ser atribuído o conteúdo da segunda frase? Justifique sua resposta.

---

4. Observe estas propostas de reescrita para a frase analisada na questão 3:

I. Caberia, portanto, ao leitor ir lá, encontrar a pedra na escuridão, na sua própria escuridão.

II. Disso concluímos que cabe, portanto, ao leitor ir lá, encontrar a pedra na escuridão, na sua própria escuridão.

Se essas construções substituíssem a versão original do texto, a quem cada uma delas atribui a ideia de que "cabe ao leitor ir lá, encontrar a pedra na escuridão"? Justifique sua resposta.

5. Agora releia a primeira frase do trecho II da resenha em estudo:

Enfim, se Peter Brook e Artaud têm alguma razão em dizer que "teatro é vida" e "ato único", o que se fez no Teatro da Ubro, no último final de semana, foi inverter a lógica da poética teatral.

a) São mencionados dois autores no trecho, assim como são citadas duas falas. É possível saber a quem cada fala é atribuída? Justifique sua resposta.

b) Proponha uma reescrita para o trecho, utilizando a palavra **respectivamente** e supondo que cada uma das falas é atribuída a um dos autores citados.

c) Proponha uma reescrita para o trecho, utilizando a palavra **ambos** e supondo que as duas falas são atribuídas aos dois autores citados.

Diferentemente da resenha lida no início deste capítulo, a resenha sobre a montagem de *O Santo Inquérito* apresenta uma avaliação negativa.

Ao fazer os exercícios anteriores, você percebeu que o mecanismo de gerenciamento de vozes é determinante na construção de sentidos do texto. A falta de clareza na atribuição das citações a seus respectivos autores e a não indicação do responsável pelo conteúdo das frases de um texto podem causar ruídos e dificultar a retomada das devidas referências no processo de leitura.

Entre os recursos mais utilizados para gerenciar as vozes de um texto, como você já estudou na Unidade 2, estão:

- as citações em **discurso direto** e em **discurso indireto**;
- o uso de **aspas**;
- as **expressões de introdução da fala** de outras pessoas.

Nesta seção, você entrou em contato com outros recursos que podem ser usados para o mesmo fim. São eles:

- articulação das **formas verbais** em **1ª pessoa**, para marcar explicitamente a voz do(s) autor(es) do texto, ou em **3ª pessoa**, para deixar o texto mais impessoal ou introduzir os discursos citados (como você viu na questão 4);
- articulação das formas verbais no **presente do indicativo**, para marcar a voz do(s) autor(es) do texto, ou no **futuro do pretérito**, para indicar os discursos citados (como você viu também na questão 4);
- expressões que funcionam como **marcadores linguísticos remissivos e anafóricos**, entre elas: *respectivamente*, *respectivos*, *cada qual*, *este*, *aquele* e *ambos* (como você viu na questão 5).

EXERCÍCIOS

Leia o texto a seguir.

Vídeo mostra como seria o mundo sem aplicativos, segundo a Apple

Para dar início à WWDC deste ano, a Apple exibiu um vídeo da sua visão de como seria o mundo sem aplicativos.

O vídeo mostra um novo funcionário da Apple que desconecta, sem querer, os servidores da App Store. Os aplicativos então param de funcionar e começam a desaparecer dos dispositivos das pessoas.

Depois disso, o mundo se torna um caos, com os motoristas perdidos sem os serviços de navegação, pessoas sem saber como compartilhar as selfies e fotos tiradas. Até surge um mercado negro da loja de aplicativos, onde são oferecidos CDs pela loja iTunes, doces no Candy Crush e cirurgiões plásticos que oferecem Face Swaps, do Snapchat.

Obviamente, o CEO Tim Cook explicou que esse cenário desastroso nunca poderia realmente acontecer, mas ainda assim mostra o quanto estamos cada vez mais dependentes dos aplicativos.

(Disponível em: https://olhardigital.com.br/noticia/video-mostra-como-seriao-mundo-sem-aplicativos-segundo-a-apple/68819. Acesso em: 15/4/2023.)

1. Observe o título do texto.

a) De quem é a voz inserida por ele no texto? Que expressão é utilizada para marcar a autoria dessa voz?

b) Troque ideias com os colegas e o professor e explique: Por que esse título é ambíguo, isto é, por que pode ser lido de duas formas? Quais são essas formas?

c) Considerando o contexto, deduza: Qual das duas leituras mencionadas por você no item **b** é a correta?

d) Apenas alterando a ordem dos termos do título, proponha uma reescrita que mantenha o sentido do texto e elimine a ambiguidade.

2. O texto faz uso de uma citação em discurso indireto com verbo *dicendi*.

a) Identifique-a.

Jean Galvão/Acervo da editora

b) Reescreva-a, utilizando discurso direto.

c) Que outros verbos *dicendi* poderiam ser utilizados nesse contexto, sem alterar substancialmente o sentido do texto?

3. Releia o 4º parágrafo.

"Depois disso, o mundo se torna um caos, com os motoristas perdidos sem os serviços de navegação, pessoas sem saber como compartilhar as selfies e fotos tiradas. Até surge um mercado negro da loja de aplicativos, onde são oferecidos CDs pela loja iTunes, doces no Candy Crush e cirurgiões plásticos que oferecem Face Swaps, do Snapchat."

a) Em que tempo estão as formas verbais nesse trecho?

b) De quem é a voz nesse trecho, isto é, a quem pode ser atribuído esse conteúdo?

c) Reescreva o trecho, inserindo a expressão "Segundo o vídeo da Apple" no começo e fazendo as devidas alterações no tempo das formas verbais.

d) Deduza: Por que foi necessário alterar os tempos verbais empregados no parágrafo para realizar a reescrita no item **c**?

Projeto » Festival *Escola em Cena*

Participe com os colegas da realização de um festival de teatro escolar, com leituras dramáticas, apresentações teatrais e exposição de resenhas críticas.

1. Preparando o Festival

Filipe Galvão/Acervo da editora

Com a orientação do professor, definam o dia, o horário e o local da realização do Festival. Em seguida, escolham os meios para a divulgação do evento: redes sociais, *e-mail*, mensagens eletrônicas, cartazes, faixas, convites, etc.

Produzam os textos necessários para convidar os demais colegas da escola, professores, funcionários, familiares e amigos. Dividam entre vocês as tarefas de divulgação do evento.

Façam também o levantamento do que será necessário para o festival: cadeiras ou bancos para o público, palco ou algum tipo de elevação para as encenações, equipamentos de luzes e som, etc.

2. Ensaiando e planejando as leituras dramáticas e as encenações teatrais

Realizem ensaios das leituras dramáticas e das encenações que farão ao público.

Planejem o cenário: cada grupo pode criar um cenário para sua apresentação teatral ou a turma inteira pode montar um cenário único.

Definam o figurino e providenciem o que for necessário em termos de roupas, calçados e acessórios.

Escolham a trilha sonora do evento e providenciem o equipamento necessário.

Ao ensaiar, levem em conta estas outras orientações:

vgajic/Getty Images

- Cada aluno deve decorar as falas do personagem que representará, imaginando as situações vividas por ele e a relação dele com os demais personagens.
- Considerem as indicações dadas nas rubricas de movimento e de interpretação.
- Imaginem o cenário, de acordo com as indicações dadas sobre ele, e procurem visualizar o espaço que os atores terão para se movimentar.
- Logo que possível, incluam nos ensaios a sonoplastia (se ela estiver prevista), para que todos se familiarizem com a relação entre música e palavra.
- Nos ensaios, coloquem-se no lugar dos personagens e vivam a cena, ou seja, comecem a fazer teatro.
- Ensaiem quantas vezes for necessário.
- Façam o ensaio final com o texto já decorado, com figurino, cenário e sonoplastia.

3. Orientando o público

Disponham em paredes ou painéis as resenhas críticas que produziram, além de imagens e pôsteres relacionados ao teatro brasileiro ou mundial.

Para as resenhas críticas das peças escritas por vocês, criem um catálogo de resenhas com o nome de cada uma e dos autores. Permitam que os convidados folheiem esse catálogo logo na entrada da mostra, antes do início das apresentações. Assim, o público pode se orientar e saber o que será exibido com base nas informações encontradas nas resenhas.

Caso a turma tenha gravado as resenhas sobre objetos culturais que tematizam a corrupção, planejem um momento para apresentá-las ao público ou preparem um *link* ou *QR code* para que os convidados possam acessá-las após o festival.

4. Apresentando as leituras dramáticas e as encenações teatrais

Nesta unidade, vocês produziram vários textos teatrais, entre eles um inspirado na crônica de Carlos Eduardo Novaes e outro a partir do texto *É*, de Maria Helena Kühner. Além disso, deram continuidade ou criaram textos com base no texto teatral *Como vento*, de Luís Alberto de Abreu. Organizem-se em grupos: alguns podem fazer as leituras dramáticas, enquanto outros podem fazer as encenações.

5. O espetáculo vai começar!

Escolham um colega para ser o mestre de cerimônias. É ele quem deve abrir o Festival, cumprimentar o público, anunciar o que vai ocorrer e dizer quem são os participantes, fazer agradecimentos, etc. Se quiser, ele poderá se apresentar com uma roupa especial ou usar um chapéu e um lenço, por exemplo.

Ververidis Vasilis/Shutterstock

Resenhas críticas

O mestre de cerimônias poderá iniciar as apresentações fazendo um breve comentário a respeito das resenhas críticas escritas pelos alunos, explicando como elas foram produzidas e com qual objetivo e convidando o público para visitar os painéis depois das apresentações, a fim de confrontar a própria opinião com a avaliação feita nas resenhas.

Leituras dramáticas

Em seguida, o mestre de cerimônias inicia os trabalhos de leitura dramática, anunciando, um a um, os grupos que vão fazer as leituras dramáticas, citando o nome dos integrantes, o nome do texto que será apresentado e fazendo um breve comentário sobre como ele foi criado.

Encenações teatrais

Para fechar a mostra, chegou a hora de iniciar as encenações teatrais. O mestre de cerimônias deve proceder da mesma forma, apresentando cada grupo e comentando brevemente o que será visto pelo público.

Tetra images RF/Getty Images

A voz do público

Além dos esperados aplausos, vocês poderão fazer uma breve discussão com os espectadores, perguntando o que eles acharam das apresentações, os aspectos positivos dessa experiência, como poderiam melhorar em outra oportunidade, etc.

UNIDADE

4 Vamos de mãos dadas!

Esta unidade de ensino contempla:

23 habilidades da BNCC

Habilidades dos campos jornalístico-midiático, artístico-literário, de atuação na vida pública e das práticas de estudo e pesquisa, com foco na organização de debates regrados e na criação de textos de propaganda, cartas argumentativas de reclamação e de solicitação.

7 gêneros textuais

Debate regrado público, texto de propaganda, propaganda em vídeo, propaganda em áudio, fôlder, carta de reclamação e carta de solicitação.

2 recursos: Para escrever com expressividade e Para escrever com adequação

Apreciação no discurso e exploração de recursos gráficos; informatividade.

83 atividades: compreensão, interpretação, oralidade e escrita

Diversas atividades individuais e em grupo; propostas de debates, de cartas argumentativas e de produção de textos para uma campanha de conscientização.

Projeto: Oficina de Criação

Participar com os colegas do lançamento de uma campanha de conscientização pelo respeito à diversidade.

Mãos dadas

Não serei o poeta de um mundo caduco.
Também não cantarei o mundo futuro.
Estou preso à vida e olho meus companheiros.
Estão taciturnos mas nutrem grandes esperanças.
Entre eles, considero a enorme realidade.
O presente é tão grande, não nos afastemos.
Não nos afastemos muito, vamos de mãos dadas.

[...]
O tempo é a minha matéria, o tempo presente, os homens presentes,
a vida presente.

(Carlos Drummond de Andrade. *Antologia poética*. Rio de Janeiro: Record, 2010. p. 158.)

FIQUE LIGADO! *Pesquise!*

Para você aprofundar seu conhecimento sobre cidadania e direitos e deveres sociais, sugerimos:

Reprodução/Netflix/Laboratório Fantasma

Emicida: AmarElo — É tudo pra ontem, de Fred Ouro Preto; *Meu nome é Greta*, de Nathan Grossman; *Sergio*, de Greg Barker; *O menino e o mundo*, de Alê Abreu; *Milagre azul*, de Julio Quintana; *Escritores da liberdade*, de Richard LaGravenese; *Pro dia nascer feliz*, de João Jardim; *Entre os muros da escola*, de Laurent Cantet; *Doutores da alegria*, de Mara Mourão; *Do luto à luta*, de Evaldo Mocarzel; *Central do Brasil*, de Walter Salles; *A corrente do bem*, de Mimi Leder.

Reprodução/Companhia das Letras

Ideias para adiar o fim do mundo, de Ailton Krenak (Companhia das Letras); *Basta de cidadania obscena!*, de Mario Sergio Cortella e Marcelo Tas (Papirus); *Cidadania explicada aos jovens... e aos outros*, de José Jorge Letria (Terramar); *Almanaque da cidadania*, de João Pedro Roriz (Paulus); *Juventude, violência e cidadania: os jovens de Brasília*, de Julio Jacobo Waiselfisz (Editora Unesco); *O que é o Brasil*, de Roberto DaMata (Rocco); *Cidadania agora*, de Edson Gabriel Garcia (Saraiva); *Noções de coisas*, de Darcy Ribeiro (Global); *Redes solidárias*, de Maria Tereza Maldonado (Saraiva); *Ética e cidadania*, de Herbert de Souza e Carla Rodrigues (Moderna); *O cidadão de papel: a infância, a adolescência e os direitos humanos no Brasil* e *Aprendiz do futuro: cidadania hoje e amanhã*, de Gilberto Dimenstein (Ática); *Pra você eu conto*, de Moacyr Scliar (Atual).

- https://www.gov.br/patriavoluntaria/home
- https://www.acaodacidadania.org.br/
- https://www.beaba.org.br/
- https://doutoresdaalegria.org.br/
- https://portal.aprendiz.uol.com.br/

Ouça as canções "AmarElo" e "Passarinhos", de Emicida; "Quem tem fome tem pressa", de Xande de Pilares, Mosquito, Gilson Bernini e Emicida; "Manifestação", de Carlos Rennó; "R.A.M.", da banda O Rappa; "Chega", de Gabriel, o Pensador; "Pacato cidadão", da banda Skank; "Comida", da banda Titãs; "Haiti", de Caetano Veloso e Gilberto Gil; "Admirável gado novo", de Zé Ramalho; "Guerra", da banda Tribo de Jah.

FIQUE LIGADO! *Escreva!*

Ser cidadão... Exercer a cidadania... Afinal, o que é ser cidadão? O que é exercer a cidadania? Sabemos que, como cidadãos, temos direitos e deveres, mas quais são esses direitos e deveres?

Em *sites*, jornais e revistas, procure notícias, reportagens, fotos, cartuns, etc. relacionados à cidadania. Depois, escreva um texto, de poucas linhas, definindo com suas palavras o conceito de cidadania e indicando como ela é praticada em sua cidade ou no Brasil. Você e os colegas podem expor os textos no mural da sala de aula ou da escola.

Biry Sarkis/Acervo da editora

Para iniciar uma reflexão sobre cidadania, troque ideias com os colegas:

- Quais são os comportamentos que cada um de vocês deve ter para manter as áreas comuns da escola limpas e conservadas?
- Quais são as atitudes cidadãs que os jovens devem ter ao circular pelas ruas e ao utilizar o transporte público, como ônibus e metrô?
- O que você acha da atitude de jovens que vandalizam prédios particulares ou monumentos públicos da cidade?

Jacob Lund Photography/Getty Images

- Você participa de algum grupo voluntário na escola, no bairro ou na cidade onde mora? Se a resposta for afirmativa, em que consiste essa participação? Se não participa, gostaria de participar? Por quê?
- Suponha que você ou o grupo comunitário do qual participa queiram ver resolvido um problema cuja solução dependa da prefeitura da cidade onde moram. Que tipo de documento deve ser redigido para denunciar o problema ou pedir uma solução às autoridades competentes?

Agora, leia os textos a seguir.

Debate e cartas argumentativas: a cidadania em cena

Na sociedade em que vivemos, marcada pela diversidade regional, social, cultural e linguística, é esperado que as pessoas apresentem diferentes pontos de vista sobre os fatos e o mundo, assim como é previsto que haja divergências de ideias e de interesses.

Hill Street Studios/Getty Images

Nas sociedades democráticas, todos têm o direito de ser ouvidos e respeitados. Desde o operário, que nas assembleias de sua categoria defende uma proposta, até o morador de um bairro da periferia, que protesta contra a falta de água, todos se expressam por meio da linguagem. Em contextos relacionados a direitos e deveres dos cidadãos, a expressão pela linguagem toma a forma dos gêneros argumentativos, como debate regrado, debate deliberativo, carta aberta, carta de reclamação, carta de solicitação, folheto e panfleto.

O debate regrado e as cartas argumentativas no tempo

O debate regrado e as cartas argumentativas estão diretamente relacionados com certas práticas da sociedade moderna, particularmente a partir do século XVIII, quando a informação e a liberdade de expressão passaram a ser valorizadas.

Com a Revolução Francesa (1789), os nobres foram destituídos do poder e perderam seus privilégios de nascença. O princípio de "Liberdade, Igualdade e Fraternidade" difundiu a ideia de que todos têm valor social e podem fazer valer suas opiniões e seus interesses, seja participando diretamente de debates em assembleias, seja elegendo seus representantes.

O debate, que já era um gênero praticado nas culturas grega e latina, começou a ser realizado nos mais diferentes ambientes e ocasiões. As cartas argumentativas, antes utilizadas ocasionalmente para defender o interesse de uma ou outra pessoa da elite, ganharam um papel social mais amplo, tornando-se um importante instrumento de luta do cidadão comum, que passou a utilizá-las como meio de se dirigir diretamente a uma autoridade e de cobrar dela o cumprimento de seus direitos.

Reprodução/Acervo da editora

Declaração dos Direitos do Homem e do Cidadão (1789).

OFICINA DE CRIAÇÃO

Projeto » Eu respeito as diferenças

Nesta unidade, você e os colegas vão organizar uma campanha de conscientização pelo respeito à diversidade que vai envolver toda a comunidade escolar. Para realizá-la, vocês vão participar de debates regrados e produzir textos de propaganda e cartas argumentativas de reclamação e de solicitação. Todo o material divulgado e exposto na campanha será elaborado regularmente nas aulas, ao longo desta unidade.

Filipe Rocha/Acervo da editora

CAPÍTULO 1 O debate regrado público

O GÊNERO EM FOCO

O debate regrado é um gênero argumentativo oral que se realiza quando os participantes se reúnem para expor o que pensam e apresentar argumentos e propostas sobre determinado tema.

O texto a seguir é a transcrição de parte de um debate entre duas chapas candidatas à presidência do grêmio estudantil de uma escola brasileira em Contagem (MG).

Reprodução/YouTube

Moderador: Então, é… muita, muito bom dia, muito boa tarde ou muito boa noite também pra quem está assistindo aí a gente. É… hoje nós estamos aqui com… é... os representantes da chapa 2 e da chapa 1. É… eles farão hoje o debate aqui na escola da/Escola Estadual Helena Guerra. É… Bom, antes de começar, eu vou explicar um pouquinho o programa do debate que vai acontecer aqui. É… primeiro, nós temos o bloco um, que são as perguntas da mesa, ou seja, nós, da presidência da comissão eleitoral, iremos fazer a pergunta, para cada chapa para que eles possam responder às perguntas que serão feitas. Eles terão o tempo de dois minutos para responder cada pergunta e serão quatro perguntas. É... o bloco dois será as perguntas da plateia. As plateias terão o direito de escolher uma chapa pra fazer a pergunta e fazer a pergunta que quiserem, é... lembrando que a gente tem seis minutos para fazerem isso, então, ou seja, é... precisa ser rapidinho, e é isso. Bloco três, o debate direto. Então, no bloco três é que ocorrerá é... realmente o debate direto das chapas. Então as chapas poderão escolher um integrante delas é... pra fazer uma pergunta pra chapa adversária, então eles terão trinta segundos pra fazer a pergunta, sessenta segundos pra responder, a chapa no caso que... que sofreu a pergunta, é... quarenta segundos pra réplica, se quiserem, e quarenta segundos pra trépri, para a tréplica. É... só ressalvando aqui a todos, é... nenhuma chapa pode ser interrompida durante o tempo de fala, ok? É... e no bloco quatro teremos o pronunciamento final das chapas, ou seja, eles terão dois minutos, cada chapa, pra tentar convencer as pessoas a votarem neles. É... bom, esse foi o cronograma. Espero que vocês tenham entendido. É... dito isso, vamos começar. […] Agora nós vamos para o bloco 3, que é o bloco do debate realmente entre as chapas. As chapas farão pergunta umas para as outras e a que for... a que tiver pergunta, a outra responderá. É... Bom, vamos começar então. Alguma chapa gostaria de começar a fazer a pergunta?

A1 — chapa 2: Nós podemos começar.

Moderador: Só um minutinho. Só lembrando: são trinta segundos pra pergunta, um minuto pra resposta, quarenta pra réplica, quarenta pra tréplica, se quiser. Pode ir, pode ir.

Rubens Chaves/Pulsar Imagens

Alunos no pátio da Escola Estadual Alfredo Paulino durante debate com professores. São Paulo, 2017.

A1 — chapa 2: Já era acordado, entre a nossa diretoria aqui, que nós iríamos perguntar sobre as pessoas PCD, as pessoas com deficiência. E nós sabemos que, como foi perguntado, aqui dentro da escola não há muito desse ato de inclusão, essas pessoas PCD não têm... não existe um comprometimento muito grande com essas pessoas aqui dentro da escola. Então nós queríamos tornar a perguntar: quais seriam os projetos... é... para incluir as pessoas com deficiência aqui dentro da escola?

A1 — chapa 1: Assim como já foi dito, acabamos de responder a ela [referindo-se a uma aluna da plateia que tinha feito a mesma pergunta no bloco anterior], o clube de teatro é um ponto que a gente quer focar mesmo pra não... pra não unir só as pessoas sem deficiência, mas as com também, pra as pessoas sem deficiência, com deficiência estarem mais ao nosso meio também, não isolarem eles. Outra coisa também, tem até a matéria na escola que é *Esporte e inclusão*. Tipo, a gente tá focando muito mais nisso esses dias e a gente quer focar mais ainda, pra levar mais essa matéria a sério, fazer... fazer visitações, conversar realmente com o deficiente, fazer um clube do livro também, que o deficiente também participa. A gente quer envolver mesmo eles em todo o nosso meio.

Moderador: Vocês gostariam de fazer uma réplica?

A1 — chapa 2: Sim. No caso de pessoas com deficiência, você citou o clube de teatro, mas eu queria saber: sobre a inclusão dentro de sala de aula com pessoas surdas e mudas, como isso aconteceria?

A1 — chapa 1: É que essas pessoas surdas, mudas têm acompanhamento, né? Então, aconteceria da mesma forma. O clube de teatro, tanto que a pessoa podia se envolver mais com outros alunos que podem não ser da sala dela, mas mesmo tendo amigos fora da sala, quanto pode ter dentro da sala também, de qualquer jeito, vai beneficiar da mesma forma.

Moderador: Então é... agora a chapa 2, chapa 1... a chapa 2 começou com a pergunta, agora a chapa 1 fará uma pergunta para a chapa 2.

A1 — chapa 1: Eu queria perguntar realmente sobre a festa de Halloween que eu ouvi algum de vocês falando, não sei, que ela já tava planejada a ser feita, porém eu mesma presenciei e não estava, a gente teve que convencer o Daniel, eu e a Gabriela, que é diretora de imprensa, no dia 7 de outubro. Aí eu queria saber como que vocês chegaram a essa conclusão.

A2 — chapa 2: Bom, o que a gente quis dizer na verdade com isso é que a gente já estava com uma proposta de fazer festa de Halloween. A gente não chegou a conversar com o Daniel, como vocês fizeram, em nenhum momento a gente falou isso, que a gente chegou a... na direção, o que a gente quis dizer é que a gente já havia planejado também e a gente queria passar que, qualquer uma das chapas que venha a vencer, vai ocorrer, mas eu não tiro o mérito de vocês por ter conversado com o Daniel e resolvido essa questão. O que a gente realmente quis transparecer é que a nossa proposta já havia sido acordada com todos sobre essa festa de Halloween.

Moderador: Vocês gostariam de fazer uma réplica?

A1 — chapa 1: Não, tranquilo.

Moderador: A chapa 2 tem direito a fazer mais uma pergunta.

A3 — chapa 2: Pode começar?

Moderador: Pode começar.

SDI Productions/Getty Images

A3 — chapa 2: Bom, é... o movimento estudantil é um espaço de representação e faz parte da estrutura da democracia brasileira. A prática de compra de votos, pra além de ser um desvio ético, é considerado como crime nas eleições oficiais. Sabendo disso, queremos saber o que a chapa The Lions [chapa 1] acha dessa prática, sendo tido que no primeiro dia de campanha a chapa The Lions entregou balas e pirulitos e valendo realçar que, em uma das reuniões com a comissão e as duas chapas, a chapa The Lions admitiu que usou esse método para apresentar e chamar a atenção dos alunos perante à grande movimentação que a chapa O.A.P. [chapa 2] já teria tido no HG [Escola Estadual Helena Guerra].

A2 — chapa 1: Então, é... a gente não tava com a intenção de comprar ninguém, como eu disse na reunião pra você. É... a gente... como eles estão aqui há mais tempo, querendo ou não, eles têm mais visibilidade já, a gente queria mostrar que a gente também tava aqui, igual exatamente foi exatamente o que eu te falei na reunião, e então a gente não tinha intenção de comprar ninguém, a gente só queria mostrar realmente que a gente tem nossas propostas também, que a gente, né, que são duas chapas diferentes e que a gente também quer apresentar e tá aqui também mostrando tudo o que a gente quer fazer.

Moderador: Os senhores gostariam de fazer uma réplica?

A3 — chapa 2: Sim.

Moderador: Pode começar.

A3 — chapa 2: Bom, trouxe essa pauta aqui no debate, pois como eu disse na reunião a chapa The Lions admitiu que fez esse método de entregar balas e pirulitos pra chamar atenção dos estudantes devido à grande atuação que a chapa O.A.P. já teria tido na escola Helena Guerra. Então vale realçar que todas as propostas que nós da O.A.P. estamos tendo para vocês, estudantes, é com firmeza e com garantia, pois nós já realizamos vários eventos e nós temos experiência nisso, então nós não entregamos balas ou pirulitos com a intenção de comprar votos de alguém, pois nós sabemos que pra arrecadação de futuros projetos que a gente vai trazer pro Helena Guerra demanda tempo e esforço.

Moderador: Vocês têm...

A1 — chapa 1: Pode fazer?

Moderador: Sim. Quarenta segundos para a tréplica.

A1 — chapa 1: Então, com a entrega dessas balas que a gente demorou horas, tipo, foi mais de vinte horas fazendo isso, não... isso mostra na real a nossa dedicação com esse projeto, porque, não sei se vocês já viram até o nosso Instagram, eu também levo horas fazendo cada *post*, porque eu quero que fique tudo perfeito, até os mínimos detalhes, porque eu sei que, se eu cuido bem de um Instagram ou se a gente se dedica ao máximo pra vocês se sentirem bem com uma bala que seja, isso mostra a nossa dedicação com o projeto da escola, e a gente não vai se dedicar só com o Instagram, a gente vai se dedicar com a escola inteira, então eu acho que isso mostrou muito da nossa... da nossa posição em questão disso, na verdade.

[...]

(Disponível em: https://www.youtube.com/watch?v=JVUgODW03l8. Acesso em: 2/5/2023.)

1. No trecho do debate regrado que você leu, os participantes das chapas debatem, trocando perguntas entre si, com direito à resposta, à réplica e à tréplica, de acordo com as regras estabelecidas no início do evento.

a) Qual é o cargo do moderador na comissão eleitoral da escola?

____

____

____

Debate: exercício de persuasão

Debater é condição básica para o exercício da cidadania. Apesar de nem sempre haver vencedores num debate, o debatedor deve tentar **persuadir** seus interlocutores, isto é, deve tentar convencê-los de que ele tem razão. Por isso, um debatedor bem-preparado, capaz de apresentar argumentos claros e convincentes, geralmente é bem-sucedido.

Às vezes, ainda que não consiga convencer seus interlocutores, um debatedor enriquece o debate quando apresenta pontos de vista novos, possibilitando uma compreensão mais profunda da questão debatida.

b) Qual é a finalidade principal do debate em estudo?

____

____

____

____

2. Antes de dar início ao debate, o moderador estabelece algumas regras.

a) Com que finalidade ele faz isso?

____

____

____

b) Com base nas interferências do moderador durante o debate, conclua: Qual é o papel do moderador nesse gênero textual?

____

____

____

____

3. Observe a interação entre as debatedoras durante a primeira pergunta do debate.

a) Deduza: Por que elas optam pelo direito à réplica e à tréplica nessa pergunta?

b) Observe como é iniciada a réplica e conclua: Qual estratégia é utilizada na formulação do novo questionamento?

Tero Vesalainen/Shutterstock

c) Ao debater essa pergunta, a chapa 1 traz propostas para tornar o ambiente escolar mais inclusivo. Releia o seguinte trecho:

> "**A1 — chapa 1:** [...] fazer visitações, conversar realmente com o **deficiente**, fazer um clube do livro também, que o **deficiente** também participa. A gente quer envolver mesmo eles em todo o nosso meio.
>
> **Moderador:** Vocês gostariam de fazer uma réplica?
>
> **A1 — chapa 2:** Sim. No caso de pessoas com deficiência, você citou o clube de teatro, mas eu queria saber: sobre a inclusão dentro de sala de aula com pessoas **surdas e mudas**, como isso aconteceria?"

Faça uma pesquisa sobre os termos em destaque. Depois, troque ideias com os colegas e o professor e responda: Esses termos podem ser considerados ofensivos? Por quê? Quais são os termos que poderiam substituí-los, pensando em uma linguagem mais inclusiva?

4. Em um debate, é comum o embate de ideias e de pontos de vista diferentes entre os participantes acerca do tema em discussão. Observe a segunda pergunta, feita pela chapa 1, e a resposta dada a ela pela chapa 2.

a) Na pergunta, a estudante apresenta uma informação contraditória que, segundo ela, foi divulgada pela chapa 2. Qual é essa informação? Que argumento ela usa para sustentar seu ponto de vista?

b) Como a estudante da chapa 2 se posiciona em relação à contradição apresentada na pergunta? Justifique sua resposta com elementos do texto.

c) Levante hipóteses: Por que a representante da chapa 1 dispensa o direito de réplica?

d) Troque ideias com os colegas e o professor e reflita: No contexto, o que poderia ter sido explorado em uma possível réplica?

5. Antes de apresentar a terceira pergunta do debate, a estudante da chapa 2 menciona outros contextos para fundamentar sua argumentação.

a) Quais são esses contextos? Troque ideias com os colegas e o professor: Essa menção pode funcionar como uma voz de autoridade? Justifique sua resposta e explique a importância desse tipo de recurso na construção argumentativa.

b) Ao formular a pergunta, como a estudante descreve a prática realizada pela chapa 1?

c) Releia a réplica e a tréplica. Em seguida, troque ideias com os colegas e o professor e conclua: Além de abordar o tópico específico mencionado na pergunta, quais estratégias as estudantes utilizam no desenvolvimento de suas falas?

6. Em debates, uma pessoa pode retomar a fala de outra, seja para concordar com o ponto de vista apresentado, seja para refutar (negar) as afirmações presentes nela.

a) Cite três trechos do debate em que há retomada de fala.

Fernando Favoretto/Criar Imagem

Debate entre professor e estudantes de uma escola pública em São Paulo.

b) Qual é a importância desse tipo de estratégia em um debate?

Ao argumentar, o debatedor expõe o próprio ponto de vista. Para isso, ele emprega expressões como **na minha opinião**, **para mim**, **penso que**, **eu acho que**, **do meu ponto de vista**, **concordo** e **discordo**. A expressão de opinião também pode ocorrer implicitamente, quando o debatedor cita uma voz de autoridade ou retoma parte da fala de outro debatedor para concordar ou discordar do ponto de vista apresentado.

7. No trecho transcrito do debate em estudo, aparecem expressões de opinião? Ocorrem concordâncias ou discordâncias implícitas? Dê exemplos.

8. Considerando o contexto, compare estes três trechos de falas do debate:

I. "**A1 — chapa 2:** [...] E **nós** sabemos que, como foi perguntado, aqui dentro da escola não há muito desse ato de inclusão [...]"

II. "**A1 — chapa 1:** [...] **a gente** teve que convencer o Daniel, eu e a Gabriela, que é diretora de imprensa, no dia 7 de outubro. Aí eu queria saber como que **vocês** chegaram a essa conclusão."

III. "**A1 — chapa 1:** [...] se **a gente** se dedica ao máximo pra **vocês** se sentirem bem com uma bala que seja, isso mostra a nossa dedicação com o projeto da escola [...]"

a) Nesses trechos, o pronome **nós** e a expressão **a gente** referem-se a apenas determinada parte dos participantes do debate, a todos os participantes do debate ou às pessoas em geral, com sentido generalizante? Justifique sua resposta.

b) O pronome **vocês** refere-se aos mesmos interlocutores nas duas ocorrências? Explique.

9. Pelo fato de o debate ser um gênero essencialmente oral, a estrutura das falas evidencia características típicas da oralidade, entre as quais:

SDI Productions/Getty Images

I. Termos utilizados para marcar a interação com o interlocutor.

II. Retomada e repetição do tópico sobre o qual se fala.

III. Economia na fala, marcada pela redução de alguns fonemas em palavras.

IV. Correção e reelaboração imediata.

Leia os trechos do debate a seguir e numere-os de acordo com as características de oralidade indicadas pelos termos e expressões em destaque:

☐ "As chapas farão pergunta umas para as outras e **a que for... a que tiver pergunta**, a outra responderá" / "foi mais de vinte horas **fazendo isso, não... isso mostra** na real a nossa dedicação com esse projeto".

☐ "nenhuma chapa pode ser interrompida durante o tempo de fala, **ok?**" / "É que essas pessoas surdas, mudas têm acompanhamento, **né?**".

☐ "são trinta segundos **pra** pergunta, um minuto **pra** resposta, quarenta **pra** réplica, quarenta **pra** tréplica, se quiser." / "que ela já **tava** planejada".

☐ "**aqui dentro da escola não há muito desse ato de inclusão**, essas pessoas PCD não têm... **não existe um comprometimento muito grande com essas pessoas aqui dentro da escola**." / "a gente só **queria mostrar realmente que a gente tem nossas propostas também**, que a gente, né, que são duas chapas diferentes e que **a gente também quer apresentar** e tá aqui **também mostrando tudo o que a gente quer fazer**".

Geralmente, no debate regrado público predomina uma variedade linguística de prestígio, relativamente próxima da norma-padrão. Contudo, a linguagem dos debatedores pode variar, dependendo de vários fatores: idade, grupo social, grau de escolaridade, perfil sociocultural, etc. Além disso, a linguagem pode apresentar maior ou menor grau de formalidade, conforme o tema, o grau de intimidade entre os debatedores e o local onde o debate será veiculado.

10. Sobre a linguagem dos participantes no debate lido, responda:

a) Que variedade linguística predomina?

____

____

____

O debate fora da escola

Para além da esfera educacional, o debate é um gênero textual produzido em diferentes esferas sociais: na política, durante as campanhas eleitorais; nos sindicatos, em época de campanha salarial; nas artes, após a apresentação de filmes e peças teatrais, etc.

Realizar um bom debate não é difícil. Basta que sejam satisfeitas três condições básicas:

1. um tema de interesse público que desperte diferentes pontos de vista;
2. duas ou mais pessoas bem-preparadas e que defendam posições diferentes, divergentes ou contrárias;
3. um público interessado em acompanhar as discussões, formar uma opinião sobre o tema e, eventualmente, participar do debate enviando perguntas aos debatedores ou até torcendo por um deles.

b) A linguagem é predominantemente formal ou informal? Exemplifique.

c) Nas falas, foram empregados termos ou expressões característicos da variedade social dos participantes? Justifique sua resposta com trechos do texto.

11. Com a orientação do professor, reúna-se com alguns colegas para preencher o quadro a seguir com as principais características do debate regrado público.

Debate regrado público: construção e recursos expressivos	
Quem são os interlocutores do debate regrado público?	
Qual é o objetivo do debate regrado público?	
Onde o debate regrado público pode ser realizado e como costuma ser veiculado?	
Quais temas são abordados no debate regrado público?	
Como é a estrutura do debate regrado público?	
Como se caracteriza a linguagem no debate regrado público?	

AGORA É A SUA VEZ

Ao final desta unidade, no capítulo **Oficina de Criação**, você e os colegas participarão de uma campanha de conscientização pelo respeito à diversidade cujo título pode ser **Eu respeito as diferenças** ou outro escolhido pela turma.

A seguir, há duas propostas de debate. Os debates podem ser gravados para serem exibidos no dia do lançamento da campanha. Além disso, podem servir de fonte de ideias para a produção de cartazes, de fôlderes e de panfletos para a campanha de conscientização da turma.

Proposta 1

A exemplo dos estudantes que participaram do debate regrado estudado no início deste capítulo, você e os colegas vão participar de um processo eleitoral de **grêmio estudantil** ou de **representantes de turma** e, para isso, devem realizar um debate entre as chapas.

Conforme a orientação do professor, reúnam-se em grupos, trios ou duplas para pensar em ideias e definir propostas de ações que possam ser realizadas na escola por uma equipe de alunos. Nesse primeiro momento, procurem responder às perguntas:

- Quais são as prioridades da nossa chapa?
- Quais ações podem ser realizadas na escola para estimular os alunos?
- O que pode ser feito pela nossa chapa para deixar o ambiente escolar mais amigável e convidativo?
- Como tais ações podem ser viabilizadas?

Antes do debate, conversem com alunos de diferentes turmas, com professores, funcionários e membros da direção da escola. Definam bem as prioridades, considerando o que julgarem mais importante, e tragam argumentos para serem expostos e discutidos com os demais colegas.

As regras do debate devem ser previamente definidas pelo professor e por todos da turma.

Durante o debate, tomem nota de dados e informações que possam sustentar o posicionamento de vocês.

Proposta 2

Em nossa sociedade, a exclusão de determinados grupos sociais ainda é uma realidade em diferentes instâncias.

Leia o painel de textos a seguir e depois participe com os colegas de um debate regrado sobre o tema: **Como tornar o ambiente em que vivemos mais inclusivo?**

Texto 1

Caminhos para mudança

Por Estadão Blue Studio

31/03/2023

Unesco faz sete recomendações para reduzir a lacuna de gênero em ciências, tecnologia, engenharia e matemática

A presença feminina nas ciências exatas tem origem nos tempos remotos do Antigo Egito. Foi por volta do ano 355, em Alexandria, que nasceu Hipátia, a primeira matemática da história, que inventou o densímetro, um instrumento para medir a densidade de líquidos.

Isadora/Bridgeman Images/Fotoarena

Retrato de Hipátia de Alexandria (370-415), pintado por Alfred Seifert (1850-1901).

Quase dois milênios depois, as mulheres ainda lutam por um lugar ao sol, sobretudo nas áreas representadas pela sigla Stem, abreviação de ciências, tecnologia, engenharia e matemática. Segundo a Organização das Nações Unidas para a Educação, a Ciência e a Cultura (Unesco), apenas 30% dos cientistas no mundo são mulheres, e o porcentual é ainda menor nos cargos de liderança e coordenação de pesquisa.

O acesso desigual entre homens e mulheres na carreira científica e acadêmica tem sido objeto de estudo por muitos anos, segundo Sandra Unbehaum, mestre em Sociologia, doutora em Educação e pesquisadora da Fundação Carlos Chagas, onde estuda as relações de gênero, raça e etnia. [...]

Segundo a pesquisadora, uma hipótese para o baixo envolvimento das mulheres no campo das ciências exatas e tecnologia é a concentração feminina nas áreas relacionadas com o cuidado, como enfermagem, psicologia e certas áreas da saúde, um fenômeno observado no mundo todo. "Temos mais de duas décadas de programas e políticas de ação afirmativa para incentivar a equidade de gênero, mas é preciso ter paciência histórica porque os movimentos de avanço são lentos", ela diz. Tornar-se cientista, afirma Sandra, implica investimento e dedicação de pelo menos mais dez anos de estudo depois do ensino médio, incluindo graduação, mestrado e doutorado.

No Brasil, de acordo com o Conselho Nacional de Desenvolvimento Científico e Tecnológico (CNPq), as mulheres somam 43,7% das pesquisadoras. No entanto, menos de 10% dos membros da Academia Brasileira de Ciências são mulheres e cerca de 20% ocupam postos de coordenação de projetos temáticos na Fapesp, por exemplo. [...]

Quando se trata do recorte racial, a situação é ainda pior. Estima-se que a participação de mulheres negras no Brasil representa apenas 3% dos orientadores de doutorado. Ainda há muito caminho pela frente quando se trata de igualdade de oportunidades. [...]

As recomendações da Unesco para reduzir a lacuna de gênero em ciências, tecnologia, engenharia e matemática

1 Mudar a percepção, atitudes, comportamentos, normas sociais e estereótipos em relação às mulheres na sociedade.

2 Envolver meninas e mulheres jovens nas matérias de ciências, tecnologia, engenharia e matemática (Stem) em todas as etapas da educação, desde o início do fundamental.

3 Atração, acesso e retenção de mulheres no ensino superior Stem em todos os níveis.

4 Igualdade de gênero na progressão da carreira de cientistas e engenheiros.

5 Promover a dimensão de gênero nos conteúdos, nas práticas e agendas de pesquisa.

6 Promover a igualdade de gênero na elaboração de políticas relacionadas a Stem.

7 Promover a igualdade de gênero nas atividades de empreendedorismo e inovação de base científica e tecnológica.

(Disponível em: https://www.estadao.com.br/economia/caminhos-para-mudanca/. Acesso em: 2/5/2023.)

Texto 2

#entrevista

"A exposição ao risco e a tolerância ao erro são ingredientes fundamentais no estímulo à criatividade", diz Rodrigo Hübner Mendes

Por Amanda Leite

24/06/2019

Agustin Peraita/Creative Commons 4.0

Rodrigo Hübner Mendes.

Existe um poema de Carlos Drummond de Andrade onde o mineiro diz que "todo o ser humano é um estranho ímpar" – e é a partir desta frase, tão simples e intensa, que apresentaremos o professor e pesquisador de educação inclusiva Rodrigo Hübner Mendes; entretanto, para conhecê-lo de verdade, é necessário que voltemos alguns anos para entender como a educação surgiu na sua vida.

A história (quase) todo mundo já conhece: Mendes foi atingido por um tiro durante um assalto e, com 18 anos, se viu tetraplégico. "Comecei a frequentar a fisioterapia e fiquei chocado com a falta de apoio à pessoa com deficiência. Nesse ponto, já nasceu a indignação," diz. Depois do acidente, descobriu na pintura uma maneira de reconstruir sua autonomia e aprender a viver seus dias com a deficiência. A experiência foi um divisor de águas: em 1994, resolveu dedicar sua vida à luta por uma sociedade mais inclusiva e criou o Instituto Rodrigo Mendes, inicialmente concebido como uma escola de artes. Ao longo dos anos, o Instituto foi ganhando nova forma e se voltou à produção de conhecimento sobre educação inclusiva, ganhando reconhecimento nacional e internacional.

Rodrigo se consolidou como um grande idealizador da educação inclusiva. [...]

Em entrevista ao Escolas Transformadoras, Mendes conversou sobre as dificuldades de se pensar uma escola inclusiva e sobre a potência da criatividade nesse processo. Leia agora: [...]

ETB: Muitas vezes a criatividade é vista como uma característica exclusiva de algumas pessoas. Você acha que todas as pessoas podem ser criativas? É algo inerente ao ser humano?

Acho que sim, desde que ampliemos o nosso entendimento do que seja criatividade. Trabalhei 15 anos dirigindo um programa de arte-educação para grupos heterogêneos e pude testemunhar percursos encantadores no campo da criatividade, da poética. Penso que o ato criador não deve se restringir a ideias necessariamente disruptivas, transgressoras. Ele pode também estar presente em pequenos gestos, opiniões singelas, desenhos aparentemente simples, etc. É papel do educador estar atento a essas manifestações que, quando reconhecidas e valorizadas, abrem portais no processo de aprendizagem, no desenvolvimento integral do estudante. [...]

ETB: O Instituto Rodrigo Mendes acredita que qualquer pessoa é capaz de aprender e que existem diferentes processos de aprendizagem – para isso existir, é preciso que a escola se reinvente. Como é possível realizar essa mudança? A criatividade pode ajudar?

Essa mudança não é trivial. Precisa envolver todos os atores da comunidade escolar na desconstrução de conceitos muito enraizados sobre o papel da escola, as formas de ensinar e as formas de aprender. Estamos falando de uma mudança de visão que implica o gestor da escola, a equipe pedagógica, as famílias dos estudantes e os demais profissionais da instituição de ensino. Alguns fatores essenciais que tenho observado são: a existência de uma liderança comprometida, que dê o exemplo por sua atitude e tenha generosidade para reconhecer seus equívocos; investimento na formação continuada dos educadores; criação de espaços de diálogo abertos a familiares e responsáveis e, acima de tudo, uma cultura de altas expectativas, de aposta verdadeira no potencial de cada estudante, respeitando a sua singularidade.

ETB: A criatividade é uma das dez competências gerais estabelecidas pela Base Nacional Comum Curricular. Quais são os desafios de se implementar a BNCC nas escolas nesse momento político atual?

Um dos desafios que tem sido objeto da nossa atenção é garantir que a criação dos currículos e a definição das diretrizes para a formação de educadores levem em conta as diferenças inerentes a qualquer grupo de estudantes, ou seja, assumam como premissa a necessidade de se garantir acessibilidade para todos em relação aos conteúdos curriculares.

(Disponível em: https://escolastransformadoras.com.br/noticias/entrevista-criatividade-mendes/. Acesso em: 2/5/2023.)

Observatório de Educação do Instituto Unibanco/Porvir

(Disponível em: https://porvir.org/infografico-o-impacto-da-pandemia-e-do-racismo-na-trajetoria-dos-jovens-negros-no-ensino-medio/. Acesso em: 2/5/2023.)

Planejamento do debate

Ao planejar o debate, considerem o painel de textos e procurem abordar ou responder às seguintes questões, entre outras que a turma julgar convenientes.

- Convivemos bem com a diversidade humana em nosso dia a dia? De que maneira?
- As pessoas com deficiência, as mulheres e os negros precisam de algum tratamento diferenciado nas escolas ou em seus locais de trabalho?
- Os espaços públicos são acessíveis para todas as pessoas?
- Há iniciativas eficientes nas instituições de ensino e no mercado de trabalho para garantir de fato a inclusão? Quais?

FG Trade/Getty Images

- As leis brasileiras garantem os direitos das pessoas com deficiência, das mulheres e dos negros? Elas são cumpridas por todos?
- Por que as pessoas com deficiência, as mulheres e os negros ainda sofrem discriminação?

Procurem coletar dados e fatos como exemplos para a argumentação, buscando outras fontes de pesquisa, além dos textos lidos.

Façam anotações dos pontos principais que vocês defenderão e dos argumentos que pretendem apresentar no debate; elas podem servir como guia para conduzir o raciocínio.

Com o auxílio do professor, definam as regras e os detalhes sobre a dinâmica do debate: tempo de pergunta e resposta, direito à réplica e à tréplica, composição dos blocos, contribuição do público com perguntas para as chapas, etc.

Princípios e procedimentos para a realização de um debate democrático

1. Todos os participantes têm o direito de:
   - falar e ouvir livremente (não se deve interromper a exposição do outro);
   - expressar suas ideias em igualdade de condições (igualdade de tempo, por exemplo);
   - ser respeitados ao expor o que pensam (não se deve, por exemplo, zombar ou provocar o debatedor durante sua exposição).
2. No debate, o confronto é de ideias; assim, a discussão nunca deve ser levada para o terreno pessoal.
3. Os participantes devem evitar argumentos repetidos, a fim de que o debate tenha um bom andamento e não fique monótono.
4. Quando um participante apresenta um contra-argumento relativo ao ponto de vista de outro, pode haver réplica, dependendo do acordo prévio estabelecido entre o moderador e os participantes.

Realização do debate

- Assumam um ponto de vista, de acordo com o posicionamento que têm sobre o assunto.
- Fundamentem a opinião apresentada com bons argumentos e explicações.
- Direcionem a fala para o público e fiquem atentos à impostação da voz: não falem nem muito alto nem muito baixo, tampouco gritem ou sussurrem. Procurem passar segurança e credibilidade ao falar.
- Fiquem atentos aos argumentos e contra-argumentos dos outros debatedores para poder refutá-los adequadamente, porém sem agressividade.
- Utilizem uma linguagem adequada ao debate, sem o uso excessivo de gírias e de expressões típicas de conversas informais ou termos como *tipo*, *assim*, *né*, *tá*, entre outros.

Se possível, filmem o debate para avaliar o resultado posteriormente. O vídeo poderá ser divulgado no lançamento da campanha **Eu respeito as diferenças**, na **Oficina de Criação**, ao final desta unidade.

Avaliação do debate

Realizado o debate, avaliem-no, observando os seguintes aspectos:

- Houve, claramente, a explicitação de duas ou mais opiniões divergentes a respeito do tema?
- As ideias foram aprofundadas com a utilização de argumentos consistentes?
- O uso da palavra foi feito de maneira democrática? Alguém monopolizou a palavra?
- O moderador exerceu adequadamente seu papel?
- As regras estabelecidas (quanto a tempo, a direito de réplica, etc.) foram adequadas e respeitadas?
- Os participantes se trataram de maneira educada, sem agressividade?
- A linguagem dos participantes foi adequada?

Monkey Business Images/Shutterstock

Para escrever com EXPRESSIVIDADE

Apreciação do discurso e exploração de recursos gráficos

Leia esta tira, de Fernando Gonsales:

Fernando Gonsales/Acervo do cartunista

1. O ambiente representado nos dois quadrinhos é bastante diferente. Qual é a relação entre eles?

2. O humor e a crítica da tira concentram-se no 2º quadrinho.

a) Que recursos visuais e textuais são utilizados para mostrar a reação dos três personagens que olham um celular no 2º quadrinho?

b) Uma contradição entre o 1º e o 2º quadrinho cria o humor da tira. Explique essa contradição.

3. Observe o seguinte detalhe do 2º quadrinho da tira:

Fernando Gonsales/Acervo do cartunista

a) O que os recursos tipográficos e o sinal gráfico utilizados nos balões de fala do panda-gigante sugerem?

b) Troque ideias com os colegas e o professor: Quais outros recursos gráficos poderiam ter sido empregados no quadrinho para criar o mesmo efeito identificado por você no item **a**?

4. A expressão **Ohh**, dita pelos três personagens no 2º quadrinho, mostra uma apreciação de valor sobre o que aparece no 1º quadrinho:

a) Que avaliação é essa?

b) Qual é a apreciação ou o juízo de valor do urso panda-gigante em relação à atitude dos três personagens?

Na tira lida, no 2º quadrinho, o panda-gigante mostra sua indignação com a atitude das pessoas que visitam o zoológico. O emprego de negrito na palavra **Ei!** e a entonação de exclamação dão a entender que o panda-gigante se expressa de maneira enfática ao perceber que as pessoas se sensibilizam com uma notícia veiculada pela internet sobre sofrimento animal, mas não enxergam a crueldade que ocorre diante dos olhos deles.

Como você já sabe, os sinais gráficos (pontuações) e os recursos tipográficos (negrito, itálico, tamanho da fonte, caixa-alta, etc.) são usados, na escrita, com a finalidade de suprir a ausência de elementos que normalmente aparecem nas situações de fala, como gestos e expressões, e também para chamar a atenção para aspectos da situação de comunicação que o autor do texto considera importantes.

Na tira lida, os recursos tipográficos e os sinais gráficos revelam os sentimentos dos personagens e a avaliação que cada um faz da situação na qual eles estão inseridos. Os três personagens manifestam uma apreciação negativa sobre a história do urso-polar, ao passo que o urso panda-gigante manifesta uma apreciação negativa a respeito da atitude dos três personagens.

Quando o locutor se posiciona em relação ao que ele próprio diz e/ou em relação ao discurso do outro, à situação ou aos fatos sobre os quais comenta, revelando opinião, ponto de vista, intenção, juízo de valor, ou seja, realizando uma espécie de "comentário", ele faz o que se chama **apreciação do discurso**.

Alguns sinais gráficos, como as aspas, e a expressão [*sic*] explicitam com clareza uma apreciação do enunciador.

Observe o emprego de aspas e *sic* no texto a seguir, extraído de um artigo do jornalista Roberto Dias.

Inflados influenciadores

[...]

Era inevitável: cedo ou tarde, o caldo crítico que se formou sobre as redes sociais iria arrastar os chamados influenciadores digitais.

GoodStudio/Shutterstock

Essa visão "pé atrás" com as redes já vinha sendo aplicada às próprias empresas (pela utilização obscura dos dados pessoais), aos algoritmos (mais e mais gente entende que está confinada em bolhas de interesses) e às informações que por ali circulam (por causa das fake news).

[...]

O personagem que desencadeou a discussão da vez é Júlio Cocielo, 25. Ao comentar as arrancadas de Mbappé, atacante negro da França, escreveu que ele"conseguiria fazer uns arrastão [sic] top na praia".

Foi a senha para acusações de ofensa racial pulularem pela internet e o influenciador perder patrocínios de marcas do calibre de Adidas, Itaú, Submarino e Embratur. [...]

(Disponível em: https://www1.folha.uol.com.br/colunas/robertodias/2018/07/inflados-influenciadores.shtml. Acesso em: 24/4/2023.)

No texto, Roberto Dias cita uma postagem retirada de uma rede social. Na citação, utiliza a expressão ***sic***, que significa "assim mesmo", "textualmente". Com o emprego dessa expressão, ele mostra reconhecer que há inadequação e imprecisão de linguagem no texto citado e que o emprego equivocado é do outro, e não dele. De acordo com a norma-padrão, a inadequação de linguagem está na palavra **arrastão** no lugar de **arrastões**, no plural, em concordância com o artigo indefinido **uns**. Contudo, o autor não se incomoda com o uso do estrangeirismo ***top*** e o deixa sem nenhuma marcação.

Assim, a expressão ***sic*** é empregada entre parênteses (ou entre colchetes), depois de uma palavra ou expressão que, do ponto de vista do autor do texto, apresenta algum tipo de estranheza, imprecisão, inadequação ou incorreção, a fim de indicar que o locutor tem consciência disso, mas não tem responsabilidade sobre a palavra ou expressão adotada pelo autor do texto original.

O emprego das aspas no texto de Roberto Dias tem duas funções: marcar uma citação direta, ao reproduzir o texto da postagem, e marcar o uso de uma expressão informal e metafórica em seu artigo de opinião: **pé atrás**. Nessa última função, o emprego das aspas também mostra uma apreciação valorativa do locutor: a de que percebe que a expressão destoa da formalidade da linguagem adotada no restante do texto.

Às vezes, a apreciação não aparece por recursos tipográficos ou sinais gráficos, mas é insinuada ou expressa no texto. Leia a resenha abaixo.

Resenha: *De Repente Adolescente* – Antologia de contos

De Gustavo Diolindo

[...] Quem não se sente nostálgico ao assistir filmes adolescentes? Ok, geralmente o filme é americano, o elenco tem 20 e poucos anos, as escolas têm armários e sempre (SEMPRE) tem um drama no baile. Então, se você é brasileiro e quer realmente se sentir nostálgico relembrando uma fase intensa, complicada e divertida como a adolescência vivida no Brasil, a antologia de contos *De repente adolescente* é a sua próxima leitura ideal!

Lançado pela Seguinte (selo jovem da Companhia das Letras), o livro traz 10 jovens nomes da literatura brasileira como Iris Figueiredo, Clara Alves, Vitor Martins, Olívia Pilar, Luly Trigo e muitos outros em pequenos contos encantadores que, apesar de trazer a adolescência como tema principal, divergem entre si e mostram as diferentes realidades do nosso país.

Reprodução/Editora Seguinte

Capa do livro *De repente adolescente*, de Camila Fremder *et al.* (Seguinte).

De repente adolescente pode facilmente servir como porta de entrada para muitos novos leitores que vão se apaixonar pelas histórias aqui desenvolvidas rapidamente. Seja pela identificação com uma jovem que passa o tempo da Educação Física na biblioteca, com a relação complicada com os pais, com os sonhos (aparentemente) impossíveis ou até mesmo com a escrita dos autores. Vale uma atenção especial aos contos de Iris Figueiredo, Jim Anotsu e Vitor Martins. Contos tocantes, simples e que conseguem surpreender os leitores de forma primorosa e emocionante.

[...]

(Disponível em: http://leitorcompulsivo.com.br/2021/12/28/resenha-de-repente-adolescente-antologia-de-contos/. Acesso em: 2/5/2023.)

No texto, o crítico Gustavo Diolindo faz uma crítica aos filmes adolescentes e sugere que grande parte deles está fora da realidade brasileira por meio da frase "Ok, geralmente o filme é americano, o elenco tem 20 e poucos anos, as escolas têm armários e sempre (SEMPRE) tem um drama no baile", reforçando essa crítica com a palavra **realmente** empregada logo na sequência em "quer realmente se sentir nostálgico relembrando uma fase". Em seguida, faz uma avaliação positiva do livro resenhado, a qual é evidenciada por frases e expressões como "leitura ideal", "vão se apaixonar pelas histórias", "surpreender os leitores de forma primorosa e emocionante".

EXERCÍCIOS

Leia esta tira, de Laerte, e responda às questões 1 a 3.

Laerte/Acervo da cartunista

1. Na tira, Rozy está sob o poder de piratas, prestes a ser forçada a pular no mar, e faz uma ameaça logo no 1º quadrinho.

a) Os piratas sentem medo da ameaça de Rozy? O que comprova sua resposta logo no 1º quadrinho?

b) Que elementos verbais e não verbais do 2º quadrinho confirmam o sentimento dos piratas?

2. Compare os recursos tipográficos e os sinais gráficos utilizados nos três quadros da tira.

a) Na comparação entre as duas falas de Rozy, o que os recursos e os sinais utilizados no 3º quadrinho sugerem?

b) Por que a palavra **nada** no último quadrinho está em tamanho maior e em negrito? Que outro sinal gráfico é usado para construir o sentido da fala do pirata?

3. O humor da tirinha resulta de uma interpretação particular dos piratas para a ameaça de Rozy.

a) Como os piratas compreendem a ameaça de Rozy?

b) O que as expressões "Não pode nada??" e "Caraca!", relacionadas às ameaças de Rozy, revelam sobre o comportamento dos piratas?

Leia este texto e responda às questões a seguir.

Dinheiro lançado para mulheres na Alemanha chama a atenção para desigualdade salarial

Marcelo Duarte

Tem uma moeda nova circulando na Alemanha. Neste mês, a marca **Paisley** criou um dinheiro especial para mulheres utilizarem em suas lojas: o FEM. As notas valem exatamente 121% do valor de um euro e são parte de uma campanha para promover a primeira linha de roupa feminina da marca e, simultaneamente, chamar atenção para a desigualdade salarial que ainda existe no país europeu. O valor do FEM foi escolhido justamente para "devolver" esse poder de compra às mulheres, que faturam 21% a menos do que os homens no mercado de trabalho.

[...]

Na campanha, a questão central é a desigualdade salarial, mas ela também chama atenção para outro ponto de desequilíbrio de gênero no mundo do dinheiro: a quantidade de mulheres estampadas em cédulas. Uma pesquisa de 2016 apontou que apenas 9% de todas as notas em circulação em 180 países são ilustradas por mulheres. E mais: em 74 das 120 notas existentes, a mulher em questão é a **Rainha Elizabeth II**, que apareceu pela primeira vez nas verdinhas quando tinha apenas 8 anos.

[...]

De acordo com uma descoberta arqueológica de 2007, a primeira mulher representada no dinheiro foi ninguém menos que **Cleópatra**, cuja face foi cravada em uma moeda de prata. Na Síria, uma das notas retrata a Rainha Zenobia, conhecida por lutar contra o exército romano, no ano de 200. No México, o casal Frida Kahlo e Diego Rivera divide a nota de 500 pesos. Ele aparece na frente (anverso) e ela estampa as costas (reverso) da cédula. Já na Argentina, Evita Perón está representada na nota de 100 pesos. Nos anos 1990, duas mulheres importantes foram homenageadas por seus países: a cientista Marie Curie na cédula de 20 mil zloty poloneses e Golda Meir, única mulher a ocupar o cargo de primeira-ministra em Israel até hoje, na nota de 10 shequel.

O dólar, considerada a moeda mais influente do mundo, nunca colocou uma mulher em suas notas. Em 2016, o então presidente Barack Obama aprovou a substituição do ex-presidente Andrew Jackson pela abolicionista negra Harriet Tubman na nota de 20 dólares. Mas, com a entrada de Donald Trump na presidência, a promessa ainda não se cumpriu. O Reino Unido, por sua vez, deu espaço para mais uma mulher além de sua rainha: a nota de 10 libras da escritora **Jane Austen**, que também foi homenageada pela FEM, entrou em circulação em setembro do ano passado.

Atualmente, dá para dizer que todas as seis notas brasileiras possuem uma mulher. A efígie simbólica, originada durante a Revolução Francesa como representante da República, foi batizada de Marianne. Seu rosto é o mesmo da Estátua da Liberdade, um dos principais pontos turísticos norte-americanos. Mas essa não vale! Na história da moeda brasileira, três mulheres foram representadas na cédula.

A primeira foi a **Princesa Isabel**, em 1967, numa cédula de 50 cruzeiros, que circulou por cinco anos. Ela voltou a figurar na moeda depois de nove anos, de 1981 a 1987, quando estampou a nota de 200 cruzeiros. Entre 1989 e 1992, a poeta **Cecília Meireles** foi homenageada nas notas de 100 cruzados novos. A última cédula brasileira que recebeu uma mulher foi a de 50 mil cruzeiros reais, conhecida como "A Baiana", que circulou entre março e setembro de 1994, a última nota antes da criação do Real.

(Disponível em: https://www.guiadoscuriosos.com.br/blog/historia-2/moeda-feminina/. Acesso em: 15/3/2023.

As cédulas e as mulheres

São seis cédulas diferentes, cada uma com uma mulher influente na história em uma área diferente: **Ada Lovelace**, inglesa pioneira na programação de computadores, foi escolhida para ilustrar a nota de 1 FEM; a revolucionária alemã **Rosa Luxemburgo** está na nota de 5 FEM; a britânica **Florence Nightingale**, cujas técnicas de tratamento para feridas de batalha durante a Guerra da Crimeia foram essenciais para os avanços na área de enfermagem, aparece na nota de 10 FEM. **Amelia Earhart**, a americana que foi a primeira mulher a pilotar um avião sozinha sobre o oceano Atlântico, aparece na de 20 FEM; e a célebre autora inglesa **Jane Austen** figura na de 50 FEM. Na nota mais alta, a homenageada foi a cientista polonesa **Marie Curie**, primeira mulher a ganhar um Prêmio Nobel e a única pessoa a repetir o feito em duas categorias diferentes (Física, em 1903, e Química, em 1911).

Imagens: Reprodução/Agência Design MAYD

4. Qual é o assunto principal do texto?

5. Os autores de textos jornalísticos geralmente procuram abordar os assuntos de modo imparcial, sem tomar uma posição a respeito deles. Apesar disso, há quase sempre nos textos jornalísticos um posicionamento de seus autores, identificado por meio de marcas de apreciação valorativa.

Releia o primeiro parágrafo do texto.

a) Qual é a apreciação do autor do texto sobre a desigualdade salarial entre homens e mulheres na Alemanha? Que palavra indica essa apreciação?

b) Sobre a moeda criada, que palavras a qualificam? O que essa qualificação revela sobre a visão do autor do texto sobre o FEM?

c) Por que a palavra **devolver** está entre aspas?

6. Releia o seguinte trecho do texto:

> "Uma pesquisa de 2016 apontou que apenas 9% de todas as notas em circulação em 180 países são ilustradas por mulheres. E mais: em 74 das 120 notas existentes, a mulher em questão é a **Rainha Elizabeth II**, que apareceu pela primeira vez nas verdinhas quando tinha apenas 8 anos."

a) Qual é o papel da expressão **e mais** nesse trecho?

b) O que o uso dessa expressão revela sobre a apreciação do autor sobre o número de mulheres que estampam notas de dinheiro? Justifique sua resposta com base em elementos do texto.

7. De acordo com o texto, quem foi a primeira mulher representada em dinheiro? Qual é a apreciação do autor sobre essa figura?

8. No Brasil, todas as cédulas apresentam a efígie simbólica batizada de Marianne. O autor considera sua presença suficiente para romper a desigualdade de representação entre homens e mulheres em dinheiro? Levante hipóteses: Por que o autor avalia a presença de Marianne dessa maneira?

CAPÍTULO

2 Os textos de campanha: propaganda em diferentes mídias e fôlder

O GÊNERO EM FOCO

Para realizar uma campanha de conscientização, também chamada de campanha comunitária, é preciso planejar uma série de ações e de produções textuais que visem convencer o público-alvo a refletir sobre um problema e a participar da campanha, engajando-se ou mudando as próprias atitudes.

Atualmente, as campanhas de conscientização são compostas de diferentes gêneros textuais e de variadas mídias. Dessa forma, elas podem chegar a um público mais amplo e surtir os efeitos transformadores desejados. Os gêneros que geralmente integram uma campanha pertencem ao campo da vida pública. Neste capítulo, você vai conhecer alguns deles.

Textos de propaganda

Propaganda impressa

Leia os textos a seguir.

Texto 1

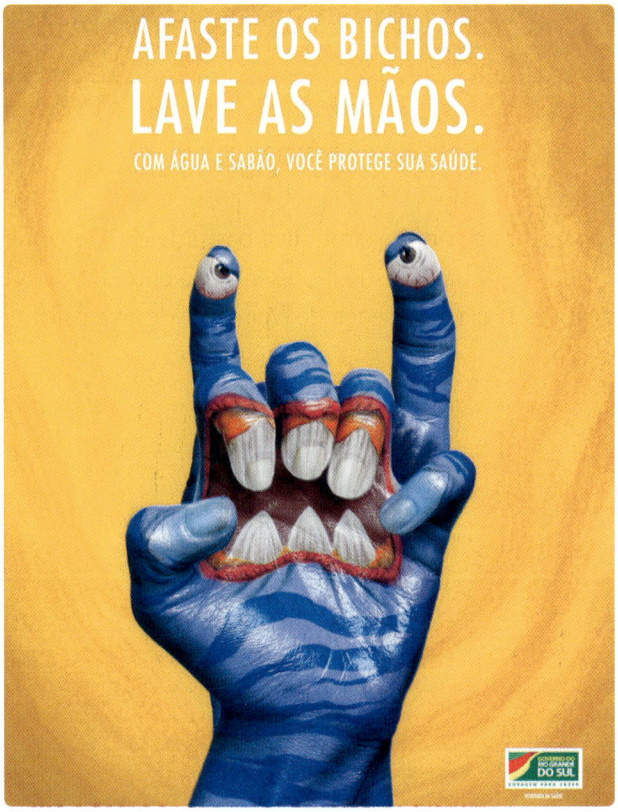

Reprodução/Secretaria de Saúde RS

(Disponível em: https://cargocollective.com/appio/afaste-os-bichos. Acesso em: 8/5/2023.)

Texto 2

Reprodução/PMPA

(Disponível em: http://www2.portoalegre.rs.gov.br/sms/default.php?p_noticia=169102&CAMPANHA+PROMOVE+HIGIENE+DAS+MAOS+PARA+REDUZIR+INFECCOES. Acesso em: 8/5/2023.)

1. O **texto de propaganda** é um gênero textual que tem a finalidade de promover uma ideia. Com base nos dois textos lidos, responda:

a) Que ideia eles promovem?

____

b) O locutor desses textos são entidades públicas ou empresas privadas?

____

____

c) A quem os textos de propaganda se dirigem?

____

Propaganda ou anúncio publicitário?

Tanto os textos de propaganda quanto os anúncios publicitários têm a função essencial de tornar público determinado assunto, buscando convencer o público-alvo da relevância do tema. A diferença entre os dois é que o texto de propaganda divulga uma causa, uma ideia, ao passo que o anúncio publicitário tem como finalidade principal a venda de um produto. Veja, a seguir, um exemplo de anúncio publicitário que aborda o mesmo assunto dos textos de propaganda estudados.

Reprodução/Ogilvy

(Disponível em: https://grandesnomesdapropaganda.com.br/anunciantes/dove-lanca-campanha-para-falar-da-importancia-de-cuidar-da-pele-das-maos-nas-rotinas-de-higienizacao-atuais/. Acesso em: 8/5/2023.)

2. O texto de propaganda é um gênero textual que pertence ao grupo dos gêneros argumentativos, pois tem a finalidade de convencer o interlocutor a aderir ao propósito por ele transmitido. Considerando a parte textual dos textos lidos, responda:

a) Qual é o principal argumento utilizado para convencer os interlocutores?

____

____

____

b) Em sua opinião, esse argumento é suficientemente forte para persuadir o interlocutor? Por quê?

____

____

____

____

____

3. Além de usar o mesmo argumento, os dois textos de propaganda trabalham a linguagem de forma a tentar se aproximar dos leitores. Identifique:

a) o texto que faz um trocadilho, isto é, que emprega uma expressão ou palavras que podem ter mais de um sentido no contexto. Em seguida, indique qual é esse trocadilho e explique os sentidos dele no texto em estudo.

b) o texto que utiliza um termo popular, empregado na linguagem cotidiana, mas não na linguagem científica especializada. Em seguida, indique qual é esse termo e explique os sentidos dele no texto em estudo.

c) Troque ideias com os colegas e o professor e conclua: Por que esses recursos aproximam os textos dos leitores?

4. Observe as formas verbais empregadas nos dois textos de propaganda.

a) Identifique quais delas estão conjugadas:

- no presente do indicativo:

- no modo imperativo:

b) Troque ideias com os colegas e o professor e conclua: Qual é o efeito de sentido que essas formas verbais constroem no contexto dos textos de propaganda?

5. Geralmente, os textos de propaganda utilizam recursos gráficos e visuais para mobilizar o público-alvo e alcançar seus objetivos. Observe as imagens centrais que compõem cada um dos textos em estudo.

a) No texto 1, qual é a estratégia visual utilizada para chamar a atenção do leitor para a importância de lavar as mãos?

____

____

____

b) O que a imagem do texto 2 representa?

____

____

c) Com quais trechos do texto verbal as imagens de cada propaganda dialogam diretamente?

____

____

____

6. Levante hipóteses: Em quais meios ou veículos de comunicação os textos de propaganda em estudo podem ter sido divulgados?

____

____

7. As frases que compõem os textos de propaganda em estudo são curtas ou longas? Tendo em vista a função e a divulgação dos textos desse gênero, levante hipóteses: Por que os locutores optaram por esse tamanho de frase?

____

____

____

____

____

Outra peça de texto de propaganda da campanha "Afaste os bichos. Lave as mãos.", da Secretaria de Saúde do Governo do Rio Grande do Sul. Observe as semelhanças com os recursos gráfico-visuais do texto 1.

(Disponível em: https://cargocollective.com/appio/afaste-os-bichos. Acesso em: 8/5/2023.)

8. Na parte inferior dos dois textos de propaganda há alguns logotipos. Qual é a função deles no contexto?

9. Com a orientação do professor, reúna-se com alguns colegas para preencher as lacunas do quadro a seguir com as características básicas do texto de propaganda.

Texto de propaganda: construção e recursos expressivos	
Quem são os interlocutores do texto de propaganda?	
Qual é o objetivo do texto de propaganda?	
Qual é o suporte ou o veículo do texto de propaganda?	
Quais temas são abordados no texto de propaganda?	
Como é a estrutura do texto de propaganda?	
Como se caracteriza a linguagem do texto de propaganda?	

Propaganda em vídeo e áudio

Em campanhas de conscientização, é cada vez mais comum a produção de propagandas em vídeo para serem veiculadas na televisão, na internet, em *sites* ou em redes sociais. Propagandas em áudio, para circular em estações de rádio, também são recursos utilizados para ampliar o alcance dessas campanhas.

Assista à propaganda em vídeo produzida para a campanha "Afaste os bichos. Lave as mãos", da Secretaria da Saúde do Governo do Estado do Rio Grande do Sul. Em seguida, responda às questões 1 e 2.

1. Observe a seguir duas imagens que compõem uma das cenas do vídeo.

Reprodução/Secretaria da Saúde RS

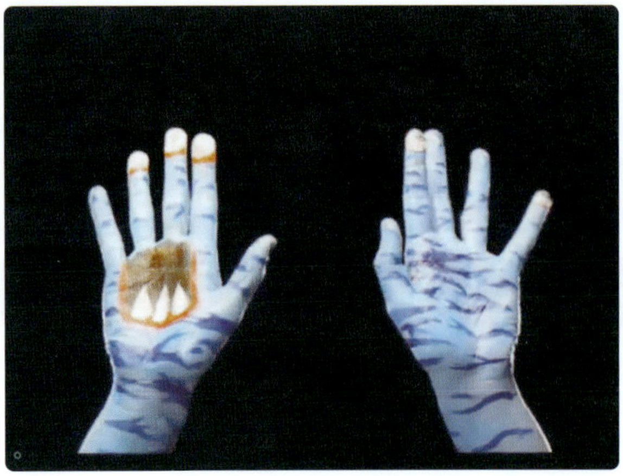

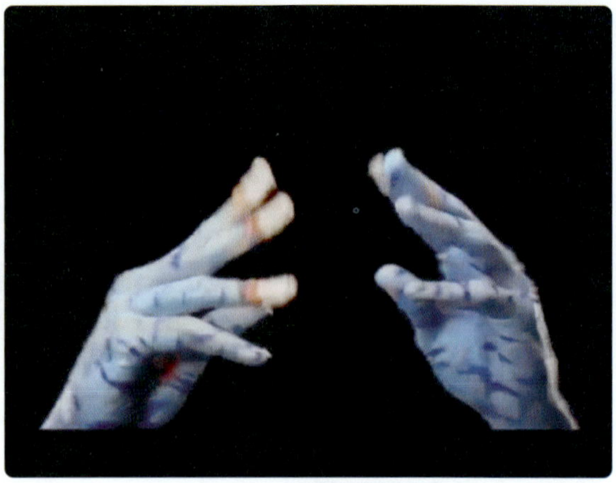

Reprodução/Secretaria da Saúde RS

a) Compare essas imagens do vídeo com o Texto 1 analisado no início do capítulo e conclua: Qual elemento do texto de propaganda é evidenciado no vídeo? Que sentido essa cena constrói no contexto?

b) Qual é o recurso utilizado pela edição de vídeo para construir e enfatizar o tema da campanha: "Afaste os bichos. Lave as mãos"?

2. Sobre a duração e a dinâmica da propaganda em vídeo, responda:

a) O vídeo é longo ou curto?

b) O vídeo apresenta diálogo entre personagens ou entre personagens e o público ou apresenta um locutor que não participa das cenas?

Desde a pandemia de covid-19, o hábito de lavar e higienizar as mãos ganhou destaque e passou a ser alvo de muitas campanhas.

Ouça e leia a transcrição de uma propaganda em áudio da campanha #TeSaiCovid, veiculada em rádio e lançada pelo Unicef e pelo Instituto Peabiru. Em seguida, responda às questões 3 a 7.

Reprodução/Unicef/Instituto Peabiru

#TeSaiCovid: Quarto spot da campanha traz incentivo à lavagem das mãos

LOC. 1: Égua! Pensei que não ia sair do busão. Tava socado de gente.

LOC. 2: Normal. Todo dia é isso.

LOC. 2: Corre, que tá na hora da aula!

LOC. 1: Calma! Deixa eu lavar as mãos!

LOC. 2: Tu ainda tá nessa de lavar as mãos?

LOC. 1: Mas é lógico! Eu e uma tropa de gente tava tudo pendurado no busão. Tu jura que a minha mão tá limpa? O coronavírus pode tá em qualquer lugar. Então, eu que não sou besta, vou fazer a minha parte. Além da covid, lavar as mãos previne resfriados, conjuntivite, herpes e outras doenças causadas por vírus e bactérias soltos por aí.

LOC. 2: **De rocha**, né? Quer saber? Vou lavar também. Me dá um sabão?

[vinheta de encerramento]

Projeto #TeSaiCovid, uma realização Selo Unicef e Instituto Peabiru.

(Disponível em: https://brasil61.com/n/tesaicovid-quarto-spot-da-campanha-traz-incentivo-a-lavagem-das-maos-confira-pbru220017. Acesso em: 8/5/2023.)

De rocha: gíria usada para indicar concordância.

3. A propaganda em rádio também é chamada de *spot*. No 4º *spot* da campanha #TeSaiCovid, que você acabou de ouvir, duas pessoas conversam.

a) A fala dos dois locutores simula:

- [ ] uma conversa direta e franca com o público sobre o assunto da campanha.
- [ ] dicas e orientações dadas diretamente ao público sobre o assunto da campanha.
- [ ] uma conversa entre médico e paciente sobre o assunto da campanha.
- [ ] uma conversa entre dois estudantes sobre o assunto da campanha.

b) Justifique sua resposta ao item **a** com um trecho do texto.

____

____

____

c) Além da fala dos locutores, quais outros sons podem ser identificados no áudio?

____

____

____

4. O texto apresenta algumas palavras e expressões típicas da região do Brasil onde a campanha foi veiculada.

a) Identifique algumas dessas palavras e expressões.

____

____

b) Troque ideias com os colegas e o professor e deduza: Entre as opções a seguir, em qual região a campanha foi veiculada? Se necessário, faça uma breve pesquisa.

- [ ] Norte
- [ ] Sul
- [ ] Sudeste
- [ ] Centro-Oeste

c) Agora, encontre no texto palavras e expressões que representam a fala brasileira em geral, cujo uso não se restringe a uma região específica.

____

____

5. O título da campanha da qual faz parte a propaganda em áudio é #TeSaiCovid.

a) Qual é a função da *hashtag* no contexto de uma campanha de conscientização?

b) Troque ideias com os colegas e o professor e responda: Qual é o sentido da expressão que compõe esse título?

c) A forma verbal **sai** está no imperativo. Troque ideias com os colegas e o professor e conclua: O efeito de sentido que esse modo verbal constrói no título da campanha é o mesmo efeito identificado por você nos textos de propaganda estudados anteriormente? Justifique sua resposta.

6. Em uma das falas, o locutor 1 usa um argumento semelhante aos das outras propagandas que você estudou anteriormente. Qual é esse argumento?

7. O vídeo e o áudio estudados são também textos de propaganda, mas recorrem a outros recursos para produzir sentidos: imagens em movimento e som.

a) O objetivo do vídeo e do áudio é o mesmo da propaganda impressa?

b) Qual conteúdo o vídeo e o áudio analisados promovem?

8. Com a orientação do professor, reúna-se com alguns colegas para preencher as lacunas do quadro a seguir com as características básicas da propaganda em áudio ou vídeo.

Propaganda em vídeo ou áudio: construção e recursos expressivos	
Quem são os interlocutores da propaganda em vídeo ou áudio?	
Qual é o objetivo da propaganda em vídeo ou áudio?	
Qual é o suporte ou o veículo da propaganda em vídeo ou áudio?	
Quais temas são abordados na propaganda em vídeo ou áudio?	
Como é a estrutura da propaganda em vídeo ou áudio?	
Como se caracteriza a linguagem verbal da propaganda em vídeo ou áudio?	

Fôlder

Os gêneros que compõem uma campanha são produzidos para atingir uma coletividade — como o texto de propaganda — ou são direcionados ao público de maneira individualizada — como é o caso do fôlder, do *flyer* e do panfleto.

Diferença entre panfleto, *flyer* e fôlder

Para o público em geral, as diferenças entre esses gêneros nem sempre são claras, já que a função deles é bastante semelhante: chegar às mãos das pessoas para informar, vender ou conscientizar.

Essas diferenças estão principalmente relacionadas ao formato e à estrutura de cada um desses gêneros.

O **panfleto** costuma ser mais simples: tem dimensões pequenas, é impresso apenas na frente, em papel comum, geralmente em preto e branco, e utiliza poucos recursos gráficos.

O ***flyer*** é um material impresso para "voar" (vem de *fly*, "voar" em inglês). Ele tem dimensões reduzidas, é quase sempre impresso dos dois lados, em um papel de melhor qualidade, e apresenta mais recursos gráficos, inclusive cores.

Já o **fôlder** é um material com dobras (vem de *fold*, "dobra" em inglês), em geral uma ou duas dobras, na vertical ou horizontal. Por isso, apresenta capa, contracapa e interior. Assim, o fôlder comporta uma quantidade maior de informações. Também costuma apresentar um trabalho mais elaborado com recursos gráficos.

Rodrigo Fernandes/Acervo do fotógrafo

Leia a seguir a frente e o verso de um texto de campanha.

Frente

(Disponível em: https://www.hospitalstacruz.com.br/wp-content/uploads/2017/05/Higienizacao.pdf. Acesso em: 9/5/2023.)

Verso

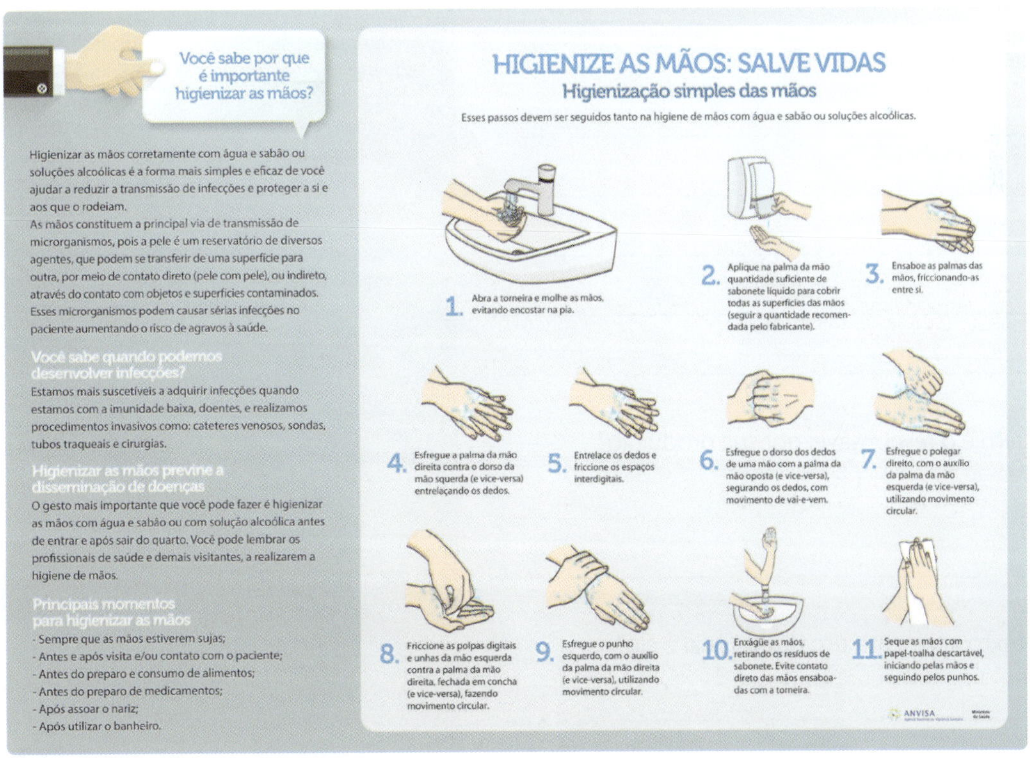

(Disponível em: https://www.hospitalstacruz.com.br/wp-content/uploads/2017/05/Higienizacao.pdf. Acesso em: 9/5/2023.)

1. O texto em estudo foi produzido para ser impresso e distribuído em um formato específico.

a) Com base na leitura do boxe "Diferença entre panfleto, *flyer* e fôlder", na página 224, deduza: O texto que você leu é um panfleto, um *flyer* ou um fôlder? Justifique sua resposta com base nas características da estrutura e do formato do texto.

b) Considerando o formato do texto, deduza: Qual parte do texto desempenha a função de capa?

2. Esse texto circulou como parte de uma campanha de conscientização.

a) Qual é o objetivo dele?

b) Quem é o público-alvo?

c) Quem é o responsável por sua produção?

d) O texto apresenta um título. Qual é ele?

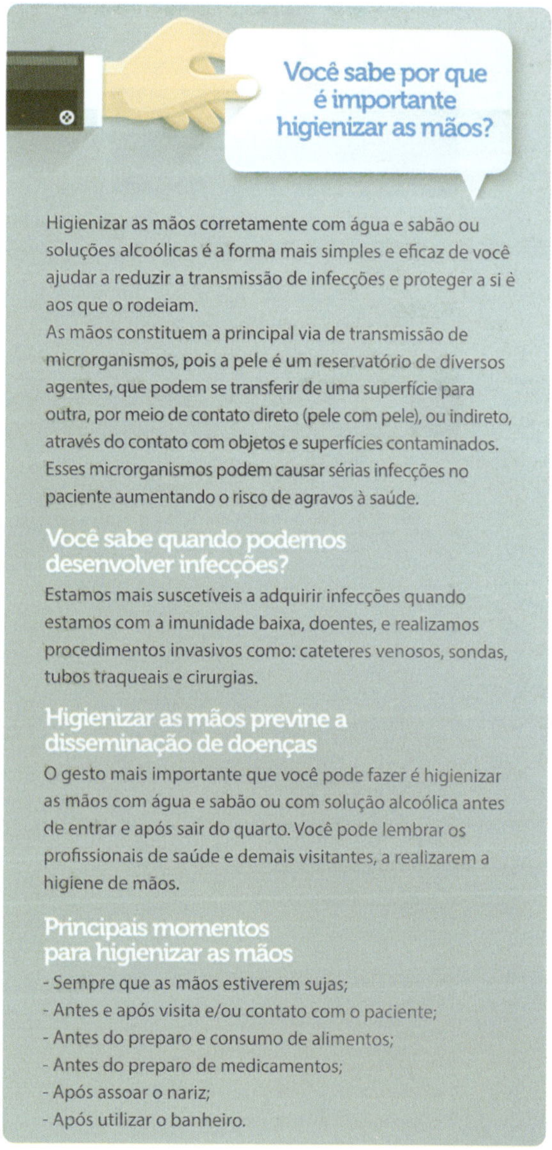
Você sabe por que é importante higienizar as mãos?

Higienizar as mãos corretamente com água e sabão ou soluções alcoólicas é a forma mais simples e eficaz de você ajudar a reduzir a transmissão de infecções e proteger a si é aos que o rodeiam.
As mãos constituem a principal via de transmissão de microrganismos, pois a pele é um reservatório de diversos agentes, que podem se transferir de uma superfície para outra, por meio de contato direto (pele com pele), ou indireto, através do contato com objetos e superfícies contaminados. Esses microrganismos podem causar sérias infecções no paciente aumentando o risco de agravos à saúde.

Você sabe quando podemos desenvolver infecções?

Estamos mais suscetíveis a adquirir infecções quando estamos com a imunidade baixa, doentes, e realizamos procedimentos invasivos como: cateteres venosos, sondas, tubos traqueais e cirurgias.

Higienizar as mãos previne a disseminação de doenças

O gesto mais importante que você pode fazer é higienizar as mãos com água e sabão ou com solução alcoólica antes de entrar e após sair do quarto. Você pode lembrar os profissionais de saúde e demais visitantes, a realizarem a higiene de mãos.

Principais momentos para higienizar as mãos

- Sempre que as mãos estiverem sujas;
- Antes e após visita e/ou contato com o paciente;
- Antes do preparo e consumo de alimentos;
- Antes do preparo de medicamentos;
- Após assoar o nariz;
- Após utilizar o banheiro.

3. O texto verbal apresenta informações científicas pautadas em pesquisas na área da saúde. Identifique algumas dessas informações, bem como termos que permitem reconhecer essa relação.

____

____

____

____

____

4. Observe a parte não verbal do texto em estudo. É possível perceber que foram utilizadas imagens variadas.

a) Marque, entre as opções a seguir, os recursos visuais utilizados no texto em estudo.

☐ fotografia	☐ grafite
☐ ilustração	☐ emoji

b) Em quais partes do texto é possível identificar montagens, ou seja, mesclas de dois tipos de recurso visual?

____

____

____

____

c) No texto, há dois balões de fala de história em quadrinhos. Troque ideias com os colegas e o professor: Esses balões têm a mesma função no contexto? Justifique sua resposta.

____

____

____

5. No texto em estudo, uma personagem se apresenta ao leitor.

a) Quem é ela e qual é a função dela no contexto?

____

____

____

b) Troque ideias com os colegas e o professor: Que efeitos de sentido a construção de uma personagem produz no contexto da campanha?

____

____

____

c) Você conhece campanhas que ficaram marcadas por terem personagens? Cite algumas delas. Caso não conheça, faça uma breve pesquisa.

____

____

____

____

6. Releia o quadro que está no verso do texto:

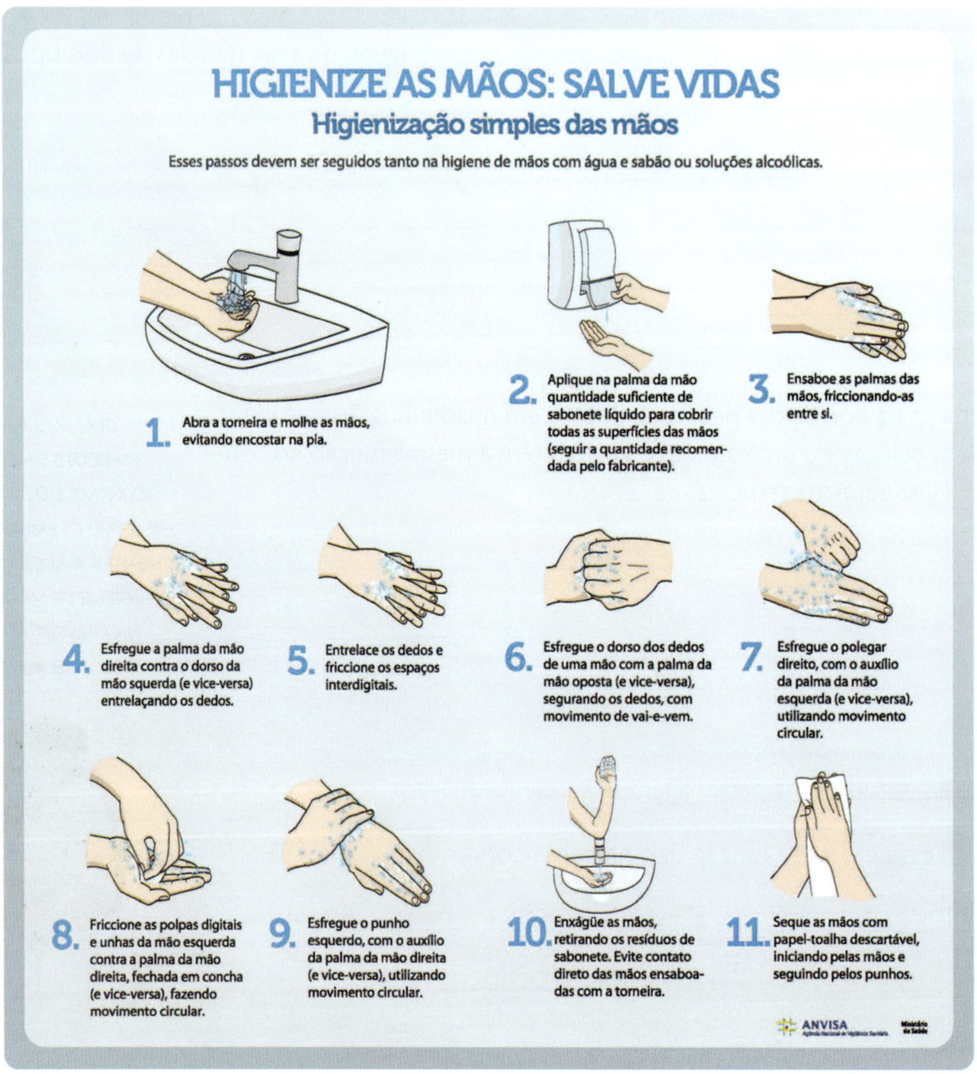

a) Qual é a principal função do quadro?

b) Observe as formas verbais empregadas nos textos que acompanham as ilustrações. Em que modo verbal está a maioria delas? Por que esse modo verbal predomina?

c) Observe o logotipo na parte direita inferior do texto em estudo:

ANVISA
Agência Nacional de Vigilância Sanitária

Reprodução/Anvisa

O que a presença desse logotipo indica? Explique a importância dele no contexto.

d) Troque ideias com os colegas e o professor e conclua: Esse quadro poderia, sozinho, compor outra peça da campanha? Qual? Justifique sua resposta.

7. Observe a linguagem verbal do texto:

a) Qual é a variedade linguística utilizada?

b) Qual pronome de tratamento é utilizado para se dirigir ao leitor? Que efeito de sentido esse uso constrói no texto?

8. Com a orientação do professor, reúna-se com alguns colegas para preencher as lacunas do quadro a seguir com as características básicas do fôlder.

Fôlder: construção e recursos expressivos	
Quem são os interlocutores do fôlder?	
Qual é o objetivo do fôlder?	
Qual é o suporte ou o veículo do fôlder?	
Quais temas são abordados no fôlder?	
Como é a estrutura do fôlder?	
Como se caracteriza a linguagem do fôlder?	

AGORA É A SUA VEZ

Você e os colegas estão preparando uma campanha de conscientização sobre respeito à diversidade a ser realizada no final desta unidade, na **Oficina de Criação**. Logo, é necessário produzir peças publicitárias para essa campanha: textos de propaganda impressos, propagandas em vídeo e em áudio, fôlder, entre outras que julgarem convenientes.

Stella Levi/Getty Images

A seguir, apresentamos três propostas de produção que enfocam o respeito a determinado grupo ou a defesa de uma causa de interesse social. A turma deve se organizar em três grandes grupos, de modo que cada um fique responsável pelo desenvolvimento de uma proposta.

Vocês podem debater outros subtemas relacionados à temática do respeito ao próximo, relevantes para a turma ou para a escola, e produzir mais textos com base nesses outros subtemas.

Lembrem-se: todos os textos produzidos vão compor uma mesma campanha: **Eu respeito as diferenças**. Por isso, o tema da campanha deve aparecer em todos eles. Vocês também podem criar um logotipo e uma identidade visual para a campanha (usando a mesma paleta de cores, o mesmo tipo de letra, um personagem ou mascote, etc.).

Proposta 1

Elaborem um texto de propaganda impresso, no contexto da campanha lançada pela turma, que aborde o **respeito entre colegas da escola**. Definam como vão divulgá-lo: se vão afixá-lo na parede da escola no dia do lançamento da campanha, se vão enviá-lo via *e-mail* ou aplicativos de mensagens para os convidados, se vão publicá-lo no *site* da escola ou no *blog* da turma.

Proposta 2

Elaborem uma propaganda em vídeo e/ou um *spot* que aborde o **respeito aos mais velhos**, sugerindo ações necessárias para garantir uma atitude respeitosa dos mais jovens em relação a esse público, como dar preferência, ajudar a pessoa idosa a se locomover ou a usar novas tecnologias, além de ações que valorizem a experiência de vida e o conhecimento das pessoas mais velhas.

Westend61/William Perugini/Getty Images

A propaganda em vídeo e o *spot* podem ser reproduzidos no dia de lançamento da campanha, mas também podem ser divulgados nas redes sociais e enviados por meio de aplicativos de mensagens aos convidados.

Proposta 3

PakulinSergei/Shutterstock

Elaborem um fôlder que aborde o **respeito ao meio ambiente e ao trabalho das pessoas que limpam os espaços públicos**, principalmente na escola e em seus arredores, orientando os destinatários a manter os espaços limpos e organizados, em respeito ao coletivo. Tragam orientações sobre como preservar os ambientes que frequentam.

Caso prefiram, desenvolvam também um panfleto e/ou um *flyer* sobre o mesmo tema. Trabalhem coletivamente, a fim de definir quais informações são essenciais e, portanto, devem estar em todas as peças, e quais são mais específicas, podendo constar apenas no fôlder.

Por fim, planejem qual é a melhor estratégia para entregar ou disponibilizar cada peça. Decidam se é melhor distribuir no portão da escola, deixar no balcão da secretaria, entregar em mãos aos familiares e amigos, etc. Programem a impressão ou reprodução dos textos em quantidade suficiente para serem distribuídos ao público da campanha.

Planejamento do texto de propaganda e do fôlder

- Planejem os textos, fazendo pesquisas sobre o tema, a fim de buscar dados e informações que possam ser utilizados como argumento para convencer os destinatários sobre a importância do respeito.
- Pensem no perfil dos interlocutores: alunos, professores e funcionários da escola, familiares, amigos e pessoas da comunidade.
- Tentem criar um título que seja comum a todas as peças, utilizando uma frase com ambiguidade, trocadilho, sonoridade, ironia, metáfora, etc.
- Definam uma identidade visual para a campanha como um todo, utilizando-a em todas as peças.
- Decidam se vão criar um personagem ou utilizar imagens ou ilustrações para usar nas peças.

Escrita do texto de propaganda e do fôlder

No caso do texto de propaganda e do fôlder, sigam as orientações.

- Criem um enunciado principal curto e chamativo, capaz de expressar a ideia central (vocês podem ou não criar títulos).
- Se necessário, criem um texto complementar, explicando os objetivos da campanha e a importância de aderir a ela.
- Enumerem breves instruções ou orientações aos interlocutores.
- Empreguem uma linguagem clara, direta e objetiva, com uma variação linguística de acordo com a norma-padrão.
- Utilizem uma ou mais imagens para compor as peças, lembrando que o texto verbal, as imagens e os recursos gráficos devem se complementar para construir o sentido pretendido. Vocês podem escolher fotos recortadas de jornais e revistas, tirar as próprias fotos ou criar as ilustrações manual ou digitalmente.

Revisão e reescrita do texto de propaganda e do fôlder

Antes de finalizar o texto de propaganda e o fôlder, observem se:

- os textos fazem referência à campanha de conscientização sobre o respeito;
- os textos apresentam um título atraente e um enunciado principal criativo;

- os textos apresentam imagens e recursos gráficos adequados aos objetivos de cada um dos gêneros e se eles complementam a parte verbal;
- os textos apresentam argumentos convincentes e dão orientações sobre como participar da campanha;
- o conjunto dos textos apresenta uma identidade visual bonita e chamativa;
- os verbos estão predominantemente no modo imperativo;
- a linguagem é clara, objetiva e persuasiva e se está de acordo com o perfil dos interlocutores e com os objetivos de cada texto.

Façam as alterações necessárias, deixando os textos prontos para serem utilizados na **Oficina de Criação** desta unidade.

Técnicas para a gravação de vídeos

Um vídeo de campanha pode ter diferentes formatos, estruturas e usar diversas técnicas, entre as quais:

- **Atores em cena:** vídeo com cenas que simulam acontecimentos cotidianos, com atores e cenários reais.
- **Testemunho:** vídeo de pessoas dando um depoimento pessoal, filmadas em primeiro plano.
- **Animação:** vídeo com personagens animados em 2D ou 3D, como nos desenhos animados.
- ***Stop motion*:** vídeo com disposição sequencial de fotografias de um mesmo objeto em diferentes posições para criar o efeito de movimento.
- **Quadro branco:** vídeo de lousa em branco, na qual o conteúdo vai sendo produzido e revelado aos olhos do espectador.
- **Recortes em papel:** vídeo com recortes de papel que vão sendo inseridos e retirados manualmente da frente da câmera.

Reprodução/Hospital Israelita Albert Einstein

Cena da Campanha Einstein de Higiene das Mãos, do Hospital Israelita Albert Einstein, que utiliza a técnica dos recortes em papel.

Produção da propaganda em vídeo

Para a produção do vídeo, atentem aos seguintes pontos.

- Façam um roteiro antes de gravar as cenas: pensem em qual técnica vão utilizar (leiam o boxe "Técnicas para a gravação de vídeos"); quais cenas vão compor o vídeo; a ordem em que elas vão aparecer; se haverá personagens conversando entre si ou com o público ou se haverá um locutor; se haverá um cenário de fundo; etc.
- Caso haja cenas a serem gravadas, escolham os locais e visitem-nos com antecedência para checar a disponibilidade e a adequação deles e verificar se tudo está de acordo com o planejado.
- Ensaiem antes, dando atenção especial à fala: altura da voz, dicção, entonação, ritmo, pausas, etc.
- Façam a edição do vídeo.

Produção da propaganda em áudio

Para o *spot*, isto é, a propaganda em áudio, considerem as seguintes orientações.

- Escrevam o texto previamente. Pensem no modo de se dirigir ao público, nos argumentos a serem utilizados e decidam como vão se referir à campanha da turma.
- Ensaiem antes, dando atenção especial à fala: altura da voz, dicção, entonação, ritmo, pausas, etc.
- Façam a edição do áudio.

CAPÍTULO

3 As cartas argumentativas: cartas de reclamação e de solicitação

O GÊNERO EM FOCO

As cartas argumentativas são as que, diferentemente das cartas pessoais, tratam de assuntos de interesse coletivo relacionados a temas da vida social. Entre as cartas argumentativas estão as cartas de reclamação e as de solicitação.

Carta argumentativa de reclamação

Leia a carta de reclamação e responda às questões a seguir.

https://www.reclameaqui.com.br/criamigos_193714/abordagem-inadequada_gmhTdkEgjQza93GL/

Veja também todas as reclamações não respondidas respondidas finalizadas

Abordagem inadequada

XXX NOME DA EMPRESA

Rio de Janeiro - RJ 20/03/2022 às 11:05 **ID:** 140361381

Problemas com o Atendimento Outro Tipo de produto/Serviço

Estive na loja [XXX] do Shopping Rio Sul há cerca de 1 mês e me interessei pela proposta da criação de uma pelúcia para uma afilhada que viria ao Rio.

[...] recentemente procurei a loja novamente na companhia da minha afilhada, que eu não via há 5 anos, para que ela pudesse escolher a sua pelúcia.

Importante destacar que entrei na loja por livre e espontânea vontade, entretanto, a abordagem de venda foi se desenrolando de uma forma que considero constrangedora e abusiva.

Todo o processo de"nascimento"da pelúcia é feito de forma"lúdica", mas sempre com o intuito de criar desejo pelos acessórios vendidos pela loja, separadamente.

Na primeira etapa, a criança escolhe a pelúcia que é preenchida com acrylon para que comece a criar vida.

Logo depois a vendedora oferece uma gravação personalizada para colocar dentro da pelúcia, mas achei desnecessário e neguei, ela então se dirigiu diretamente a minha afilhada perguntando se ela não gostaria de ouvir a voz da Dinda quando tivesse saudade e obviamente a menina aceitou.

[...]

Logo depois a pelúcia é fechada e a criança é direcionada para a etapa de escolha dos acessórios.

[...]

Em determinado momento, pedi a vendedora que não oferecesse mais acessórios, mas ela persistiu na abordagem colocando uma pulseira no braço da minha afilhada e dizendo que deveria ser usada em par com a que estava colocando também na pelúcia e já perguntando onde gostaria que a pelúcia usasse, no pescoço ou na patinha, ou seja, sem margem para não querer.

8th.creator/Shutterstock

[...]

A tática da marca é totalmente inadequada e um verdadeiro abuso da hipervulnerabilidade infantil, além de causador de grande constrangimento dos responsáveis em aceitar pagar pelos acessórios sugeridos pelas vendedoras na hora em que as crianças já se encontram totalmente "encantadas", fazendo com que um momento que deveria ser de alegria se transforme em uma situação de puro constrangimento.

[...]

Encontrei várias outras reclamações parecidas no site [...].

Não foi uma situação isolada e não estou reclamando da vendedora, estou reclamando da abordagem da marca que obviamente orienta os vendedores dessa forma.

Reavaliar as suas práticas abusivas é que se faz urgente e necessário para que possam proporcionar uma experiência interessante para a criança e honesta para os pais, sob pena de incorrer em infração legal visto que o artigo 227 da Constituição Federal estabelece a obrigação compartilhada entre toda a sociedade de assegurar os direitos das crianças com absoluta prioridade.

O Estatuto da Criança e do Adolescente ECA (Lei n 8.069/1990) reconhece a criança como pessoa em especial fase de desenvolvimento físico, social e emocional e busca garantir o seu melhor interesse em qualquer tipo de relação.

O Código de Defesa do Consumidor define que a publicidade dirigida a crianças se aproveita da deficiência de julgamento e experiência desse público e por isso é abusiva e ilegal.

O Marco Legal da Primeira Infância (Lei n. 13.257/2016) determina a proteção da criança contra toda forma de violência e pressão consumista e a adoção de medidas que evitem a exposição precoce à comunicação mercadológica.

A Resolução n. 163 de 2014 do Conselho Nacional dos Direitos da Criança e do Adolescente reforça o comando do Código de Defesa do Consumidor ao detalhar o conceito de abusividade de toda e qualquer [...] publicidade dirigida ao público infantil, com o intuito de persuadi-lo ao consumo de produtos e serviços.

[...]

Por todo o exposto, informo que perderam uma cliente que, sem dúvidas, não irá recomendar aos amigos — pelo contrário — irá alertá-los sobre as práticas absurdas e abusivas da marca que parece prezar por compra única ao invés de fidelizar o cliente.

(Disponível em: https://www.reclameaqui.com.br/criamigos_193714/abordagem-inadequada_gmhTdkEgjQza93GL/. Acesso em: 20/4/2023.)

1. O texto lido é uma carta que foi publicada em um *site* de reclamações. Portanto, não apresenta algumas características típicas da carta escrita, como data, vocativo (nome do destinatário), despedida e assinatura.

a) Deduza: Por que tais registros não foram feitos na carta em estudo?

b) Considerando o conteúdo da carta e as informações do *site*, proponha como poderiam ser escritas as seguintes informações no padrão formal de uma carta:

- local e data:
- vocativo:
- despedida:
- assinatura:

2. Qual é o principal objetivo da carta lida?

3. A autora da carta narra um episódio vivido por ela, no qual ocorreram situações que a levaram a formalizar a reclamação.

a) O que motivou a escrita da carta?

b) Em que tempo verbal está a maioria dos verbos empregados nesse trecho narrativo?

8th.creator/Shutterstock

c) Embora trate de uma situação particular, é possível considerar que o assunto da carta é de interesse geral? Justifique sua resposta com base no conteúdo do texto em estudo.

4. Ao elaborar a carta, a autora faz algumas ressalvas, isto é, destaca que sua reclamação não se refere a determinados aspectos que poderiam ser subentendidos de forma errônea pelos interlocutores.

a) Qual é a ressalva quanto à escolha da loja?

b) Qual é a ressalva em relação à vendedora?

c) Troque ideias com os colegas e o professor e levante hipóteses: Como essas ressalvas contribuem para fortalecer a argumentação?

5. Releia o trecho a seguir:

Todo o processo de "nascimento" da pelúcia é feito de forma "lúdica", mas sempre com o intuito de criar desejo pelos acessórios vendidos pela loja, separadamente. Na primeira etapa, a criança escolhe a pelúcia que é preenchida com acrylon para que comece a criar vida.

JeannieR/Shutterstock

a) Troque ideias com os colegas e o professor: Qual é a função de cada uma das ocorrências de aspas no trecho?

b) Considerando sua resposta ao item **a**, identifique outra expressão do trecho que também poderia ter sido empregada entre aspas. Justifique sua resposta.

6. Depois de narrar o episódio, a autora faz diversas citações.

a) Identifique quais textos são citados e explique a importância dessas menções no contexto da carta.

Reprodução/Fotomontagem: Fernanda Crevin

b) Em que tempo estão majoritariamente as formas verbais empregadas nessa parte da carta? Qual é o efeito de sentido construído por essa escolha?

c) A autora da carta faz alguma solicitação? Que outra manifestação é feita por ela, além da reclamação?

7. No último parágrafo, a autora da carta diz que a marca "parece prezar por compra única ao invés de fidelizar o cliente". Explique o sentido dessa afirmação e conclua: No contexto, ela também funciona como um argumento? Justifique sua resposta.

8. Levante hipóteses: Por que a autora da carta decidiu publicá-la em um *site* de reclamações em vez de enviá-la diretamente à empresa?

9. Observe a linguagem empregada na carta.

a) Que variedade linguística predomina?

b) Entre as palavras a seguir, quais são empregadas na carta para descrever a estratégia de venda da loja?

- [ ] inadequada
- [ ] abusiva
- [ ] urgente
- [ ] respeitosa
- [ ] personalizada
- [ ] constrangedora

c) Considerando sua resposta ao item **b**, troque ideias com os colegas e o professor e levante hipóteses: A escolha dessas palavras produz qual efeito na carta de reclamação?

d) Em qual(is) pessoa(s) estão conjugadas as formas verbais empregadas ao longo da carta? Qual é o efeito desse uso no contexto da carta em estudo?

Carta argumentativa de solicitação

Leia a carta de solicitação a seguir, veiculada em um *site*.

Solicitação de faixa de pedestre elevada — mais segurança

Para: PREFEITURA MUNICIPAL DE FOZ DO IGUAÇU — PR

Assunto: Pedido para a construção de uma FAIXA ELEVADA PARA TRAVESSIA DE PEDESTRES

Na Avenida Costa e Silva 1850, em frente ao Colégio C., não existe sinalização eficiente e há grande fluxo de pais, crianças e usuários de transporte coletivo.

Devido ao crescimento dos bairros próximos, somado ao fato de ser uma via longa, asfaltada e bem próxima à RODOVIÁRIA INTERNACIONAL DE FOZ DO IGUAÇU, o fluxo de veículos leves e pesados aumentou consideravelmente, o que tornou o local perigoso, principalmente nos horários de pico, que coincidem com os horários de entrada e saída do Colégio C.

Beekeepx/Shutterstock

Mesmo com o aumento considerável no tráfego, nenhuma medida de segurança foi implantada pela Secretaria de Trânsito FOZTRANS, colocando em risco a vida de crianças e adultos que transitam pelo local.

Carros, motos e caminhões que por ali passam ignoram o fato de haver uma travessia de pedestres (meio apagada) que dá acesso a um bairro. Do outro lado fica a Rodoviária da Cidade.

Os pais ou responsáveis e demais pedestres precisam driblar os veículos que não respeitam o pedestre.

É muito difícil atravessar a Avenida, porque os carros passam em alta velocidade e em várias situações os pedestres ficam por minutos aguardando a boa vontade dos motoristas para poder atravessar a Avenida Costa e Silva.

Por motivos de segurança, se faz urgente a construção de uma FAIXA ELEVADA PARA TRAVESSIA DE PEDESTRES, conforme previsto na Resolução 495/2014 do CONTRAN (Conselho Nacional de Trânsito), assim como já existem na Avenida José Maria de Brito e na Avenida Mario Filho, dentre outros locais da cidade.

Assim sendo, SOLICITAMOS A INSTALAÇÃO DE UMA FAIXA ELEVADA PARA TRAVESSIA DE PEDESTRES, por ser de interesse público e pelo fato de a sinalização existente não ser respeitada, assim como o limite de velocidade e preferência a ciclistas e pedestres, conforme previsto na Resolução 39/1998 do CONTRAN.

Quinta-feira, 20 de setembro de 2018 – 12:40

Pais e alunos do Colégio C.

(Adaptado de: https://peticaopublica.com.br/pview.aspx?pi=BR104576. Acesso em: 20/5/2023.)

1. O texto lido é uma carta e, portanto, apresenta algumas características do gênero. Quais são elas?

2. Há algumas diferenças na estrutura da carta em relação à carta pessoal manuscrita.

a) Quais são as diferenças na estrutura da carta lida?

b) A carta lida foi enviada por um *site* de solicitações e abaixo-assinados na internet. Quais das diferenças observadas decorrem do meio em que a carta foi escrita?

3. Direcionada à Prefeitura Municipal de Foz do Iguaçu, a carta faz uma solicitação a esse órgão.

a) Qual é a solicitação?

b) O que o remetente aponta como o principal motivo para justificar a necessidade do que é solicitado?

c) Que consequências, geradas pela atual situação, o remetente apresenta para justificar seu pedido?

d) Quais argumentos o remetente utiliza para reforçar o pedido?

4. Para reforçar sua solicitação, o autor cita alguns documentos oficiais. Levante hipóteses: Qual é a contribuição dessas referências para a argumentação da carta?

5. A carta foi digitada e enviada pela internet.

a) Que recursos gráficos o autor utiliza para destacar trechos da carta?

Ernesto Reghran/Pulsar Imagens

Vista aérea da avenida Costa e Silva, em Foz do Iguaçu-PR.

b) Levante hipóteses: Qual é o critério utilizado pelo autor para escolher os trechos a serem destacados na carta?

c) Considerando que a carta circulou na internet, o uso desse recurso deve ser feito com moderação, a fim de não causar ruído na comunicação. Explique essa afirmativa e discuta esse uso no contexto da carta lida.

6. Observe a linguagem empregada na carta.

a) Que variedade linguística predomina?

b) Em que pessoa gramatical o autor da carta se apresenta: 1ª ou 3ª pessoa? Qual é o efeito dessa opção no contexto da carta em estudo?

c) Que tempo verbal predomina no texto?

7. Com a orientação do professor, reúna-se com alguns colegas para resumir as características básicas das cartas de reclamação e de solicitação. Em seguida, preencha o quadro a seguir:

Cartas de reclamação e de solicitação: construção e recursos expressivos	
Quem são os interlocutores das cartas de reclamação e de solicitação?	
Qual é o objetivo das cartas de reclamação e de solicitação?	
Qual é o suporte ou o veículo das cartas de reclamação e de solicitação?	
Quais são os temas abordados nas cartas de reclamação e de solicitação?	
Como é a estrutura das cartas de reclamação e de solicitação?	
Como se caracteriza a linguagem das cartas de reclamação e solicitação?	

AGORA É A SUA VEZ

Como é de seu conhecimento, você e os colegas vão organizar uma campanha de conscientização pelo respeito à diversidade a ser produzida no capítulo **Oficina de Criação**. Para dar continuidade aos preparativos, vocês vão escrever cartas argumentativas para compor a campanha. Além de enviá-las aos órgãos e instituições responsáveis, exponham-nas no dia do lançamento da campanha e publiquem-nas na internet ou enviem-nas ao jornal da cidade.

Proposta 1

Solicitação

Seguindo a orientação do professor, reúnam-se em grupos e definam um problema que possa ser tema para a produção de uma carta de solicitação a ser dirigida à comunidade escolar, aos moradores do bairro ou da cidade, ou à prefeitura. Preferencialmente, escolham temas relacionados ao respeito ao outro e aos direitos da população.

A seguir, há sugestões de temas, mas vocês podem escolher outro, relacionado diretamente à escola, ao bairro ou à cidade onde vivem.

- Acessibilidade para pessoas com necessidades especiais.
- Promoção da diversidade e da inclusão nos ambientes de convivência.
- Situações de preconceito e falta de respeito às diferenças.
- Importância de reconhecer, conviver e respeitar as diferenças.
- Necessidade de medidas de combate aos preconceitos.

Ground Picture/Shutterstock

Proposta 2

Direitos do consumidor

Você sabia que, como consumidores, todos nós temos direitos garantidos por leis? Temos o direito de pedir revisão de uma conta de água ou de luz cujos valores não correspondam ao nosso consumo, o direito de desistir de uma compra, o direito de ter o dinheiro de volta quando desistimos de um curso, e assim por diante.

A voz do consumidor

Além dos *sites* de reclamação disponíveis na internet, há canais oficiais de instituições públicas e governamentais do Brasil que trabalham em defesa do consumidor. Veja a seguir alguns canais de reclamação e solução de problemas, por meio dos quais os consumidores podem se manifestar diretamente.

Procons

Os Procons são órgãos vinculados aos governos estaduais que atuam na defesa dos direitos dos consumidores. Essas instituições estão organizadas dentro do Sistema Nacional de Defesa do Consumidor, coordenado pelo Ministério da Justiça.

Os procedimentos variam de acordo com os estados, mas há características comuns. [...] Não há cobrança de taxas para o auxílio. Alguns Procons possuem sistemas próprios para receber reclamações pela Internet [...].

Consumidor.gov.br

O **Portal do Consumidor** é um recurso criado pelo Ministério da Justiça como parte do Sistema Nacional de Defesa do Consumidor. A pessoa pode registrar uma queixa e a empresa tem até 10 dias para responder. Esse procedimento só é válido para aqueles fornecedores cadastrados no *site*. Ou seja, o serviço depende de uma adesão voluntária das companhias. [...]

Agências Reguladoras

Em serviços regulados, como telecomunicações, transportes aéreos e terrestres, planos de saúde e energia, as agências reguladoras respectivas (Agência Nacional de Telecomunicação, Agência Nacional de Saúde, Agência Nacional de Transporte Terrestre, Agência Nacional de Aviação Civil, Agência Nacional de Energia Elétrica etc.) disponibilizam auxílio a consumidores que não conseguem resolver problemas diretamente com as empresas fornecedoras. [...]

(Disponível em: https://agenciabrasil.ebc.com.br/geral/noticia/2018-03/conheca-os-canais-de-reclamacao-e-solucao-de-problemas-para-consumidores. Acesso em: 21/5/2023.)

É possível que você ou alguém de sua família esteja tendo, no momento, um problema relacionado a consumo, como a necessidade de trocar uma mercadoria com defeito ou de cancelar uma assinatura de TV, jornal ou revista, etc. O Instituto Brasileiro de Defesa do Consumidor (Idec) orienta os consumidores sobre como proceder em cada situação.

Leia, a seguir, o modelo de carta fornecido pelo Idec para realizar uma reclamação sobre o valor de contas de água.

(Local e data)

A (nome da empresa)

A/C (endereçar ao SAC — Serviço de Atendimento ao Consumidor — ou à diretoria da empresa responsável pelas reclamações dos usuários)

Prezados Senhores,

Sou usuário do serviço de fornecimento de água dessa empresa e constatei que o meu consumo de água, segundo os dados auferidos por seu funcionário, relativo ao(s) mês(es) de (especificar o mês ou os meses das contas presumidamente erradas), está em desacordo com o meu consumo real do produto.

Considerando que (indicar o motivo pelo qual acredita que não consumiu o volume de água, por exemplo, "em minha residência moram apenas três pessoas"), requisito que seja feita uma revisão de minha conta de água.

Atenciosamente,

(nome e assinatura)

(Disponível em: https://idec.org.br/. Acesso em: 23/6/2023.)

Com base no modelo de carta apresentado e fazendo as adaptações necessárias, redija individualmente uma carta argumentativa de reclamação e/ou de solicitação, reclamando do problema que você ou sua família vem enfrentando e/ou solicitando solução para ele.

Planejamento do texto

- Decidam a situação sobre a qual vão escrever, quem serão os destinatários e definam uma ou mais questões a serem desenvolvidas na carta.
- Pensem nos fatos, nos exemplos e nas vozes de autoridade que podem utilizar para construir a argumentação.
- Anotem possíveis ressalvas a serem feitas para dar mais credibilidade à carta.

Escrita

- Exponham claramente o problema que motivou a reclamação ou a solicitação. Façam uma análise dele, referindo-se a eventuais causas e consequências.
- Caso optem por narrar um fato vivenciado, façam-no de forma objetiva, restringindo-se aos fatos que sejam pertinentes à reclamação, sem se prolongar na história contada.

- Apresentem argumentos convincentes, capazes de conseguir o apoio do interlocutor. Deixem claras as vantagens que a resolução do problema trará para a comunidade e para si próprio.
- Façam as ressalvas que julgarem pertinentes.
- Dependendo da natureza da carta, façam sugestões para a resolução do problema.
- Empreguem uma linguagem de acordo com a norma-padrão. Escolham palavras que construam uma imagem de sensatez e credibilidade, sem grande apelo emotivo. Se utilizarem pronome de tratamento, usem o mais adequado.

De olho no pronome de tratamento

Use o pronome de tratamento adequado, de acordo com o cargo ou a posição do interlocutor:

- **Vossa Excelência (V. Ex.ª)** para o(a) presidente da República, senadores(as) da República, ministros(as) de Estado, governadores(as), deputados(as) federais e estaduais, prefeitos(as), embaixadores(as) e cônsules (consulesas); para o(a) presidente da República usa-se o pronome de tratamento por extenso, nunca abreviado.
- **Vossa Senhoria (V. S.ª)** para todas as autoridades, exceto aquelas para as quais se usa o tratamento **Vossa Excelência**.

- Fiquem atentos às características básicas de cada carta, entre as quais informações como local e data, vocativo, assunto, despedida e assinatura.

Revisão e reescrita

Antes de finalizar a carta, observem se:

- ela apresenta a estrutura padrão própria da carta produzida;
- a reclamação ou solicitação é feita de forma clara e se o problema é analisado adequadamente;
- os argumentos são convincentes e fundamentam bem a reclamação ou solicitação e, ao mesmo tempo, são capazes de sensibilizar o interlocutor;
- a linguagem está de acordo com a norma-padrão e com um grau de formalidade compatível com o perfil do interlocutor.

Depois de passarem a carta a limpo, façam o encaminhamento dela ao destinatário.

Guardem cópias das cartas para apresentá-las no lançamento da campanha **Eu respeito as diferenças**, que será realizada na **Oficina de Criação** desta unidade.

Jasmin Merdan/Getty Images

A informatividade

Leia a tirinha a seguir.

Will Leite/Acervo do cartunista

(Disponível em: http://www.willtirando.com.br/convite/. Acesso em: 21/5/2023.)

1. Observe o traçado da fonte e os grafismos do título, no primeiro quadrinho, e as cores empregadas nos quadrinhos subsequentes.

a) O que esses recursos não verbais sugerem sobre a história contada?

b) Quais outros elementos não verbais confirmam sua resposta ao item **a**?

2. No segundo e no terceiro quadrinho, um dos personagens fala com os outros.

a) Em que lugar os personagens estão? Justifique sua resposta com base no texto não verbal.

b) O que o personagem fala nesses quadrinhos?

c) De que forma os outros personagens reagem a essa fala?

3. Agora, observe o diálogo no último quadrinho.

Will Leite/Acervo do cartunista

a) Quais são os nomes dos personagens que conversam?

b) Levante hipóteses: Qual é a função das aspas na fala de um dos personagens?

c) Troque ideias com os colegas e o professor: Quem esses personagens representam? Se necessário, faça uma breve pesquisa.

4. Releia o título da história.

a) Considerando o contexto, levante hipóteses: Qual é o sentido da palavra **desgraça**?

b) Explique como se dá a construção de humor na tira lida.

Ao ler e analisar a tirinha, você deve ter percebido que a interpretação desse texto não é a mesma caso o leitor não saiba quem são os personagens retratados nem conheça a canção com a qual a tira estabelece uma relação intertextual. Certamente, a história possibilita a todos os leitores um nível mínimo de compreensão, apoiada apenas no diálogo entre os personagens. Contudo, o leitor que tem conhecimento prévio das informações com as quais a história dialoga sem dúvida poderá fazer uma leitura mais completa e aprofundada dos quadrinhos.

Will Leite/Acervo do cartunista

Como você pôde notar, a leitura, a compreensão e a interpretação de um texto, verbal ou não verbal, dependem em grande parte do grau de informatividade que ele contém, isto é, do conjunto de informações que veicula. Assim, a história em quadrinhos lida, por apresentar certo grau de informatividade, pode ser compreendida com profundidade apenas por uma parte do público.

Quando escrevemos, não é diferente. Se quisermos ser compreendidos por todos os nossos leitores, precisamos adequar o grau de informatividade do texto ao perfil dos interlocutores aos quais ele se destina. Um texto científico dirigido a crianças, por exemplo, deve ter um grau de informatividade mais baixo do que um texto científico dirigido a profissionais especialistas da área, o qual certamente apresenta um grau de informatividade elevado.

Os leitores preferem geralmente textos com grau de informatividade médio em relação a seus conhecimentos prévios. Isso porque, sempre que lemos, desejamos saber alguma coisa nova — por essa razão o texto não pode ter um grau de informatividade muito baixo —, mas não temos conhecimentos aprofundados sobre a maioria dos assuntos — por isso o texto não pode ter um grau de informatividade muito alto. A história em quadrinhos lida, por exemplo, será considerada engenhosa por leitores que conhecem as referências que ela faz, os quais serão capazes de perceber a relação entre os elementos na construção do humor. Já para leitores que não percebem tais referências, a mesma história pode ser considerada confusa e pouco compreensível, uma vez que lhes faltam informações para construir os sentidos pretendidos.

EXERCÍCIOS

O texto que segue foi produzido por um estudante do Ensino Médio e está reproduzido na sua forma original. Leia-o, observando o grau de informatividade que apresenta.

Um caso precário

No mundo atual, milhares de indivíduos estão saindo do seu país natal e deslocando-se para o Brasil. Tomam essa decisão, de deixar famílias, amigos e parentes, no intuito de trabalhar e conquistar uma vida melhor para a sua sobrevivência.

Esses seres humanos estão por toda parte no nosso país. Em ruas, praias e empresas, vendendo de tudo para se manter. Infelizmente, essas ocorrências são desagradáveis, pois precisam fugir de guerras, pobreza e crises para continuar a sua motivação de vida. Para algumas pessoas, isso pode ser algo aprazível, mas para outras não.

A migração está evoluindo cada vez mais, todos os dias em função dos aspectos humanistas. Cada pessoa é única e a sua vida deve ser construída [...] de maneira que resulte em sucesso e tranquilidade. Nada é fácil atualmente, mas não podemos desanimar. A luta de hoje, será o sucesso de amanhã.

(Disponível em: https://educacao.uol.com.br/bancoderedacoes/redacoes/um-caso-precario.htm. Acesso em: 10/4/2023.)

1. No primeiro parágrafo, o autor apresenta o tema de seu texto. Qual é o tema tratado?

2. O autor tenta explicar a causa desse fenômeno e sua consequência.

a) Qual é a causa, segundo ele?

b) Qual é a consequência?

3. Releia esta afirmação:

> "Para algumas pessoas, isso pode ser algo aprazível, mas para outras não."

Studio Romantic/Shutterstock

a) O que o pronome **isso** retoma?

b) Essa afirmação é vaga ou precisa? O autor explica como a situação seria aprazível ou não?

4. Releia esta afirmação:

> "A migração está evoluindo cada vez mais, todos os dias em função dos aspectos humanistas."

a) Pelo contexto, o que parece ser a "evolução da migração"?

b) É possível depreender, pelo texto, o que são os aspectos humanistas?

c) Logo, fica clara a relação que o autor estabelece entre aumento da migração e aspectos humanistas?

5. Analise o parágrafo de conclusão como um todo e responda: Nesse parágrafo, o autor aborda a problemática da migração de maneira específica ou faz afirmações genéricas?

6. Em relação ao modo como o tema da migração é tratado no texto, responda:

a) O autor apresenta uma análise aprofundada do tema, apontando causas e consequências específicas e desenvolvendo cada uma delas?

b) O autor apresenta uma solução ou faz alguma sugestão para amenizar os problemas decorrentes da imigração?

7. O texto lido é uma dissertação escolar, na qual se deve empregar uma linguagem clara, objetiva e de acordo com a norma-padrão. A linguagem do texto está de acordo com a norma? Justifique sua resposta.

8. Em relação ao grau de informatividade do texto, responda: Ele é alto ou baixo? Que consequências isso traz para o texto?

Repertório cultural

Durante nossa vida, adquirimos muitos conhecimentos. Isso ocorre por meio de vivências como viagens, leituras e visitas a museus que fazemos, filmes e peças teatrais a que assistimos, etc.

Esse conjunto de conhecimentos, ao qual se denomina **repertório cultural**, tem um papel decisivo na leitura e na interpretação de textos verbais e não verbais. Assim, quanto maior é o repertório cultural do leitor, mais bem preparado ele está para ler com profundidade os diferentes textos que circulam socialmente.

Na tira abaixo, por exemplo, se não conhecer o conto "O patinho feio", o leitor não terá condições de compreender o humor resultante da afirmação dos bois de que a girafa é um plágio (imitação) do patinho feio.

Fernando Gonsales/Acervo do cartunista

(*Folha de S.Paulo*, 15/12/2017.)

Na tira seguinte, caso o leitor não conheça o conto "Chapeuzinho Vermelho", também terá dificuldades de compreender a situação retratada no último quadro. Além disso, conhecimentos de mundo sobre a adolescência e conhecimentos linguísticos sobre gírias, como "Que mico!", precisam ser acionados para a compreensão dos quadrinhos.

Fernando Gonsales/Acervo do cartunista

(*Folha de S.Paulo*, 22/7/2011.)

OFICINA DE CRIAÇÃO

Projeto » Eu respeito as diferenças

Ao longo desta unidade, você e os colegas produziram textos para uma campanha de conscientização pelo respeito à diversidade. Chegou a hora do lançamento oficial da campanha, que deve mobilizar a escola.

Preparem a reprodução das gravações dos debates, divulguem os textos de propaganda e exponham as cartas argumentativas. Vocês também poderão convidar professores e outros alunos para a realização de novos debates ou palestras.

Deem à campanha o título **Eu respeito as diferenças** ou outro, escolhido pela turma.

1. Divulgando a campanha

- Reúnam os textos de propaganda, os fôlderes, os vídeos, os áudios e, eventualmente, os *flyers* e os panfletos produzidos pela turma. Planejem como cada um dos gêneros será veiculado na campanha: colocação de textos de propaganda em cartazes pela escola; distribuição de fôlderes, de *flyers* e de panfletos em alguns locais da escola; transmissão de vídeo e de áudio em rede social, em rádio da escola ou da cidade, em *site* da escola ou em *blog* da turma.
- Façam cópias dos textos em quantidade suficiente para distribuí-los a boa parte da comunidade escolar.
- Escolham um dia para o lançamento da campanha e convidem com antecedência as outras turmas, os professores, os funcionários, os familiares e os amigos.
- Cuidem para que o conjunto dos textos contenha em si uma identidade visual, com cores, símbolos e imagens que possam simbolizar a campanha.

Filipe Rocha/Acervo da editora

2. Organizando a reprodução dos debates

- Preparem um vídeo com uma edição dos melhores momentos dos debates realizados e gravados pela turma.
- Divulguem os horários e organizem o espaço para a reprodução do vídeo com telão, televisão ou Datashow. Outra opção é divulgar e compartilhar pela internet o vídeo editado e as gravações integrais.
- Após a reprodução do vídeo com os melhores momentos, abram espaço para perguntas e comentários do público, de maneira que as questões abordadas no vídeo continuem a ser debatidas pela comunidade escolar.
- Se possível, organizem novos debates com a participação de outras turmas e professores.

skynesher/Getty Images

- Além dos debates, vocês podem organizar palestras com professores e especialistas sobre o tema diversidade e/ou inclusão.

3. Expondo as cartas argumentativas

- Reúnam as cartas argumentativas escritas pela turma.
- Caso haja respostas dos órgãos destinatários, reúnam-nas também.
- Montem painéis com as cartas e suas respostas, se houver. Vocês podem organizá-las por tema.
- Deem títulos aos painéis, como "Solicitar e reclamar por mais respeito" ou "Como exigir respeito".
- Exponham os painéis no dia do lançamento da campanha.

4. Lançando a campanha

- Preparem o ambiente escolar para o grande dia.
- Escolham músicas para reproduzir e chamar a atenção do público.
- Vocês também podem criar palavras de ordem sobre respeito para mobilizar a comunidade escolar: pode ser uma palavra, uma expressão ou uma frase curta repetida em protestos ou manifestações, com o objetivo de marcar uma posição, reivindicar alguma mudança e incentivar o grupo.
- Afixem painéis com textos de propaganda, distribuam fôlderes, *flyers* e panfletos e compartilhem as propagandas produzidas em vídeo e áudio.

No dia do lançamento, toda a turma pode combinar de vestir a mesma cor ou usar um laço de fita na camiseta com as cores escolhidas.

Bibliografia

ANTUNES, Irandé. Avaliação da produção textual no ensino médio. *In*: BUNZEN, C.; MENDONÇA, M. *Português no ensino médio e formação do professor*. São Paulo: Parábola, 2006.

ARAÚJO, Júlio César (org.). *Internet e ensino*: novos gêneros, outros desafios. Rio de Janeiro: Lucerna, 2007.

BAGNO, M. *Sete erros aos quatro ventos*: a variação linguística no ensino de português. São Paulo: Parábola, 2013.

BAKHTIN, Mikhail. *Marxismo e filosofia da linguagem*. São Paulo: Hucitec, 1979.

BAKHTIN, Mikhail. Os gêneros do discurso. *In*: BAKHTIN, Mikhail. *Estética da criação verbal*. São Paulo: Martins Fontes, 1997.

BARBOSA, Jaqueline Peixoto. Outras mídias e linguagens na escola. *In*: CARVALHO, Maria Angélica Freire; MENDONÇA, Rosa Helena (org.) *Práticas de leitura e escrita*. Brasília: Ministério da Educação, 2006. p. 174-179.

BRASIL. Ministério da Educação. *Base Nacional Comum Curricular*. Brasília, 2018. Disponível em: http://basenacionalcomum.mec.gov.br/images/BNCC_EI_EF_110518_versaofinal_site.pdf. Acesso em: 3 mar. 2023.

BUZATO, Marcelo. *Letramentos digitais e formação dos professores*. Disponível em: https://www.researchgate.net/publication/242229367_Letramentos_Digitais_e_Formacao_de_Professores. Acesso em: 6 mar. 2023.

COSCARELLI, Carla V. (org.). *Tecnologias para aprender*. São Paulo: Parábola, 2016.

COSCARELLI, Carla V.; RIBEIRO, Ana E. *Letramento digital*: aspectos sociais e possibilidades pedagógicas. Belo Horizonte: Ceale/Autêntica, 2011.

DIONÍSIO, Ângela P. *et al*. *Gêneros textuais & ensino*. Rio de Janeiro: Lucerna, 2002.

FARIA, Maria Alice de Oliveira. *O jornal na sala de aula*. São Paulo: Contexto, 1989.

FREITAS, Maria Teresa. Letramento digital e formação de professores. *Educação em Revista*, Belo Horizonte, v. 26, n. 3, p. 335-352, dez. 2010. Disponível em: www.scielo.br/pdf/edur/v26n3/v26n3a17.pdf. Acesso em: 3 mar. 2023.

HARRYS, Ray; HARRYS, Chris. *Faça seu próprio jornal*. Campinas: Papirus, 1993.

HERR, Nicole. *100 fichas práticas para explorar o jornal na sala de aula*. Belo Horizonte: Dimensão, 1997.

ILARI, Rodolfo; BASSO, Renato. *O português da gente*: a língua que estudamos, a língua que falamos. 2. ed. São Paulo: Contexto, 2009.

KLEIMAN, A. Modelos de letramento e as práticas de alfabetização na escola. *In*: KLEIMAN, A. (org.). *Os significados do letramento*: uma nova perspectiva sobre a prática social da escrita. Campinas: Mercado de Letras, 1995. p. 15-16.

MARCUSCHI, Luiz Antônio. *Produção textual, análise de gêneros e compreensão*. São Paulo: Parábola, 2008.

MARCUSCHI, Luiz Antônio; XAVIER, Antônio Carlos. *Hipertexto e gêneros digitais*. Rio de Janeiro: Lucerna, 2004.

MORAN, José Manuel. *Mudar a forma de ensinar e de aprender com tecnologias*. Disponível em: http://www2.eca.usp.br/prof/moran/site/textos/tecnologias_eduacacao/uber.pdf. Acesso em: 6 mar. 2023.

RABAÇA, C. A.; BARBOSA, G. *Dicionário de comunicação*. São Paulo: Ática, 1987.

ROJO, Roxane (org.). *Escol@ conectada*: os multiletramentos e as TICs. São Paulo: Parábola, 2013.

ROJO, Roxane; MOURA, Eduardo. *Multiletramento na escola*. São Paulo: Parábola, 2012.

SCHNEUWLY, Bernard; DOLZ, Joaquim. *Gêneros orais e escritos na escola*. Trad. de Roxane Rojo e Glaís Cordeiro. Campinas: Mercado de Letras, 2004.

TORNIGHI, Alberto. O que é cultura digital. *In*: *Cultura digital e escola*. Boletim 10, agosto de 2010. TV Escola — Salto para o Futuro, MEC. Disponível em: http://portaldoprofessor.mec.gov.br/storage/materiais/0000015230.pdf. Acesso em: 6 mar. 2023.

ZANCHETTA Jr., Juvenal. *Para ler e fazer o jornal na sala de aula*. São Paulo: Contexto, 2002.